# 1946

## 现代世界的形成

［英］维克托·塞巴斯蒂安 著　　　马天娇 译

海南出版社
·海口·

1946：The Making of The Modern World

Copyright © Victor Sebestyen 2014

First Published 2014 by Macmillan an imprint of Pan Macmillan,a division of Macmillan Publishers International Limited.

**图书在版编目（CIP）数据**

版权合同登记号：图字：30-2021-089 号

1946：现代世界的形成 /（英）维克托·塞巴斯蒂安 (Victor Sebestyen) 著；马天娇译 . ﹣﹣ 海口：海南出版社，2021.10

书名原文：1946：The Making of The Modern World

ISBN 978-7-5730-0236-5

Ⅰ . ① 1… Ⅱ . ① 维… ② 马… Ⅲ . ① 世界史 – 1946 Ⅳ . ① K153

中国版本图书馆 CIP 数据核字 (2021) 第 190396 号

# 1946：现代世界的形成

1946: XIANDAI SHIJIE DE XINGCHENG

作　　者：［英］维克托·塞巴斯蒂安
译　　者：马天娇
出 品 人：王景霞　谭丽琳
监　　制：冉子健
责任编辑：张　雪
执行编辑：杨林蔚
责任印制：杨　程
印刷装订：三河市祥达印刷包装有限公司
读者服务：唐雪飞
出版发行：海南出版社
总社地址：海口市金盘开发区建设三横路 2 号
邮　　编：570216
北京地址：北京市朝阳区黄厂路 3 号院 7 号楼 102 室
电　　话：0898-66812392　010-87336670
电子邮箱：hnbook@263.net
版　　次：2021 年 10 月第 1 版
印　　次：2021 年 10 月第 1 次印刷
开　　本：787mm×1 092mm　1/16
印　　张：22.5
字　　数：330 千字
书　　号：ISBN 978-7-5730-0236-5
定　　价：59.80 元

# 编者序

写这篇编者序的时候，因新冠肺炎疫情而延期举办的 2020 东京奥运会正进行得如火如荼。奥运赛场就像一座炼钢炉，全世界最优秀的运动员在里面拼命地发光发热，把自己燃烧成一团火。观众们就因这闪耀一刻而如痴如迷，如癫如狂。运动员在上场之前，很少有圈外的人见过他们；在退场之后，还能继续追逐其身影的人也是寥寥。只有实打实地摘金夺银了，他或她的整个运动生涯才得以展现在世人面前——原来冠军背后有那么多的伤病和压力，有数年乃至数十年如一日的默默奋斗。

可以说，世界反法西斯战争取得全面胜利的 1945 年，就像是运动员历经千辛万苦夺得冠军的那一刻；而之后的 1946 年、之前的 1944 年，乃至之前之后的数十年，都如同光芒照不到的阴影，难以被人们刻骨铭记。但如果没有这些历史的脚印，我们不可能走到 2021 这一年。在这些看起来平平无奇的年份中，值得一提的便是 1946 年——第二次世界大战结束后的第一年。这是重塑世界的一年，是重划阵营的一年，也是重建生活的一年。

作者维克托·塞巴斯蒂安出生于匈牙利首都布达佩斯，还在襁褓中的他就与家人一起以难民的身份离开了祖国。之后他辗转于美国、苏联和英国等地工作，并以记者的身份在新闻界取得了相当的成就。他和历史学家最大的不同之处在于，他有对新闻的敏感性和引人入胜的记录方式，往往在书写一个事件时，能够透过不同人物的一言一行还原当时比较全面的状况。他创作的这本《1946：现代世界的形成》非常具有可读性，作者就像是一位擅长运用镜头的纪录片导演，透过影像感十足的场景描写，带领读者亲临历史现场，并适时安插史料说明，产生类似旁白的效果。除此之外，作者复杂的生活背景也令他的文笔异常冷静，很少掺入个人感情，不为任何政治集团代言，这也是非常可贵的一点。

从柏林到华盛顿，从伦敦到莫斯科，从德里到上海，作者通过大量的档案资料和亲历人的口述记录，向读者生动地展示了和平的第一年对塑造我们如今生活的世界至关重要。本书虽然是面向一般读者的非虚构写作，却能充分利用各种文献深入浅出地呈现时代发展的脉动。他的作品往往令人产生颠覆性的认知，主要体现在以下两点。

一是战争与和平并不是泾渭分明，二者之间充斥着大片的混乱、无序和绝望的灰色地带。《星期日泰晤士报》的书评中就写道："作者提醒我们，轴心国战败后，世界的苦难依然存在。"战败国自不用提，战胜国的人民生活也并没有比战前要好，甚至更差。像是英国就遭遇了口粮供给危机，政府居然妄图用缺斤短两的面包糊弄人民。作者对战后仍身处难民营中的人的心情有相当细致到位的描写："很多人难以找到理想和现实的平衡点。当他们得知被解放后，不免就会幻想回到战前那种幸福的生活，仿佛战争带来的苦难都能够随着解放而烟消云散——自此以后，所有的人都是善良的，所有的妻子都是温柔的，所有的婆婆都是慈祥的，所有的丈夫都是忠诚的，所有的家庭都是幸福的。这个世界没有失业、没有贫穷，也没有任何不幸。然而，理想有多丰满，现实就有多骨感。人们发现自己根本无法去往幸福的天堂。身边的一切还是那么糟糕、那么肮脏，甚至可能比战时还要差。"战争肆虐之后不仅留下满目疮痍，人们的心中也是一片荒芜。对于 1946 年的大多数人来说，最害怕的事，除了挨饿与生病外，就属担忧全球性战争再度卷土而来。"二战"的直接遗产是更多的痛苦，更多的杀戮和更多的暴政。不可否认，反法西斯战争是一场正义的战争，但作者证明了一个普遍的真理，即一切战争都是没有怜悯的，没有任何战争能取得天下太平的结果。

二是加害者和受害者的身份会同时存在，也可以相互转换。纳粹的铁蹄曾经踏遍欧洲，给当地人民特别是犹太人带去了深重的苦难，上百万人成为亡国奴和冤死鬼。当德国一朝战败，便遭反噬。据作者调查，1945 年至 1947 年间，匈牙利将 63 万德国人驱逐出境，罗马尼亚也将 70 万德国人赶了出去，即便他们的祖先在几个世纪前就生活在那里。有 4 万～6 万德国民众死在集中营里，但另有超过 10 万人死在通往德国的公路和铁路上。德国有数百万人在战争中丧生，但在战后，新划分的德国境内的人口反而还多出来 600 万。作者对这种怪异的现象进行了犀利的讽刺："希特勒希望通过战争让欧洲的种族状况变得纯净单一，没想到德国居然战败了。但从某种意义上来说，他的梦想却在 1946 年成为现实。"这让人不由得想起了金庸先生的作品《天龙八部》，书中描写的不同民族之间的刻骨仇恨和互相杀戮也让人心惊。男主角萧峰走向自杀的悲剧结局，不仅控诉了宋辽统治集团对异族百姓的残杀掠夺，也向传统的儒家思想提出质疑：夷夏之分就等于区分了正和邪、善和恶、敌和友吗？事实上，并没有哪个种族是天生邪恶或是天生正义，种族主义只会让无辜者受罚，令亲者痛而仇者快，把国家引向分裂和仇杀。

我们再把话题拉回到奥运会。有一条著名的"奥林匹克休战协议"想必很多读者都听过，就是指在奥运会举办期间，正在打仗的人要停下来，让运动员们比试完再说。其实奥运赛场就像一个没有硝烟的战场，运动员们身后站的都是各自的祖国。赛场上较量的不仅是个人能力，也是综合国力。在"二战"后举办的第一届夏季奥运会，也就是 1948 年伦敦奥运会上，奖牌榜排名前三的是美国、瑞典和法国。时隔 64 年奥运会重回伦敦举办，这一届的奖牌榜前三名则是美国、中国和英国。现代世界的齿轮从 1946 年开始转动，如今已是换了人间。习近平总书记称现在正处于"百年未有之大变局"，希望这本书能带领读者于当年的变局之中，理解这个现代世界是如何诞生的，领悟未来我们将往何处前进。

# 作者序

　　作为一名新闻工作者，我报道过很多重大事件，从柏林墙倒塌到苏联解体，以及中东地区的以色列和巴勒斯坦之间反复出现的战争摩擦，等等。纵观世界风云变幻，作为超级大国的美国一直都处于主导地位。印度则是我所见过最贫穷的国家，尽管在很多方面裹足不前，但是印度人民也正试图创造一个充满生机和活力的国度，并对未来充满热切的期待。而中国在共产党人的治理下，通过不断的改革已然形成了一种很有活力的、具有中国特色的社会主义制度。当我以一名历史学家的眼光，试图挖掘这些重大事件背后的根源时，我的注意力一次次地被吸引到同一个时间点——1946 年。"二战"结束后的这一年为现代世界的形成奠定了基础。冷战开始后，世界在意识形态的变革中变得不再平静，欧洲在"铁幕"的两边分裂开来。尽管以色列在两年后才建国，但其建国的构想正是在 1946 年提出来的，这一年对以色列人具有深远意义。也是在这一年，印度在政治上实现了独立，而大英帝国则从此开始走下坡路。可以说，尽管所有的欧洲国家都在想方设法让自己的制度维持下去，但仍然不能改变逐渐没落的趋势。可同样是在这一年，中国共产党领导的民族解放运动，带领中国人民走上了民族复兴之路。本书揭示了在 1946 这个特殊年份里，世界政坛上的那些精英如何做出各种重大决策，最终形成了这个现代世界。

　　1946 年是让人看不到希望的一年，世界各处几乎都是如此。年初的时候，一位刚结束欧洲访问的美国高级官员来到白宫，如临大敌一般向时任总统哈里·杜鲁门报告："那个存在于我们祖祖辈辈认知中的世界结构如今正在遭受前所未有的危机。"他的话并不是耸人听闻。因为温斯顿·丘吉尔也曾用自己惯用的雄辩口才讲述过数以百万计欧洲人的真实感受。1946 年 9 月,他这样形容"二战"结束后的连锁反应:"欧洲为何沦为如今这般田地?在这广阔的土地上,到处是流离失所、饥寒交迫、惶惶不安、不知所措的人,他们眼睁睁地看着家园被破坏,还要时刻警惕新出现的各种恐怖威胁悄悄向自己逼近。那些所谓的'胜利者'欢呼雀跃,而被征服的人却只能在惊恐绝望中忍气吞声。"[1]

丘吉尔口中的欧洲的确如此,但是幅员辽阔的亚洲或许也如他所描述的那样。像那些头脑理智的人一样,他对即将到来的这个残酷、肮脏的黑暗时代感到担忧不已。6 年之内死亡 6000 万人,迄今为止没有任何一场战争付出过如此惨重的代价。悲惨的现实远不止如此,在世界大战结束之后,死亡人数还在上升。回想 1945 年,人们还为"解放"热烈庆祝,但很快现实就打破了人们的美梦。接下来的 4 年中,中国和希腊均陷入内战的旋涡。在乌克兰境内,发生了反对苏联的叛乱,民族主义者与波兰人发生了武装冲突,最终导致 5 万多人丧生。这一时期,独立战争在亚洲各国相继爆发。说起来有些让人不可思议,据说有 1500 名犹太人成功躲过了纳粹大屠杀,却死在了东欧的反犹太主义运动中。

那时候,欧洲大部分地区学校停课,交通几乎中断,没有对外开放的图书馆,商店也因为物资生产停滞、没有买卖而关门大吉。钱在当时已经没有任何价值,银行全都停止营业也对人们的生活毫无影响。法律和秩序沦为虚无,不管是为了保卫自己的财产,还是为了掠夺他人的财产,总之男人们和孩子们走上街头时都会拿着武器防身;而妇女们,不管年龄多大、出身如何,为了寻求庇护或者一顿餐食只能出卖肉体。传统的思想和道德彻底颠覆了,活着才是硬道理。这就是 1946 年时数以百万计的欧洲人的生存状况。

柏林和广岛用亲身经历向世人展示了战争的惨烈:在同盟国的连番轰炸下,这两座城市四分之三的建筑物被摧毁。欧洲的心脏部位——从塞纳河到多瑙河三角洲同样饱受摧残。

饥荒和经济危机让世界疮痍满目。在"二战"后的 18 个月里,德国东边的乌克兰、摩尔多瓦就有约 300 万人死于饥荒。民间相传，在乌克兰的利沃夫，一位被饥饿逼疯的母亲杀死并吃掉了两个亲生骨肉。这一时期，匈牙利的通货膨胀率达到了 1400 000 000 000 000%（整整 14 个 0），堪称史无前例。香烟替代了一文不值的货币，成了硬通货，有的人甚至直接向外国军队乞讨。在北半球，几乎到处都是落难的流民，这种情况在欧洲中部尤为严重。那些从纳粹迫害下逃脱的战俘，因为饱经摧残、瘦弱不堪，也被获胜的盟军视为"流民"。

"一战"结束的时候，虽然国境线发生变化，也出现了一些新的国家，但是人们生活的范围并没有变化。然而 1946 年，事情彻底向相反的方向发展。苏联获胜后，约有 1200 万德国人被驱逐到西部。与此同时，在西欧的 250 万人被迫回到了东部。当然，大部分人不是自愿的，而是在西边盟军的武力威胁下才不得不乖乖走人。

本书从纵观全球的角度，深刻揭示"二战"后世界格局发生的变化，相较于"一战"，它更具研究讨论的价值。这场战争让奥斯曼帝国、罗曼诺夫王朝和哈布斯堡王朝这三个存续了几个世纪的政权最终消失在历史的长河里。1945年以后，像英国这样的老牌欧洲帝国纵然努力支撑，却也不再有往日的荣光。帝国主义不再以王朝的形式存在，转而变成了一种意识形态——相较过去听命于君主帝王，这时候的人们更愿意追求理想信念，比如马列主义。有些读者可能会奇怪，为什么在本书中我会将重点放到欧洲。原因在于欧洲是冷战和文明冲突的主战场，至少最初的时候是这样的。而经历过 1946 年各类重大事件的人们也认为，当时在德国、英国、法国以及东欧诸国所发生的事情是具有深远历史影响的。在那时如果再发生战争——1946 年的局势的确不好，战争几乎是一触即发——那么几乎可以断定战场就在欧洲中心。所以理智告诉我，这本书的中心应该是欧洲，与此同时我也会提到 1946 年发生的那些最终影响了亚洲和中东地区未来发展的重大事件。

"二战"带来的影响是巨大的，美国则是当之无愧的受益者。作为战争的主要参与国，美国本土不仅没受到波及，甚至还通过战争发了一笔横财。事实上，这个国家如今在政治、经济以及军事方面的优势都源于 1946 年的积累。

可以说，美国通过战争走出了经济萧条的困境。其迅速积累的财富，与敌对国家和同盟国的经济窘迫也形成了鲜明对比。

日本投降后，亚洲大部分地区并没有实现真正意义上的"解放"。欧洲各帝国仍然试图恢复对殖民地的统治：比如法国对中南半岛，荷兰对东印度群岛，英国对马来半岛和新加坡均虎视眈眈。只不过他们惯用的殖民手段已经不管用了，甚至让他们陷入进退两难的境地。一些国家更是为此付出了惨痛的代价——法国从越南撤军时可以说是"赔了夫人又折兵"。有评论家认为，正是英国在撤兵时的不负责任，造成了印巴分治和随之而起的暴力冲突。我想，当时英国一定天真地以为自己能够轻而易举地解决这件事，所以才没有派驻大量兵力"维稳"。就这方面而言，大概印度教信徒和穆斯林唯一达成共识的就是——英国不仅没有解决问题，反而添了不少乱子。

美国著名历史学家和政治评论家、曾任美国总统肯尼迪的白宫特别助理的小阿瑟·施莱辛格把战后调停形容为"本应该是锦上添花，结果弄成一团乱麻"。一场战争下来，虽然阻止了德国在欧洲巧取豪夺，但是苏联又成为新的操控者。在过去的 25 年中，有政治家和历史学家认为，是美国总统富兰克林·罗斯福在 1945 年雅尔塔会议上的所作所为，促成了西方国家把中欧和东欧出卖给了苏联。在这件事上，丘吉尔也"功不可没"。还有人认为，当时罗斯福身体虚弱，已经时日无多，所以根本没有精力与斯大林对抗。西方出于安抚苏联的天真目的，这才几乎无条件地放弃了东欧。后来这种论断成为公认的对这件事最合理的解释。不过在 1991 年后苏联解密的档案中却显示，苏联为了保住战果也是竭尽了全力。

这样看来，美国和英国并不是心甘情愿"放弃"东欧的。因为不管当时德国的战势如何，也不管西方在雅尔塔会议上做了什么决定，苏联军队都已经占领了东欧的大部分区域。而且美国方面也认为只有获得苏联的支持才能攻打日本，这也解释了为什么在雅尔塔会议召开后不到半年，美国就向日本投放了原子弹。

由此可见，西方同盟国不仅不是天真幼稚，反而是老谋深算。他们故意让苏联在东线浴血奋战，这样就能够使盟军以相对较低的伤亡为代价实现诺曼底登陆。虽说罗斯福和丘吉尔越是拖长进入法国的时间，苏联占领的东部地区就越多，可英美早就打好了自己的小算盘——苏联必然为此付出巨大的伤亡代价，相应的己方的伤亡则会大大减少。谁能说他们做得不对呢？1946年之后发生的事，让政治家和历史学家们普遍有这样的感受——西方的领导者们都是非常现实的。为了彻底击败希特勒，接受战后和解是最好的选择。毕竟当时西方同盟国的智囊们，也无法给出能够阻止苏联统治东欧的有效办法。

在上述文字中，我对"中欧"和"东欧"这两个词的运用比较随意，并没有像其他书籍里那样，在严格界定东欧和中欧的分界线后再使用这两个词。因为我觉得无须在定义上较真，而且我这样用词不过是为了避免语言重复而已，它们代表的意思其实并没有太大区别。同样的，我在使用"苏联""苏维埃社会主义共和国联盟"以及"俄国"这三个词方面也是如此，我当然知道它们的区别，但写作时还是选择了比较"顺手"的方式来遣词造句。

我对"二战"结束后的几个月内爆发的冷战已经进行了大量的描述。1946年的人们除了要对抗饥饿和疾病，还要时时刻刻为可能爆发的新战争而揪心。那时候击败德国的盟军之间关系十分紧张，新一轮战争很可能一触即发。尽管斯大林的政治做派和西方大不相同，以至于他们之间不能建立长久的信任和合作关系。但冷战并非不能避免。可终究，统治阶层和群众之间难免会有误解，推行的新政与老派思想、部分人的利益和愿望难免有冲突，这样一来就给整整两代、数以百万计的人民带来了可怕的后果——这其中就包括在"铁幕"下成为难民的我。所以对我来说，这远不是描述一段历史故事那么简单，而是寻根之旅的一部分。

维克托·塞巴斯蒂安

2014年2月于伦敦

# 目 录

# 1946：

### 现代世界的形成

第一章

## 我受够了苏联的任意妄为

这是一场没有发生流血冲突的政变。1945 年 12 月 15 日，在伊朗西北部的东阿塞拜疆省省会大不里士，总理向尚不知发生什么事的人民发布自己任职后的第一份公告。从此以后，阿塞拜疆将是一个独立的国家，而不再是那个被远在德黑兰的伊朗国王所统治的一个省。突厥语将取代波斯语成为官方语言。新的宪法将给予人民充分的自由，人们再也不用被伊朗的专政束缚。银行将会国有化，想得到工作的人都会梦想成真。政府将会搞一场影响深远的革命，大地主们的土地将会被分给普通农民。[1]

贾法尔·皮谢瓦里长得不太像一个用鼓吹民族主义来煽动群众的人，也不太像一个独裁者。这个壮硕的 52 岁小个子男人言语幽默，总是面带笑容。他一生大部分时间都在从事新闻报道工作，成为共产国际的一名基层负责人后，曾因为"颠覆国家罪"在伊朗监狱里度过了 9 年时间。他的许多亲友都在苏联生活多年，一个兄弟还担任红军的军医。除了曾经发表过一些煽动阿塞拜疆民族主义的激进文章外，直到政变发生前的一年，他都名不见经传。赢得伊朗议会选举后，虽然皮谢瓦里被禁止在伊朗国王的政府里任职，但是他的传奇经历却在左派知识分子阶层中轰动一时。即便如此，也没人会想到他随后会被克里姆林宫的苏联领袖约瑟夫·斯大林相中，被任命为阿塞拜疆共和国的领导人，以帮助他维护中亚地区的战略新秩序。

在马可·波罗生活的时代，大不里士是世界上最大的城市之一，也是通往东方的主要门户，所以这位出生于威尼斯的旅行家将它描述为"一座壮美的花园城市……不可替代的贸易之都"。不过，自从帖木儿在 1392 年占领了这座城市之后，数百年间入侵者轮番对这里进行了洗劫。到了 20 世纪中期，这里已经沦为一个仅有 11 万人口（其中大部分为贫穷的匠人、商贩和农民）的破败之地。花园一样的城市早已不复存在。仅存的几座宏伟建筑散落在一群泥塑矮房之间，越发显得萧瑟。如今这潭死水再起涟漪。可以说大不里士就是冷战最初开始的地方。此后的几周里，只有华盛顿、伦敦和莫斯科的一些高级官员知道，这世界与一场新战争的距离有多近。

再说回皮谢瓦里。当时他入主了城中最宏伟（可能还有些丑陋）的一座宫殿，那里曾经是伊朗设置的省政府的办公地。一间用镀金材料装饰的 18 世纪法国风格的办公室，正是他接见下属和来客的地方。门外则站着苏联派来的守卫。一名曾经拜访过他的人觉得"他看起来并不像一个严肃的共产主义领导人。他的身高大约有 5.5 英尺（约合 1.68 米），满头的灰色头发如同钢丝一般，鹰钩鼻下还有一撮小胡子……穿着一身蓝色哔叽套装，里面是一件衬衫，袖口有些磨损，衣领也有明显的污痕。虽然衣领的扣子是扣好的，不过并没有打领带。他的手像农民的手一样粗糙，指甲缝里还有一些污垢"。[2]

西方的外交官们认为掌握实权的其实是 40 多岁的穆罕默德·比利亚，一个衣着考究的小个子男人。他做事精明果断，作为"苏联之友协会"的领导者，曾经组织过许多革命活动。比利亚曾经是一名职业横笛演奏家，还担任过大不里士环境清洁工会的领导人。如今他的职务是宣传部长，这听起来似乎没什么，但实际上他掌管着一支秘密警察队伍，成员都是经过苏联内务人民委员部（NKVD）的顾问训练的。在东阿塞拜疆省宣布独立前的几天里，这些秘密警察一直在搜索和抓捕那些反对共产主义、可能会影响国家独立的人。

宣布独立的 3 天前，皮谢瓦里率领的人民军占领了大不里士和周边地区的警察局、邮局以及广播电台等重要机构，并全面封锁了进城的主要道路。有 3 万 ~5 万苏联士兵进入大不里士或驻扎在其周边地区。位于德黑兰的中央政府也曾派出一支人数不多的队伍去"平定叛乱"，但是当他们即将走到大不里士的时候，一支战斗力非常强大的苏联军队同时抵达了这个"起义的省份"。伊朗军队停下了脚步，指挥官权衡之后带着部队原路返回了。

苏联对外宣称他们的行动旨在帮助那些热爱自由的阿塞拜疆人免于流血

冲突。不过实际情况则要复杂得多。早在 1945 年夏天，苏联就计划接管这一地区，如今所做的这些主要是为了避免一些争议罢了。苏联解体后，真相才浮出水面：是阿塞拜疆国首都巴库和苏联的官员们共同策划并资助了这次政变。斯大林批准了这项计划，并亲自过问重要的细节。苏联间谍组织领导人贝利亚负责幕后筹划，巴库当地的共产主义组织领导人巴加洛夫则负责政变的具体工作。

这一计划是在莫斯科召开的苏联高层会议上通过的，会议授权巴加洛夫"进行一次民族分裂活动……让一个阿塞拜疆自治省进行独立革命"，并任命皮谢瓦里为新组织的领导人。克里姆林官方面坚持认为，这个新组织的名字应该叫作阿塞拜疆民主党（ADP），这样能够尽量避免人们将其与伊朗图德党之类的共产主义党派联系到一起。在战后严峻的经济形势下，苏联这次提供的经济援助算得上慷慨大方。随后，阿塞拜疆民主党发行了一份报纸，旨在发布加剧种族紧张关系的文章，当然他们也有意避开了与共产主义相关的信息。[3]

阿塞拜疆民主党还获得了武器援助，足以装备一支 3000 人的军队，后来这成为人民军的核心力量。不过克里姆林官方面坚称这些武器非本国制造，以此撇清关系。皮谢瓦里还得到了一笔价值 100 万美元的资助，这对当时的苏联政府来说可是不小的支出。到了这年 11 月，民主党就骄傲地向克里姆林官汇报，他们已经拥有了 30 支百人军队，武器装备包括 1.1 万支步枪、1000 把手枪、400 挺机枪、2000 枚手榴弹以及 100 多万发子弹，并已经做好了为阿塞拜疆自由而战的准备。[4]

负责此次行动的俄方代理人和当地驻军是这样跟莫斯科方面汇报的：被统治的阿塞拜疆人关注的只有自己贫困的生活、地主的剥削和当前的缺水问题，他们对民族主义并不关心，也不理解这次政变的意义。事实的确如此。身处德黑兰的统治者——包括之前的伊朗国王——总是试图禁用突厥语，这引起了人民的极度不满，他们也根本不遵守这样的法规。几个世纪以来，伊朗各民族之间相处融洽，没发生过严重的流血冲突。但阿塞拜疆人和生活在这一地区的其他种族都害怕俄国人倒是真的。俄国人还不如那些住在德黑兰的不怎么关心人民感受的统治者——至少他们还是穆斯林同胞。除了在大不里士的少数共产主义者和极端民族主义者，其他老百姓对那些处在苏联统治之下被迫信奉无神论的阿塞拜疆人并没有什么亲近感。

尤其是比利亚，知道他和苏联人面临着为民主党赢得民心的艰难斗争。政变后不久，他就采取了传统的"说服方法"——某些敢于表达反对意见的部族首领和代表人物被捕入狱甚至遭到暗杀，异议很快就被平息了。

见证整个苏军接管事件的西方观察家并不多，英国驻大不里士领事约翰·沃尔算是其中之一。他一直密切关注苏联军队的动向和坊间的各种讨论。在向伦敦频繁发送的电报中，他表达了对事态发展的担忧——苏联驻当地领事的行事做派就像是波罗的海国家政府里的常任委员，而不是外交使节。"苏联要控制当地的态度之坚定前所未有。"他这样说。在 12 月中旬发送的电报里他更提到："这里没有通向伊朗首都德黑兰的铁路线，却有开往苏联加盟国阿塞拜疆共和国首都巴库的火车。我觉得这里不像是伊朗的地盘，反倒像是苏联的。"[5] 不过无论沃尔再怎么忧心忡忡，英国方面对此事都鲜有回复。

其实斯大林并不在意阿塞拜疆人的民族主义诉求，他觉得这都是小事情。民族主义对他来说只是特定形势下的政治武器。在苏联众多的加盟国里，如果哪个国家出现想要自治的倾向，就会立刻遭到镇压。斯大林解决"民族问题"的办法就是把整个族群从故土迁移到千里之外的陌生地域，让他们吃些苦头。他对哈萨克斯坦人、卡尔梅克人、车臣人和鞑靼人，都是这么做的。

斯大林对待伊朗的态度与对待东欧国家并不相同，他并不想占领伊朗并在那里推行苏联模式。他的真实目的很简单，就是获得阿塞拜疆南部的石油开采权。"二战"以后，盟友美国和英国拿到了世界上最大石油生产国的开采权，他们当然不会把这块"肥肉"跟苏联分享。所以斯大林只能把目光投到伊朗——即便这一做法会让西方国家不高兴，但是为了获得石油也顾不得那么多了。而这就是世界上发生的第一场与石油有关的危机。

"二战"时期，伊朗有很长时间都处在苏联和英国的占领之下，盟军非常看重它在对抗德国纳粹方面的巨大作用。1941 年德军入侵苏联后，为了对抗希特勒，"三巨头"随之结盟。英美给苏联的大部分援助物资都是从美国运往波斯湾，在伊朗的港口卸货，然后经陆路运到苏联。这对苏联来说简直就是一条"生命线"，斯大林也不能否认这一点。起初的时候，它的作用并不明显；但日军偷袭珍珠港成功后，美国正式宣布参战，它将大量弹药、武器、机械和食品等战争物资源源不断地运到伊朗南部——那里与苏联接壤，双方有绵延 1700 公里的国境线。

起初同盟国也遇到了一个难题，那就是伊朗在它们和德国之间的中立态度。掌权的礼萨·汗和身边大多数军方人员以及贵族团体都对纳粹有好感。从 20 世纪 30 年代开始，伊朗与德国之间便开始了密切的商业往来。在德黑兰活跃的德国商人、政治顾问和间谍就有数百名。1941 年 8 月，在明知伊朗国王不愿意的情况下，苏联和英国联合向其施压，要求驱逐在伊朗的德国人。印度事务办公室的官员对英国外交大臣安东尼·艾登这样建议："想要如愿以偿，最好的办法就是让伊朗国王下台。"[6]

就这样，俄罗斯从北部进入伊朗，英国则从南边开始攻打，伊朗军队象征性地进行了抵抗。9 月 16 日，伊朗国王宣布退位，由其 21 岁的儿子穆罕默德·礼萨继位。因为父亲的阻挠，新国王以前几乎没有参与政治和公共事务的机会，他上台后干的第一件事就是驱逐德国人。伊朗人并不反对那个腐败、专制、放荡的老国王退位，毕竟 17 年前他也是通过武装政变才登基的。掌权后的他行事十分专横，反对者通常都会神秘失踪。但是老国王退位的方式对伊朗人来说总归有些难堪，毕竟外国的干预就是对本国人的变相羞辱。这种不满情绪在中产阶级里尤为明显。*

不过几周时间，7 万人的苏联军队就占领了伊朗的北部和西部地区，以大不里士为基地，牢牢守卫着物资补给的"生命线"。约 5 万英国军人控制了伊

---

* 礼萨·汗后来被英国军队俘虏，先后被软禁在毛里求斯和南非的约翰内斯堡。1944 年 7 月，因心脏病发作医治无效，在南非去世，享年 66 岁。他的长子穆罕默德·礼萨继承了王位，其政权在 1979 年霍梅尼领导的伊斯兰革命中被推翻，1980 年于埃及去世。

朗南部、德黑兰周边地区和一些重要港口。新国王签署了三方协议，授权英苏两国军队在战争期间保障伊朗国家安全和政治稳定；但战争结束后，占领军要在6个月内从伊朗撤出。"二战"结束后，伊朗人夺回了治理国家的权力，他们希望苏联和英国的军队尽快从本国撤离。

日本宣布投降3个月后，英国开始从伊朗撤军，但苏联方面却没有这么做。其实在占领期间，英苏双方相处还不错。英国驻伊朗大使里德尔·布拉德还大赞苏联军队为解决当地食物短缺问题做出了巨大贡献。然而双方之间的信任却随着战争结束而破裂。似乎一场争夺中亚控制权的世纪博弈就要在英苏之间展开。不过这种发展趋势因另一个国家的加入而打破——美国首次成为能够深刻影响伊朗以及中东形势的国家。

在"二战"以前，美国和伊朗鲜有贸易往来，外事活动也不频繁。倒是在1936年，《纽约每日先驱报》的一篇文章惹怒了伊朗——文中称伊朗国王粗鲁无礼，简直像是个"马夫"。双方为此争论不休了一年之久，伊朗甚至一度撤回了驻美大使。除此之外，伊朗在美国眼中都是无足轻重的存在。不过到了1943年，情况发生了变化。美国总统富兰克林·罗斯福宣布伊朗将成为美国未来发展战略中的重要国家。到了1944年底，有5000多名美国人在伊朗做技术员、工程师、经济学家、政府官员和间谍。这些人中有一部分负责推进对苏援助的租借法案，另一部分人则成为伊朗财政部门和公共卫生部门的实际掌控者。美国国务院近东部门负责人华莱士·默里曾得意地表示美国"很快就能通过那些有影响力的顾问来控制伊朗"。[7]

美国对伊朗的影响力令英国老派官员感到沮丧，他们将其视为英国威望下降的信号。驻伊朗大使布拉德又在电报中不断抱怨美国人，说他们既粗俗又爱表现，在波斯贵族面前举止失仪。苏联方面，特别是斯大林对此也深感不妙，他明白在苏联已经占领的地方如今却多出来美国这样一个强劲的对手，是要跟自己抢夺胜利果实。

斯大林知道这将是一场硬仗。他虽然预见到苏联能够在战后几年占据伊朗的部分地区，却也向克里姆林宫里其他大人物说过，他们可能最终两手空空地撤军。从个人角度讲，他无法接受这样的结果。在中东地区，伊朗的石油产量比其他国家的总和还多。30 年来，英国通过英伊石油公司享有该地区的独家开采权，并在阿巴丹经营着世界上最大的炼油厂。苏联情报部门还获悉，1943 年9 月，位于新泽西州的美国标准石油公司和辛克莱石油公司为获得在伊朗南部的石油开采权，已经同伊朗方面进行了秘密谈判。

更让苏联方面紧张的是，贝利亚通过手下的间谍组织获得了其他盟国阻挠苏联获得伊朗北部石油开采权的情报。1944 年夏，他向苏联政治局报告："英国——也许美国也参与了——私下里正在阻止我们获得油田。"[8]

当年 9 月，斯大林派自己的亲信——外交部长谢尔盖·卡夫塔拉德泽到德黑兰谈判，但效果不佳。会谈纪要中提到，这位苏联高官先是向伊朗国王抱怨"两国关系不太令人满意"，然后他要求对方把阿塞拜疆 5 年的石油开采权归为"苏联的权利"。伊朗国王当即拒绝了他的要求，表示战争结束前不会就石油开采权做出任何决定。卡夫塔拉德泽很生气，认为这是在"奉行歧视苏联的单边政策"。后来他威胁伊朗总理，称这样的决定显示出"伊朗方面对苏联不友好……将导致很严重的后果"。不过即便他的处理方式更圆滑些也未必能够改变结果。伊朗人已经下定决心不让苏联长久地在自己的地盘待下去。[9]

外交部长无功而返并没有让斯大林感到意外。他也没有为了获得苏联南部边境的石油而做出任何冲动的事情。因为他还有另一层考量——也可以把该区域作为保护苏联边境的缓冲地带。那个时候最重要的是保证夺取战争的胜利，并维持与西方盟国之间稳定而良好的关系。不过德国战败之后几周，苏联又重启争夺石油的计划。卡夫塔拉德泽重返德黑兰进行谈判，结果又一无所获。伊朗方面表示，要等到议会新一轮选举结束以及外国军队全部从伊朗撤离之后，才会对石油开采权的归属做出决定。这一举动让苏联决定利用分裂阿塞拜疆来对伊朗施压，皮谢瓦里正是他们选择的"工具"。

身在莫斯科的领导者们确定了在大不里士发动政变的时机。当斯大林对伊朗的所作所为忍无可忍时，他启动了这一计划。在他看来，反正战争已经结束，自己不会有什么损失。事实上这种想法真是大错特错。西方盟国认为苏联干涉伊朗内政的本质是全面入侵中东和土耳其的第一步，不过他们也没有什么拿得出手的实质证据。

在皮谢瓦里发表"独立宣言"的第二天，伊朗就向英国和美国寻求援助。一场争夺石油开采权的区域性问题演变成可能威胁国际安全的大事件，在未来数年里的冷战危机格局正由此而起。世界将越来越熟悉信用缺失和行为乖张的超级大国（尽管那时候还没有"超级大国"这个概念）——这些国家之间的沟通少得可怜，却把外交辞令说得天花乱坠，对外极力掩盖自己的短处。美国要求苏联不要再支持东阿塞拜疆的分裂活动，让伊朗政府重新管理大不里士。但苏联表示，他们的行动是必要的，这样才能恢复当地秩序和保护在那里的驻军。

1945 年圣诞节前几周，大国外长会议在莫斯科召开，计划讨论以下几个议题：拟定朝鲜和意大利等国的和平条约；匈牙利、罗马尼亚和保加利亚组建新政府；在中国成立和平委员会等。但伊朗问题给会议蒙上了一层阴影，特别是当斯大林宣布次年 3 月 2 日不会从伊朗撤军后，会议的气氛变得更加紧张，因为此举违反了当年 7 月苏联在波茨坦"三巨头"会议上达成的协定。斯大林说这样做是因为担心"巴库发生颠覆和破坏活动"，但有人觉得这只是借口。各方争执不下，最后与会者同意新年时再继续讨论相关问题。[10]

那时候，有一个人毫不掩饰内心的愤怒和沮丧，他就是美国总统哈里·杜鲁门。成为白宫主人后，他曾经花了 8 个月的时间研究该如何处理好与苏联的关系。他非常坦诚地承认自己在这方面很纠结、很矛盾。1945 年圣诞节后不久，他对一名得力助手说："我们可能会在将来某一天因为伊朗问题与俄国开战。"这时，他已经有了明确的计划，并决定付诸实践。1946 年 1 月初，他在给国务卿詹姆斯·伯恩斯的信中写道：

> 波茨坦会议之后，苏联的所作所为一直让我们很苦恼。如今，他们的军队驻扎在伊朗，而且很明显是他们挑起了叛乱……在我看来这简直就是一种暴行。无须任何怀疑……苏联企图占领土耳其以及通往地中海的黑海

海峡……除非让他们遭到强烈谴责和尝尝外国的铁腕政策，否则另一场战争难以避免。如今他们什么话都听不进去，所以我们也无须继续忍受……我受够了苏联的任意妄为。

就这样，共同经历了史上最残酷的战争的盟友，在不到 6 个月的时间里就变成了敌人——此后的 40 多年亦是如此。[11]

# 1946：
## 现代世界的形成

### 第二章

## 美国的世纪

"战争是地狱……但美国在战争中的经历却不太一样。""二战"结束后不久，专栏作家沃尔特·李普曼写下了这句富有深意的话。的确，美国的经历的确不同于深陷"二战"旋涡中的其他国家。虽说苦难和牺牲是不可避免的，但美国却是唯一打完仗后反而比 1941 年参战之前过得还好的国家。美国本土没有直接的人员伤亡，国土没有被侵占，城市没遭到轰炸破坏，也完全没有那种在亚洲和欧洲随处可见的大量的衣不蔽体、食不果腹的难民。虽然阵亡和失踪的美军人数共计有 42 万左右，但相较于覆盖了欧亚非三大洲的战争规模来说，这个数字算不上太大。英国的人口只有美国的四分之一，但是死亡人数却达到了 33 万。苏联就更严重了，仅在列宁格勒保卫战中的伤亡人数就超过了英美两国在"二战"中的伤亡人数之和。[1]

　　在此之前，美国经济从来没有如此繁荣过。从 1940 年到 1945 年，年度国民生产总值从 1020 亿美元涨到 2140 亿美元，整整翻了一番。与此同时，失业率却降到了历史最低——从 14.6% 降至 1.2%。美国通过战争走出了经济大萧条的困境。即便牛奶、糖、汽油、橡胶轮胎、蔬菜、某些品种的肉和植物油——甚至打印机色带——都是限量提供的，但是因为收入增长了 50% 以上，所以人们的生活水平整体上算是提高了的。不仅如此，这场战争还把阶级之间的经济差距缩小到了一个前所未有的程度，占全国人口 5% 的最富裕的那群人的收入下降了近五分之一。20 世纪 70 年代以后贫富差距才再次扩大。

　　说美国成为世界的粮仓和工厂一点也不为过。1946 年初，其商品制造总量就超过了世界其他地区的总和。"二战"时期，美国推行了一种新的金融体系，使得美元成为世界头号通用货币，直到 21 世纪亦是如此。大多数美国人都认为，"二战"中美国不仅投入了军事力量，更贡献了大量金钱，这才助力盟军获得最后的胜利。

战争一结束，美国最希望的是拥有一段可以庆祝胜利的喘息时间。此后，他们的要求也很简单。迪安·艾奇逊，这位做过总统顾问，3 年后又成为美国国务卿的人曾经这样描述当时美国人在外交方面的愿望：一是让士兵平安回家，二是不再像圣诞老人那样给其他国家"派送礼物"，三是不再被随意摆布。另外，他们还希望通过财富获得安全感。

"二战"之前，美国只在菲律宾有正式的军事基地。"珍珠港事件"是美国走上超级军事大国之路的契机。美国 1946—1947 财年的国防预算为 130 亿美元，占国家总支出的 36%，是战前连续 9 年国防支出平均值的 13 倍。这种军事支出直到此后 30 年里都未发生太大变化。到战争结束时，美国已经在美洲地区、冰岛、希腊、土耳其、韩国和中东地区租用了海军和空军基地。仅驻扎在欧洲的美军人数就有 50 万之多。这样大规模部署的结果就是在未来的 40 年中，驻扎在国外的美军数量达到了一个庞大的数字，最终让美军成为欧洲大陆上最强的军事力量。让人至今想不通的是，当时美国如此大动干戈地进行军事部署，其他国家居然还天真地以为驻扎在大西洋两岸的美军很快就会撤离。1944 年春，在确定诺曼底登陆的具体细节时，美国一位高级官员问罗斯福，战争胜利后要在德国及其他地方驻军多久。这位三军统帅当时表示："最少一年，也可能两年。"除此之外并没有多说。[2] 即使在战争结束后的 1946 年，美国依然在这方面没有太多改变。"三巨头"决裂后，情况发生了变化，面对苏联在欧洲的野心，美国表现出了更加强硬的态度。起初的时候，即便是盟友苏联也坚信美国的驻军不会停留太久。温斯顿·丘吉尔持同样看法，在欧洲战场上获胜之前，他在写给英国内阁的文件中强调了这一点。"我们不能指望战后美国还能在欧洲长时间驻扎大批军队。"他说，"我估计停火 4 年后，欧洲就不会再有美国大兵了。"

不过这并不意味着回到了过去的孤立主义。美国大兵、工程师和一批理想主义官员按照自己的构想，打算把日本塑造成一个现代民主国家。为了不让他们再对邻国或美国造成威胁，解除日本的武装力量势在必行。虽说美国计划撤军，但是并不意味着他们要停止在欧洲的和平谈判和外交活动。"一战"结束后，有一位美国总统致力于促成《凡尔赛和约》的订立，那就是伍德罗·威尔逊。他的"十四点和平原则"主张，哈布斯堡王朝和奥斯曼帝国倒台后新建立起来的那些国家应该拥有独立和自主的权利。不过他这种"通往民主之路最安全的办法"却很难获得美国民众的认同。美国国会没有同意加入国际联盟，就是因为不看好这个组织。20 世纪 20 年代，美国的银行在数届政府的支持下，试图为一些因战争而破产的欧洲国家纾困。德国对法英两国的战争赔款就来自美国提供的贷款。股市大崩盘后，美国为了应对大萧条而改变了策略。罗斯福新政把美国自身的安全放在第一位，在欧洲陷入灾难的时候并没有继续为他们提供贷款。

然而"二战"过后，美国的决策者们坚称他们会做出改变。这一次他们决定坚持到底，彻底参与全球事务，并承担起责任。一位非常有影响力的总统顾问曾说："欧洲太重要了，肯定不能让欧洲人自己解决所有的事情。"权力的天平发生倾斜，一个致力于维护世界和平的国际组织"联合国"建立了，这也是美国成为"四大世界警察"的领军者的开始。

在战后第一年，根本性的差异就显现出来了。美国有了一个强劲的对手——不论是在军事上、政治上，还是在意识形态上都对美国构成了威胁，这是过去法西斯主义都不曾做到的。战争时期，自信的美国通过出口武器和粮食，把世界从希特勒和日本帝国主义的手中拯救了出来。现在它要通过输出自由贸易、开放市场和民主思想来维护和平。战争结束几周后，哈里·霍普金斯——美苏同盟坚定的支持者、罗斯福最亲密的心腹——慷慨激昂地向苏联领导人阐述了自己的观点：

　　常有人问：你们在波兰、希腊、伊朗和韩国到底有什么企图？我想我们最重要的任务，也是最符合我们优良传统的任务，就是在外交能力范围内，尽一切努力帮助建立和支持世界各地的民主政府。我们应该大大方方地告诉世界，我们希望全世界人民都享受到民主自由的权利。我们这样充满活力的制度是世界上最好的制度。

意识形态的冲突由此可见一斑。[3]

1946 年的哈里·杜鲁门是美国历史上最不受欢迎的总统之一。与前任罗斯福相比，人们称他为"一个政治上的残疾人"。尽管在他的领导下，战后的美国发展成为超级大国，他本人也因此广受赞誉，但不可否认，他的第一届任期却是相当落寞且不受重视。那时候的政治漫画里往往把罗斯福描绘成一个拳击手，或者是一位技术高超的走钢丝者——哪怕当时所有人都知道罗斯福出行得坐轮椅，可见他在人们心中的形象有多高大。相比之下，杜鲁门就要"渺小"许多。连汽车保险杠上的贴纸上都写着"杜鲁门就是个错误"，一首流行歌曲里还出现了这样的歌词——"哈里让人发疯"。1946 年初进行的一项盖洛普民意测验显示，只有 9% 的民众认为民主党人能在两年后赢得总统大选。

接替美国史上任期最长、在世界政治舞台叱咤风云的总统罗斯福，绝对是一件不容易的事情。但"杜鲁门不能胜任总统工作"这种观念很快就被改变了。从 20 世纪 60 年代开始，人们逐渐认为杜鲁门是一位"近乎伟大"的总统，他在重大事件上都做出了正确的抉择。传记作家们说他是"草根政治家"，有人把这位来自密苏里州独立镇的"平民总统"的经历作为实现"美国梦"的典型——普通人通过不懈努力成为人生赢家。当然这都是后话。在杜鲁门执政的最初几年里，人们认为这位来自中西部、戴着眼镜、长相普通又不善言辞的新总统根本无法与温文尔雅、风度翩翩、精明能干的前总统罗斯福相提并论。不论是战争中还是胜利后，在过去的 12 年里，所有美国人都是在后者精彩的演讲中受到了鼓舞，收获了希望。罗斯福一定也觉得自己才是"天选之人"。虽然他的确是一位伟大的总统，但犯的错误也不容忽视——他没有为继任者铺好路。纵然 1933 年初次当选总统的罗斯福在就职演说中表示"没有人是不可替代的"，可这绝不是他的心里话。他的一位心腹也曾说："富兰克林·罗斯福觉得只有自己才配得上总统的职位。"

1944 年，罗斯福就收到医生的警告，鉴于心脏和肺部的痼疾，他想顺利完成第四届任期，除非奇迹出现。但是他根本不理会这些，觉得好运会常伴身旁，毫不犹豫地参加了竞选。为了赢得当年的大选，民主党需要获得中西部和部分南部地区的支持。所以罗斯福的助手们便选了杜鲁门作为他的竞选搭档。杜鲁门没想过自己会被提名——但在罗斯福看来这反而是个有利因素——这意味着杜鲁门需要花大力气去说服人们给他投票。从再次入主白宫到去世的82 天里，罗斯福只见了杜鲁门两面。去雅尔塔参加会议的前一天晚上，罗斯福用惯用的傲慢语气对副总统杜鲁门说："尽量不要来打扰我，除非有天大的事情。"不少总统的亲信都嘲笑副总统是"第二个密苏里妥协案"*。

杜鲁门当副总统的时候从没进过白宫的"地图室"——相当于如今的"形势分析室"——那里是总统每天下午开参谋长联席会议以及与情报人员分析战争形势的地方。除此之外，包括原子弹的研究进展、重大军事机密、"三巨头"的私下交易或者是往来信件的内容，他都毫不知情。他没看过任何关于苏联的机密文件，也不了解总统对战后的构想，他所知道的几乎都来自《纽约时报》的新闻报道。罗斯福从来没想过自己会突然死去，然后被哈里·杜鲁门取代。1945 年 4 月 12 日，罗斯福在佐治亚州温泉疗养院突发脑出血，当天就与世长辞。当时美国正面临严重外交冲突的关键时刻，可继任者杜鲁门却只有一次出国经历，就是"一战"时作为军官在法国指挥一个炮兵连。虽然他在战场上表现得沉着冷静，并因此获得了上司的好评——认为他是一个天生的领导者，但是他的外交经验几乎为零。

杜鲁门非常清楚罗斯福糟糕的身体状况。在大选前几天，他向朋友介绍总统情况的时候说："已经很虚弱了……往茶里倒奶油的时候，洒出来的比倒进去的多。看上去头脑还很清醒，但是身体已经快要扛不住了。我很担心他的状况。"即便如此，再有 3 周就 61 岁的杜鲁门还是对罗斯福突然离世后自己成为

---

* 第一次"妥协案"发生在 1820 年，当时计划在堪萨斯地区成立新的州，以此平衡"蓄奴州"和"废奴州"的数量。但此事没有取得成功，也未能阻止 40 年后美国内战的发生。

新总统这件事感到十分意外。他就这样被推到了最重要的位置，以至于对要不要接受这个任命而矛盾不已。[5]

杜鲁门努力把自己经营成一个谦虚严肃、做事认真、讷言敏行的人。比如他经常用浓重的密苏里口音说："责任止于此！"他的话多数是可信的，但有时会进行一点"加工"和"润色"，甚至会在回忆录里杜撰一些关于自己或别人的事情。比起刻意塑造的形象，真实的哈里·杜鲁门要更加复杂、有城府。像大多数总统一样，私下里他也有不修边幅的时候，不过与他们不同的是，他对妻子非常忠诚。他当然也有缺点，比如他会跟一帮名声不太好的朋友通宵打牌喝酒，那些人大多是共济会的成员。因为见识过罗斯福时期往来于白宫的大人物，所以批评家们对杜鲁门的朋友非常不以为然，有人说："杜鲁门的白宫会让人联想起密苏里州独立狮子俱乐部的休息室，那里充斥着廉价雪茄的气味，人们被低俗的段子逗得哈哈大笑。"

杜鲁门看上去很温和，但有时很暴躁，是个自视甚高的人。他很敬佩罗斯福，但也能够客观看待他的缺点，不会曲意逢迎对方。罗斯福去世后，他曾说："我想美国人已经受够像泰迪（罗斯福）和富兰克林这样的骗子总统了。"

杜鲁门穿着讲究，有时候一天会换两三次衬衫，外面总是搭配有双排扣的浅色外套。他的眼睛有先天性的缺陷，但为了进入陆军预备役部队，他隐瞒了这一情况。杜鲁门是 20 世纪唯一戴眼镜的美国总统，就算在白宫游泳时也是如此。他曾表示："不戴眼镜的话，我就像盲人一样。"不过即便戴了高度数的眼镜，散光的症状也没有得到什么改善。跟其他政治家比起来，他显得相对直爽。杜鲁门的外交助手之一、后来成为美国驻苏联大使的查尔斯·博伦形容这位总统是"我见过的最冷酷的人，他从不关心我或者是其他任何人"。话虽这样说，博伦还是对杜鲁门钦佩有加，称他为"把这个国家带入 20 世纪的总统"。[6]

杜鲁门出身贫寒，年轻时靠着家里的土地度过了 10 年贫困的农夫生涯，土地最终却被银行没收。"一战"结束后，他开了一家男装店，不久之后也倒闭了。不过因为性子要强，他从来没有申请过破产，成为参议员后还在坚持偿还债务。在金钱方面他堪称清廉，离任后甚至变得更穷——这在美国总统的历史上绝对是不多见的。至于他是如何开启政治生涯的，这还得归功于一位声名狼藉的骗子。

在两次世界大战中间的 20 年，有一个操控着堪萨斯城商业和密苏里州选举办公室的大老板，名叫汤姆·彭德格斯特。他不仅能够操纵选票，而且有本事把政治、禁酒令、卖淫和赌博变成自己的生意，从中获取的高额利润经过一番操作又可以投资到合法的领域。接受政治献金意味着拿人手短，所以杜鲁门从不这样做，但是他却要依赖彭德格斯特在政治方面的能力，想方设法让那些平民为自己投票。一般来说，他们这种关系应该只是政治上的相互利用，然而杜鲁门却始终跟彭德格斯特保持着良好的私人关系，即便是后者因逃税被关进莱文沃斯监狱之后，杜鲁门仍然为他辩解。"当我需要这位朋友的时候，他一直在我身边。"他说，"所以我也不会对他落井下石。"杜鲁门对彭德格斯特评价甚高："就算他经营妓院、酒吧和赌场，但他仍然是一个让人尊敬的、讲信用的人。"他觉得这位朋友不是那种"平日里吃喝嫖赌，只有周末才想起要忏悔的虚伪教会成员"。[7]

杜鲁门在任期间给人的印象是一位胸怀宽广、有远见卓识的国际主义者，但事实上他也有属于那个时代的狭隘一面。他的日记和私人信件中充斥着当时最常见的种族主义。他总是称墨西哥为"油脂之国"，还使用诸如"黑鬼""黑奴""外国佬"和"犹太佬"之类的蔑称。当提到纽约时，他通常称其为"犹太佬之城"。他在给妻子的信中写道："我觉得一个好人应该是这样的——他要诚实、正派，还不能是黑鬼或是中国人……我想这就是种族偏见，可我就是觉得黑人应该待在非洲，亚洲人应该待在亚洲，美洲和欧洲应该属于白人。"杜鲁门最好的朋友艾迪·雅各布森——他俩相识于军中、曾一起开过男装店——却偏偏是一个犹太人。因为意识到了自己的种族主义倾向，所以杜鲁门表示要试着与之战斗。他也成了继亚伯拉罕·林肯之后，为非裔美国人争取平等权利而发声最多的总统。即便是执行"新政"的富兰克林·罗斯福在这方面的成就也不及他。[8]

杜鲁门成为白宫新主人后并未感到自卑，但是他很不喜欢那些出身于常春藤名校的工作人员——在罗斯福执政时期，这些人因为处事圆滑而很受赏识。杜鲁门甚至把外交部门的工作人员称作"穿条纹裤的家伙"，由此可见他对这些人的反感。他觉得应该尽快树立权威，并展现自己做事果断的一面。他的追随者承认，在担任总统之初，杜鲁门的一大缺点就是太武断。曾任杜鲁门政府副总统和商务部长但在1946年晚些时候又被"果断"解雇的亨利·华莱士评价："他总是先做决定，然后再考虑。"其实杜鲁门很清楚自己的优势和短处。做了一年总统后，他故作谦虚地对一位牌友说："我可能没有什么天赋……不过也有优点，那就是善于用人。"[9]

杜鲁门喜欢直截了当地处理事情。比如他会要求助手简单明了地提出解决问题的方案，内容不能超过一页纸的篇幅。查尔斯·博伦也证明确有此事："反正不能超过两页纸。"然而当时美国正面临一个很复杂的问题——或者说杜鲁门认为美国正面临的大问题——如何对待苏联政府及其领袖，这可不是简简单单就能解决的事情。智囊团提出了各种建议，有的甚至还互相矛盾。"不能再让苏联这样继续发展下去了。"这并非出于政治考量，而是杜鲁门的本能反应。在整个1946年里，他几乎都在寻找压制苏联的办法。

# 1946：

## 现代世界的形成

第三章

俄国人： 西方人眼中的独裁者

1946 年 1 月 25 日晚上 9 点左右，一个神情略显紧张、蓄着山羊胡子的男人在工作人员的引导下来到了斯大林的办公室。这个人正是苏联历史上最伟大的科学家之一、时年 43 岁的伊戈尔·库尔恰托夫。当时同他会面的还有苏联另外两位重要人物——外交部长维亚切斯拉夫·莫洛托夫和内务人民委员会的首脑拉夫连季·贝利亚。这次会谈进行了约 1 个小时。它为冷战时期的核军备竞赛划定了路线，也标志着原子时代的开始。

斯大林想要知道苏联在研究制造原子弹方面进展如何。库尔恰托夫直言不讳地表示，因为资源比较匮乏，所以进展很慢。斯大林对科学研究并不感兴趣，但是他很清楚核武器能为苏联的国防建设和树立权威带来多大好处。他告诉库尔恰托夫，造出来这种武器是当前的头等大事——"这是我们的一号任务"，为此苏联会为科学家们提供全方位的支持和保障。"做这件事不能束手束脚，"斯大林说，"有必要举全国之力……不能在这上面计较成本。"他向科学家和工程师们许诺，事成之后他们会获得至高无上的荣誉，享受最好的待遇——汽车、豪宅、特供食品以及苏联人很少见到的奢侈品。"我可以保证，会有几千人因此过上好日子……不只是好上一点点。会哭的孩子有奶吃——需要什么你尽管开口，我都会设法满足你。"[1]

贝利亚随后被任命为负责国家安全事务的副总理，不再管理内务人民委员会。在西方人看来，如此孤注一掷的行为对一个刚刚经历过战争的国家来说是不明智的，这甚至影响了苏联未来几十年的经济发展。但斯大林坚信，核武器能给苏联带来最大的保障，为此他可以不计代价。

原本斯大林对核武器并没有特别重视，但是原子弹在广岛和长崎爆炸之后，他的想法改变了。他目睹了核武器的威力，并通过间谍机构获悉英美两国准备利用 3 年时间进行一项"新型超级炸弹试验"。除此之外，他还从身边的科学家那里得到一条重要信息——原本美国和英国的科学期刊上有许多关于核裂变和粒子物理学的论文，但是从 1942 年初开始，相关论文和最新研究成果突然都停止发表了。"这绝非因为研究停摆，"杰出的物理学家格奥尔基·弗列罗夫告诉斯大林，"大家都保持沉默，这反而证明了他们正在全力以赴搞研究。"[2]

斯大林开始关注这方面的事情。他收到过苏联间谍——"剑桥五杰"之一的约翰·凯恩克罗斯（曾担任战时内阁成员汉基爵士的私人助理）从英国发回的秘密情报。其中提到，英国科学家需要 2~5 年的时间与美国专家合作完成任务。斯大林因此并未急于研发原子弹，那时候苏联的形势很不好，许多领土都被德国侵占，这才是让他头痛的事情。即便原子弹项目理论上可行，却也无法在短时间内研制成功并扭转战争局势。另外也有情报显示，德国在原子弹研发方面跟苏联也是半斤八两。1942 年秋，他对斯大林格勒战役的关注超过了对理论物理学的关注。斯大林授权库尔恰托夫领导一个规模不大的核项目小组，可直接向中央汇报，并下令加强对美国"曼哈顿计划"的情报刺探。

1945 年 7 月，斯大林参加波茨坦会议时已经知道美国准备进行原子弹爆炸试验了。所以当会议进行到第三天，杜鲁门向他提起"我们刚研发并测试了一种前所未有的、具有超强破坏力的武器"时，斯大林并没有表现得很惊讶。他非常平静地说："很好。希望你们能用它对付日本人。"回到住处后，他立即把这件事告诉了外交部长莫洛托夫。当时欧洲战区陆军指挥官，同时也是柏林战役的策划者朱可夫元帅也在场。莫洛托夫年轻的副官安德烈·葛罗米柯在日记中记录了如下对话——不苟言笑的外交部长说："他们这是想要提高价码。"斯大林则回应道："随他们的便。不过我们得让库尔恰托夫加快进度。"[3]

广岛被原子弹摧毁之后，斯大林才真正意识到这种武器对军事平衡的破坏性。第二枚原子弹在长崎爆炸的那天，他对贝利亚和科学家们说："这种武器是不应该被使用的。"他认为原子弹爆炸是"极端残暴的事情……没有必要这么做，日本已经无力回天了"。他重申了在波茨坦时对莫洛托夫说的话："美国和英国认为我们在短时间内无法研发出核武器……他们想逼迫我们，企图重新分割欧洲和世界其他地方。不能让他们得逞。"

至于是否有必要投入如此之多的资源研发核武器，目前还没有相关的讨论记录被公之于世。但有一点可以肯定，苏联想要在这方面赶上美国的步伐。斯大林毫不怀疑这件事的重要性和紧迫性，西方的外交官们也认为变局无法避免。"苏联的领导人本以为战胜了德国就能保证国家安全，"英国驻苏大使阿奇博尔德·克拉克·科尔在 1945 年 12 月底写道，"突然原子弹爆炸了。原本平稳的局势瞬间就被粗暴地打破。胜券在握的苏联开始心虚。300 个师的军事力量相对变弱了。"[4]

要如何应对新局面？在科学家能够为苏联提供核武器以及美国发起进一步行动之前，斯大林只能当原子弹不存在，对美国毫不示弱。在间谍提供的情报中，他得知美国尚没有充足的原子弹可供使用——1945 年有 3 到 4 枚、1946 年年中有 9 枚——这还不足以对苏联造成致命威胁。斯大林希望在美国的核力量强大到足以形成压倒性优势之前，苏联能够拥有自己的核武器。

贝利亚是负责"一号任务"的最佳人选。他虽然有诸如"怪物""战场杀手""罕见的性瘾者"等可怕的绰号，可他绝对是位优秀的领导者。不管是"大清洗"、审讯犯人，还是指挥外国间谍组织、驱使劳工搞大型建设项目，只要是斯大林布置的任务，他都能高效且优质地完成。这次他同样不会让斯大林失望。尽管贝利亚有着其他苏联领导人难以企及的聪明才智，但是他对这项计划背后的科学原理知之甚少——不过这并不影响他开展工作。毕竟不管是罗斯福还是丘吉尔都不了解曼哈顿计划的具体细节，他们只要知道这能增强军事实力就够了。

原子弹在广岛爆炸以前，贝利亚对研发成功这种武器持怀疑态度。即便是各种相关情报已经摆在他的办公桌上，他也认为"这是英国和美国在故意误导苏联去做一件投资大却没有回报的事情"，他的一位助手如是说。后来原子弹项目在苏联如火如荼地开展起来，贝利亚对此也不甚看好。有一次下属把最新的研究进展呈报给他，他反而恐吓对方："如果这是个假消息，你们就等着进监狱吧！"[5]

贝利亚是一个让人害怕的人物。他的政治局同事阿纳斯塔斯·米高扬说："不论什么事，只要说一句'贝利亚希望这样'，那么这件事就一定能办成。"然而在原子弹项目上，贝利亚的行事作风变得温和多了。在苏联庞大的政治体系内，他不遗余力地保护相关科学家不受迫害，为他们提供能够高效开展科学研究的环境。当科学家们要求确保研究自由的时候，他也表示尊重。有时候他也会故意说些让人放松的话，这样一来，科学家们对他越发忠诚了。贝利亚被介绍给杰出的青年物理学家安德烈·萨哈罗夫，后者就是苏联未来的"氢弹之父"。回忆与贝利亚握手时的情景，萨哈罗夫表示对方"厚实、潮湿、冰凉的手掌"让自己联想到"死亡"这个词。[6]

能找到库尔恰托夫是苏联的幸运。他是一名老派知识分子，像他这类人，大多没能逃过20世纪30年代的"大清洗"。但是他却保持低调行事，有惊无险地度过了那段日子。他有很高的文学造诣和艺术素养，还是一位天才科学家。他的性格非常讨人喜欢，有人说他"有着伟大的灵魂，像泰迪熊一样，任谁都无法对他发脾气"。他非常爱国，也有理智、严肃、富有创造性的一面。一位同事回忆道："他的性格复杂，为人八面玲珑，非常适合从事秘密工作。"[7]

苏联政府给库尔恰托夫看了很多战时从美国获取的情报，其中最有价值的情报来自一位信奉共产主义的德国物理学家。此人名叫克劳斯·福克斯，20世纪30年代移民到英国，作为英国方面的代表之一，参与了曼哈顿计划。库尔恰托夫在科学方面的悟性是别人难以企及的，他认为这些情报"对于我们的科学研究有着非常重要的意义……它能够让我们少走许多弯路，并为我们指出了解决问题的方向"。他的一位同事回忆说，福克斯提供的信息让库尔恰托夫茅塞顿开。在工作中，如果一件难题有两三种解决方案，他总是能做出最佳选择。对于这件事，莫洛托夫后来说："情报机构做出了很大贡献。他们不露声色地拿到了我们需要的东西。"不过，偷来的情报并不是苏联的原子弹项目取得成功的关键。他们的科研工作者原本也有这个能力，当他们得到了政府全方位的支持，就必然能够获得想要的结果。后来人们认为，这些情报让苏联的原子弹提前一年半或两年研制成功。[8]

与此同时斯大林也许诺给科学家们更多公民自由，只要他们专心做事。见过库尔恰托夫后，他对贝利亚说："先不要动他们，让他们安心工作。有些账过后再算。"[9]

\* \* \*

斯大林对"三巨头"中的另外两位领导人多少还是有些尊重和钦佩，在他眼中，富兰克林·罗斯福和温斯顿·丘吉尔有资格跟自己讨价还价。但对于他们的继任者，斯大林则十分不屑。在他看来，哈里·杜鲁门就是个脑子不太好使的"烦人的小老板"；而克莱门特·艾德礼则是个可有可无的人，斯大林怎么也想不通像丘吉尔这样有才华的人居然会在大选中失败，而让这个"不知道如何使用权力的傻瓜"在 1945 年 7 月成为英国的新首相。这让他更加不相信资本主义的民主。[10]

1946 年初，斯大林是"三巨头"中唯一还在位的领导人。不过时年 67 岁的他早已不是当年那个叱咤风云的一国之主。这位克里姆林宫里病恹恹的老人与苏联所宣传的英雄人物、共产主义领袖之间已经有了不可逾越的鸿沟。年轻时的斯大林虽然不是那种在人群中显得特别出众的人，但也算得上英俊潇洒。老了以后，他的身高已经不足年轻时的五英尺四英寸（约合 1.65 米），宽松的裤子和松松垮垮垂在身上的灰色方襟短外衣也掩盖不住大肚子。即使在正式场合穿着自己设计的白色制服，也让他看上去更显肥胖。枯槁的左臂垂在身侧。皮肤上有明显的疤痕，是小时候患过天花的证明。因为总喜欢叼着烟斗，稀疏干枯的胡子上都有了烟熏的痕迹。他的牙齿变色严重，眼珠发黄、没有光泽。不过当听到任何让他感到不悦的事情时，眼睛里仍然能够瞬间迸发出愤怒的亮光。

这位苏联领袖的头脑依旧清晰，仍保持着阅读的好习惯——从俄欧历史到美国诗歌，他无所不读。虽然记忆力不如以前，但并没有阻碍他在谈话中引经据典。他总是能给人非常自信的感觉。几个月前，他在雅尔塔会议中的一次社交活动上，当着美国代表团的面非常恰当地引用了沃尔特·惠特曼的诗句和美国钢铁生产的大量统计数据。斯大林给外国领导人和外交官留下了深刻印象。杜鲁门认为他"非常睿智"。不过他大概不知道斯大林是怎么评价他的。

安东尼·艾登几乎在所有战时国际会议中都能遇到斯大林。在雅尔塔会议快结束的时候，他认为斯大林非常适合担任首席谈判代表："他很少发脾气。善于以非常灵活的方式说服对方，最终得到自己满意的结果。"艾登手下最资深的官员亚历山大·卡多根爵士也持同样的看法。他在雅尔塔给妻子写信，说斯大林是"三巨头"中最引人注目的那个。"（斯大林）长久端坐，经常一言不发，这都是出于他的自觉。再看罗斯福总统，总是晃来晃去；丘吉尔首相则喜欢大声嚷嚷；斯大林只是静静地坐在那里听着、看着。这非常有趣。他一旦发言，总是言辞犀利，一针见血。"在另一份官方记录中，卡多根简单地评价了斯大林——"他是一位伟人"。[11]

斯大林是一个很有耐心的人。在取得共产党党内和国家的绝对权力以前，他不会冲动行事。然而步入老年的他却暴躁易怒，让人捉摸不透。"近几年他的身体越发虚弱，"跟随他几十年的忠诚部下莫洛托夫说，"动脉硬化是老年人的常见病，不过他的症状特别明显。"这时候的他，已经没有了以往的耐性和谦虚。"这对政治家来说可不是一件好事。"他的另一位下属尼基塔·赫鲁晓夫也觉得斯大林在战后"脑子有些混乱……敏感，爱猜忌……最可怕的是，晚年的他行事日渐极端"。不可否认，斯大林仍然富有个人魅力和领导能力，但独断专行也成为他的特点之一。[12]

那时的斯大林已经完全不顾及别人的看法，彻底搞起了"一言堂"。这与过去的他大不相同——即便是在 20 世纪 30 年代"大清洗"时期，他尚且遵守"少数服从多数"的原则。如今，他只管发号施令。赫鲁晓夫回忆道："如果他当时有心情听别人说话，他就会耐心倾听。否则，他可能单纯对他们咆哮，然后在不征求任何人意见的情况下，立即下达一个决议……然后在部长会议上公布决议文件。这完全是独断专行。"

随着时间的推移，斯大林渐渐开始脱离群众，拉开了与人民的距离。他越来越关注身边那些位于统治阶层的人，特别是他们的私生活。"他会像突击检查似的不打招呼就去别人家里，以此掌握对方的家庭情况。"贝利亚的儿子谢尔戈就多次遇到过这种事情。"他要确认下属之间没有私下的来往——他担心这样的友谊会使自己的权威受到挑战。他要随时掌握下属的动态，无故失踪几个小时是万万不可的。他也不喜欢这些人在家里搞派对，任何形式的会面在他眼中都是可疑的。"

斯大林的社交范围只限于那些"事业上的伙伴"。[13] 一周内，他会安排与克里姆林宫里的重要人物或者是东欧的共产党领导一起吃几顿饭，用餐地点就是距离莫斯科 15 公里之遥的他的乡间私人别墅。想要拒绝他是不可能的。斯大林的传记作者认为，在"餐桌政治"之下，所谓的"放松"和工作之间没有清楚的界限。那些应邀赴宴的人在酒桌上会因为醉酒而丑态百出，他们这样做也是为了讨这位"红色沙皇"的欢心。背地里，这些人总是心惊胆战。一次这样的聚会结束后，赫鲁晓夫与共产党高级官员格奥尔基·马林科夫回到位于莫斯科的住处。他如释重负地坐到椅子里，低声说道："每次回来的路上，我都不知道他们是要把我送回家还是弄进监狱。"[14]

随着年事渐高，斯大林对周围的人越发苛刻。而这些人都是苏联的高级领导，这种人人自危的恐惧感难免自上而下扩散开来。

渐渐地，下属们不仅得忠心耿耿、任劳任怨地工作，还要学着讨好他。"二战"结束后，一年中会有三到四个月的时间斯大林是在位于克里米亚半岛索契附近的别墅里度过的。即便领袖不在首都，克里姆林宫工作人员的心情也没有因此变得轻松起来。这时候的领袖更加喜怒无常，常常会给工作人员发来斥责连篇的电报。当他不在的时候，工作人员办事更要加倍小心。

从欧洲胜利后的几个月到整个 1946 年期间，斯大林对莫洛托夫都十分不满。后者是一位久经考验、对党十分忠诚的人，但因为性格固执死板，还从列宁那里得到了一个"铁屁股"的绰号。列夫·托洛茨基是一位敏锐的观察者，他很不喜欢莫洛托夫，称他是"平庸的化身"。不过在外界看来，如果斯大林出了什么意外，那么作为唯一曾与希特勒、里宾特洛甫、丘吉尔、罗斯福、杜鲁门和毛泽东谈笑风生的人——莫洛托夫似乎最有可能成为他的继任者。

西方渐渐出现了关于斯大林健康问题的谣言。一份挪威报纸更把莫洛托夫称为"苏联的二号人物"。1945 年 12 月 3 日，《纽约时报》刊发了一则短消息，提到"斯大林已经被苏联政治局安排去休假了"。同日，路透社也错误地把莫洛托夫当成苏联新闻出版审查事务的负责人。这些让斯大林非常恼火，打算给莫洛托夫一点教训。

当时，斯大林手下有四个人分掌政治局的权力——莫洛托夫、贝利亚、马林科夫和米高扬。《纽约时报》的报道刊发两天后，身在克里米亚的斯大林愤怒地发来一封电报，指责莫洛托夫没有把好关，让不实的信息出现在外国媒体上。另外，他还分别给除莫洛托夫以外的三人写了信：

> 我们谁都没有权力单方面改变政策，但是莫洛托夫破坏了规矩。他让外国人觉得他有不同于政府和斯大林的、属于他自己的立场。甚至还让西方以为有和他合作的可能……为什么？凭什么？我本想对他进行一下内部批评就行了，但现在看来这已经没用了。我确信，他为了获得外国势力的支持，甚至可以不顾苏联政府的利益和名誉了。我无法再让他继续担任我的第一副手……信只寄给你们三个，因为我对他身边的那些人已经不信任了……我要求你们把莫洛托夫单独叫过去，然后把电报全文拿给他看……

他们执行了斯大林的要求，并向他报告："我们见了莫洛托夫，他承认自己的确犯了一些错误，不过他认为对他的一些怀疑是不公正的，甚至还为此流下了眼泪。"可这不足以平息斯大林的怒火。莫洛托夫只好想尽办法向斯大林示好，极尽谄媚地表忠心，有些做法即便拿到今天来看也让人感觉不适。12 月 6 日，莫洛托夫在发给斯大林的电报中承认自己犯了"虚假自由主义和投机主义错误，损害了国家的利益"。他还提到，"您……的信中充满了对我的怀疑，无论作为个人还是一名党员，这些话对我来说都起到了很重要、很宝贵的警示作用。为了再次获得您的信任，我将竭尽所能。因为对一名共产党员来说，同志和党组织的信任比生命更重要"。

莫洛托夫被降职，备受惩罚和恐吓，他的妻子波利娜也被殃及入狱。不过讽刺的是，他本人还在党和国家的高层任职。[15]

对苏联人来说，斯大林就是国家的象征，是 20 世纪 30 年代的缔造者，是伟大的卫国战争中的大英雄。全世界大多数共产主义者将他视为领袖。"二战"之后，人们对他的崇拜更是空前高涨。他的照片和半身像在苏联随处可见。一位老共产党员回忆："当他发表讲话时，每个人都在拼命鼓掌，谁都不想做那个最先停下来的人。"

斯大林认为这只是一种政治策略，而社会主义也需要英雄。他曾对自己人说过："俄国人习惯了沙皇统治，他们需要沙皇。"他精心打造自己的光辉形象，即便是日常生活的小细节也都十分注意。1946 年，他主编了一部简短的自传，并于次年 1 月 1 日出版。为慎重起见，他还亲自审阅了全部文稿。在他看来，这项工作十分重要，其他任何人做都不能使他放心。遇到不满意的地方，他还会修修改改。这位苏联领导人在原稿上写道："斯大林同志的天分使他能够洞察敌人的一切计划，故而所向披靡。他对苏联军队的指挥堪称军事典范……虽然他靠着自己的不懈努力和辛苦付出完成了党和人民交给的任务，得到了苏联人民的广泛支持，但他个人却丝毫没有因此而骄傲自满，也从不接受别人过分的赞誉。"[16]

# 1946:
现代世界的形成

第四章

零点时刻

1946 年元旦前三天的下午，德国汉诺威以东派纳煤矿正值交班时间，一部载满矿工的升降机忽然失控，从地面坠到数百米之下的矿坑，造成 46 人死亡，数十人受伤。这处煤矿位于德国的工业中心鲁尔区——该地对国家经济复苏具有重要意义，当时还在英国的管辖之下。事故发生后，迅速成立了调查组。1946 年 1 月末，负责该地区的英国高级事务官阿瑟·斯特里特宣布这是一次由于工作人员的疏忽而造成的惨剧，它本是可以避免的。

斯特里特在提交给英军军事长官、陆军元帅蒙哥马利的报告中指出，由于高级工程师缺乏经验，导致该煤矿的安全制度没有落实到位。按照安全生产条例的要求，运输设备至少要每周检查一次。但是因为没有负责此事的安全员，所以设备已经好几周都没检修了。"固定钢缆的零件松动……本该用来疏散被困人员的应急通道没能及时发挥作用，升降机门也安装不当。"斯特里特这样表示。他还特别向蒙哥马利提起，几个月前，超过半数的矿区经理和高级工程师都因为纳粹党人的身份而被关起来了。其中也包括派纳煤矿的老员工。[1]

报告发布后不久，斯特里特又被指派前去调查另一起死亡人数更多的煤矿事故。当年 2 月 20 日下午早些时候，位于翁纳（多特蒙德以东约 20 公里处）的莫诺普尔—格瑞姆伯格煤矿发生了严重的瓦斯和粉尘爆炸。将近 500 人被困井下。就在几周前，该矿的大部分安全员和经理因与纳粹有牵连而被解雇。一些不再适合继续工作的退休多年的安全员以及缺乏经验的年轻人被安排到这些重要岗位。不仅如此，参与救援的人员也没受过任何专业训练，根本没有能力处理这类严重的事故。现场唯一有救灾经验的是煤矿的一名管理人员。然而几周后，斯特里特就鲁尔矿难向蒙哥马利提供的第二份报告中提到，这个人并不能胜任首席安检官工作。

"事故发生后当天午夜,情况就已经很明朗了。尽管物资和设备供应充足,但是救援工作却没有得到合理的规划和执行。"斯特里特这样说。主管安全的工作人员整个人都崩溃了——"他紧张得要命,根本无法投入工作"。一周之前,他被工友举报,指认他是狂热的纳粹分子,因而被负责肃清法西斯主义的组织逮捕。即便后来他暂时被释放并回到工作岗位,但还要等待下一轮审查。斯特里特认为他因此成了一个终日提心吊胆的人,"不适合再负责这样重要的工作"。事故发生后第二天的凌晨时分,前矿长从监狱里被紧急释放出来以处理危机。这个在 20 世纪 30 年代初小有名气但遭到邻里痛恨的纳粹党成员,迅速采取了一系列有效的措施,最终救出了 57 名被困矿工,但仍有 417 人不幸遇难。这是德国历史上最严重的一次矿难。

无论如何,这两起事故是实实在在发生了的。客观来看,当时德国矿业缺乏经验丰富的工程师和主管,未必是事故的唯一原因或者主要原因。但许多德国人偏偏把责任归咎于此,他们认为外国占领者搜查和关押"普通"纳粹分子是不公正的、没有意义的,甚至还适得其反。不仅如此,同盟国中的英国、美国和法国也持同样的观点。发生在派纳和翁纳的事故直接反映出同盟国面临的困境,这也成了同盟国在占领期间实行新策略的转折点——同盟国对德国从报复转为"家长式"管理,从意识改造转为群体控制。那时候的德国人为饥荒所苦,数百万难民涌入同盟国占领区。重振令人绝望的经济、重建被破坏的社会结构成为德国面临的最紧迫的事情。而如果没有矿山为德国工业的发动机提供燃料,这一切都是不可能实现的。

同样,纳粹分子也不能被排除在生产建设之外。翁纳矿难发生一个月后,斯特里特给远在伦敦的上司写了一封信,他说:"我们非常清楚,过于激进地在工业领域推行去纳粹化政策是很危险的。这些……(采矿)灾难对我们来说是一种提醒,警示我们如果继续推行这样的政策,也许还会有更多可怕的事情发生。"值得一提的是,战争结束后的头 6 个月里,英国所辖矿区中有 333 名员工因与纳粹党有勾结而被解职、监禁或停职等待审查。翁纳矿难发生几周后，他们中有 313 人恢复了工作。[2]

* * *

德国人有一个专有词汇，叫作"零点时刻"。不是指发生了某件事的具体时间，而是指一个祖祖辈辈都没有经历过的阶段。从德国全面溃败、无条件投降并被外国军队占领算起，这个"零点时刻"就开始了。在世人看来，在战争中失去 550 万人的德国，正在经历一场前所未有的人道主义灾难。要在混乱和废墟中生存，人们需要承受身体和精神上的巨大压力。那时候有 1400 万~1500 万德国人无家可归，这还不包括之前纳粹从占领地上抓来的 800 万~900 万奴工、集中营里的幸存者、战俘和乡间的流民。这是空前绝后的难民危机。

城市变成了可怕的所在。乔治·克莱尔在"二战"前曾在柏林居住，于 1946 年初重返这座城市。他在回忆录《柏林岁月》中写道：

> 最让人感慨的不是景物的改变，而是听到的声音变了。1938 年的柏林是喧嚣热闹的——刺耳的汽车喇叭声、尖锐的刹车声、叮当作响的电车铃声与小贩洪亮的叫卖声交织在一起，这座城市用高分贝的声响张扬着自己的活力。可如今，这里只有沉重的类似敲鼓的闷响……声音还没有消失，只不过再也没有那种轻快的节奏了。街上只有鞋子敲击路面的咔嗒声，手推车的吱嘎声，内燃机车的嗡嗡声，以及军用卡车的轰鸣声。城市生活没有了持续的"呼吸声"，这比被炸成断壁残垣的建筑和石墙更令人不安……因为我对此景已经有心理准备，但却万万没想到这里会变成一座悄无声息的城市，这实在让人难以接受。[3]

其他城市的情况也跟柏林差不多。在美英两国的轰炸下和苏联红军西进的炮火中，有 350 多万套城市住宅被摧毁。

盟军炸毁了三分之一到一半的德国房屋，这比"二战"中德国空军轰炸英国造成的损失要大得多。科隆的建筑被毁了 70%，汉堡是 53%，汉诺威是51%，多特蒙德则高达 60%。慕尼黑的情况更为严重——轰炸停止的那天早上，记者维克多·克莱普勒从防空洞返回地面，眼前的景象甚至让他以为末日审判即将来临。《纽约时报》的安妮·麦考密克是报道"二战"余波的最优秀的记者之一，她认为当时有数百万人"生活在被 20 世纪的报废机器包围的中世纪"。[4]

同盟国原本打算对德国采取严厉的制裁措施。美国在胜利后发表的JC1067 号"使命声明"中表示："应该让德国人明白……是残酷的战争和他们狂热的纳粹主义摧毁了德国经济，如今的混乱和苦难是不可避免的……德国人必须吞下自己种的恶果。如今国土被他人占领，是因为战败而不得不接受的现实。"战后同盟国的领导者们的首要任务是确保纳粹主义不会死灰复燃，避免在欧洲挑起另一场冲突。当时美国和英国都认为，可以等解决了德国问题之后再对付苏联。

在战争的最后两年里，美国提出了时任财政部长的小亨利·摩根索制订的一项计划。此人是富兰克林·罗斯福最看重的金融家之一，20 世纪 30 年代推行的许多新政背后都是他在出谋划策。在他的计划中，德国将会被划分成一些小区域，然后逐渐剥夺其工业制造能力，通过"畜牧化"，将德国转变成农业国家，确保它无法再向邻国发动战争。不过当美国士兵和官员到达德国时，眼前的景象让他们意识到这个计划是多么不切实际和鲁莽。按照"二战"结束后杜鲁门派往欧洲的特使——美国陆军高级官员约翰·麦克洛伊的说法，当时的情况"比你想象的要糟得多"，形势亟待扭转。

在国防部长亨利·史汀生的领导下，华盛顿方面很快开始了一场声势浩大的反思。史汀生从"一战"前就开始担任美国总统的顾问，是个极具影响力且经验丰富的官员。他对杜鲁门说："像德国这样的国家不可能沦落成农业国，否则就是为另一场战争制造温床。"如果像美国人坚信的那样，世界某个地方的富足可以带动其他地方的富足，那么贫穷也具有这样的能力。"强加于人的贫穷更为糟糕，因为它不仅摧毁了失败者的精神，也贬低了胜利者的身份。这无异于德国人在战争中犯下的罪行……而且也是对文明的极大破坏……（摩根索的计划）是要用'以牙还牙'的经济和政治手段解决德国问题，这并不合理。"战争胜利后，杜鲁门在白宫与前任总统胡佛会面，胡佛也对他说过类似的话："你可以报复，也可以用和平方式处理，但不可能同时做到这两点。"*杜鲁门深以为然。随后杜鲁门就放弃了摩根索的计划，并毫不客气地解雇了他。杜鲁门甚至将摩根索描述为"一个笨蛋和疯子，什么都不懂"。这话或许过于苛刻了，即使摩根索对德国了解不多，但作为一名成功的银行家，他肯定很"懂"钱。

英国人也得出了同样的结论——惩罚性的和平是虚假的和平。它将带来一场灾难，欧洲会因此遭受重创，无法恢复。1945年秋天，一份发给英国外交部的内阁会议纪要清楚地阐明了这一点："除非我们全心全意地提供帮助，否则我们在去年春天以可怕的代价赢得的一切，都将在下个冬天失去……绝望的人很容易破坏他们的社会结构，在废墟中寻找希望的替代品。如果我们对此不管不顾……（德国和欧洲其他国家的）人们饥寒交迫，那么我们也会被殃及，世界和平的希望将会动摇。"苏联人却不这么想。在他们的记忆里，卫国战争中有将近2500万同胞失去生命，其中包括800万名士兵。这都是德国军队在俄罗斯、乌克兰和白俄罗斯一路烧杀抢掠造成的。所以在苏联看来，如今战败的德国不论遭遇什么都属罪有应得，必须确保他们再无能力发动战争。德国和欧洲其他地区——特别是西欧——经济复苏与否根本无关紧要。另外，战时同盟那时已经开始出现分裂的迹象，他们为利益而"联姻"的时代结束了。[5]

战争末期，西方的同盟国尚不清楚未来将要对德国采取哪些具体措施。美国国务院最资深的战后政策规划人之一乔治·凯南后来回忆："当我们承担起这份责任的时候，尚且没有制订出恢复该地区经济的方案。"可就在他们下定

---

\* 1945年底，杜鲁门的军事顾问肯尼斯·罗亚尔给他提供了另一个关于如何对待德国人的简单建议："你可以饿死他们，打死他们，或者养活他们。"

决心的时候，德国人的处境恶化了。对许多幸存者来说，战后几个月内的生活比他们在冲突期间更加艰难。1943 年底开始，许多德国人开始意识到他们大概要输掉这场战争。"最好享受战争，和平将是可怕的。"这是当时流传很广的宣传语。与此同时，粮食歉收、交通瘫痪加上气候恶劣的冬天把本就不多的食品储备几乎都耗尽了。雅尔塔会议之后，1945 年 2 月的时候美国、英国、法国和苏联的占领区已经划分完毕。可以说那时同盟国的胜局已定，只是没有人确切地知道德国人会在何时投降，那时候盟军又会待在哪里。[6]

英国占领区内的食物短缺现象最为严重。那里曾是德国工业最繁荣的地区，所以几乎没有什么农田，粮食生产根本无法自给自足，只能依靠东部传统的农耕地区——图林根、萨克森、波美拉尼亚——提供的粮食。而这些地方当时在苏联控制之下。在丘吉尔离任前，英国外交部曾对他发出警示："德国要面对的苦难……将是自中世纪以来欧洲大陆上前所未有的。"事实证明的确如此。[7]

跨越 1945 年和 1946 年的那个冬天，德国爆发了大范围的饥荒，英国占领区的情况最为严重。蒙哥马利在战争结束时说过，如果德国人没饭吃，他一点也不会同情，因为这是他们自找的。几个月后，目睹了大批德国人因为食物短缺而营养不良的惨状后，他的态度发生了转变。1946 年初，他给内阁发了一封急件，信中提到如果没有额外的配给，德国就会面临"一场灾难"。他说："文明人不应该让他们的手下败将遭受饥荒这样的苦难。"几乎与此同时，蒙哥马利的美国"同行"卢修斯·克莱将军也向他远在华盛顿的上司发了一封内容类似的电报："吃点苦头的确可以让他们反思，"他写道，"但是这不应发展到导致饥饿和疾病的程度。"克莱还通知伦敦的官员，英国占领区的配给"难以维持生命"。[8]

联合国善后救济总署向德国流民（而非德国公民）提供了食物。该机构建议，一名成年劳动力每天需要摄入 2430 卡路里的热量才能"维持生命"。但在1945 年秋天的英国占领区，人们日均摄入热量仅为 1500 卡路里；到来年 2 月，已经低至 1100 卡路里。这只能让一个人勉强活下去，却不足以支撑他去工作。

1946 年初，曾在科隆解放时被任命为市长的康拉德·阿登纳（后来出任联邦德国首任总理）因抱怨食物短缺等问题，被英国占领军撤职。他写信给瑞士的朋友和追随者，为儿子求得了食物和维生素，为妻子要来了青霉素，他自己则拿到了奶酪和雀巢咖啡。他说，如果没有外界的援助，他们一家不可能在战后的 18 个月里生存下来。不过并不是所有人都对阿登纳那么友好。在阿登纳被免职的时候，陆军准将约翰·巴勒克拉夫评价他是个"政治上靠不住的人，一个麻烦制造者"。那时候，还有一个真正的"政治上不可靠的人"也接受了朋友和书迷援助的粮食——他就是纳粹的同伙、曾为希特勒辩护的历史学家恩斯特·荣格尔。不过他也代表身处饥荒中的同胞向英国占领区的管理者发声，告诉他们这里大部分人的食物配给只有去年秋天的一半。他说："对于那些在生死线上苦苦挣扎的人——特别是老人和孩子，这无异于宣判死刑。"[9] 除了人道主义方面的考虑，一些英国占领区的官员和政策制定者担心，饥荒会阻碍德国复兴的进程，在占领区的开支也会让英国的财政承受巨大压力。在粮食短缺的情况下，德国人没有足够的体力去挖煤和轧钢，想要实现经济复苏是不可能的。《泰晤士报》的一篇社论直接阐述了这一观点："过去几个月里，德国人由于营养不良而体质弱化的例子比比皆是，在所有阻碍德国经济复苏的因素中，这是影响最深远的。工人因为身体状况不佳致使生产效率大大降低，与此同时，很多工人为了拿到定量配给的食物而离开工作岗位，日均旷工率甚至超过了 20%——这又间接降低了工作效率。"为了解决这些问题，从夏末开始，英国增加了对占领区的食品供应，定量配给状况也有显著改善，但这给英国自身造成了相当大的影响。为了增加对德国的供应，英国不得不缩减了国内人民的口粮。

疾病随着饥荒而来。虽然没有暴发像 1919 年夺走欧洲数百万人生命那样的大流感，但其他疾病也让德国遭受重创。1946 年春天，柏林的下水道系统被毁，腐烂的尸体一直污染着水源。该市每 1000 名新生婴儿中就有 66 人夭折，这个比例大约是战前的 8 倍。1946 年初，克莱将军的政治顾问罗伯特·墨菲向华盛顿方面报告，勒特火车站附近的难民营里平均每天有 10 人死于营养不良、脏器衰竭或其他疾病。柏林有一半的儿童患有佝偻病，肺结核的发病率也是战前的 5 倍。在英国占领区，每月新增 1000 例伤寒和 2000 例白喉患者，而糙皮病、痢疾和脓疱病等与营养不良有关的疾病，更是十分常见。[10]

＊ ＊ ＊

1946 年 7 月，著名历史学家和演说家约翰尼斯·塞姆勒在埃朗根对听众说："他们给我们送来鸡肉，希望我们感恩戴德。"可事实上德国人并没有这样想，在他们看来，他们得到的"帮助"有很多附加条件。西方盟国可能已经放弃了惩罚德国人民的想法，但并没有停止对他们的指责。德国人憎恨这些占领军和外国官员发号施令的样子，他们显示出的道德优越感令人厌恶。

在同盟国看来，所有的德国人都有罪，他们都要为希特勒的崛起、发动战争以及犯下的暴行负责。大多数德国人要么一开始就不理解这些指责，要么就是太专注于寻找食物而没有工夫去思考这些哲学上所谓的负罪感。直到 20 世纪 50 年代末和 60 年代，德国人才有一段较长的时间去思考这种指责的意义。在战争刚结束的时候，只有少数人认识到自己是罪人。大多数德国人似乎都认为，他们只是经历了纳粹主义，并可耻地输掉了战争。他们是被误解的，他们才是受害者。

正如后来一位德国政治家所说，这是一种强烈的"自怜式叙述"，最典型的表现就是诺贝尔文学奖得主海因里希·伯尔的半自传体小说《无爱的十字架》。主人公克里斯多夫于 1939 年加入了德国国防军，军中生活充满了痛苦和绝望：

> 我受够了这一切。从军六载，希望一次次破灭。终于明白，不论谁胜谁败，都挽回不了那些逝去的生命。恶魔拥有世上一切权力，权力主体的变化不过是恶魔之间的交接。

他对那些征服者既不喜欢也不崇拜：

> 你相信那些用橡胶鞋底和罐头征服我们的人会理解我们所遭受的痛苦吗？你相信他们会理解被他们的炸弹轰炸，同时又被这个恶魔般的国家玷

污的感觉吗？能明白被这两座大山压倒的感觉吗？他们根本不可能体会我们的感受……我们只有最深沉的痛苦，而世界永远不会理解我们。[11]

蒂里·沃尔夫－蒙克伯格是一位反纳粹人士。出身显赫的她在 19 世纪 90 年代的日记里就写到自己"与俾斯麦公爵共进午餐……跟约翰内斯·勃拉姆斯先生一起吃饭"。在战后写给儿女的一系列未寄出的信中，可以清晰地看到这种"自怜式叙述"。那时她 60 多岁，给女儿写信说：

> 那些人对英国人卑躬屈膝，极尽谄媚。我确实理解 W（她的丈夫）内心的沮丧，占领者对我们傲慢的态度和虚伪的应付也让他感到失望至极，对这个世界已经十分绝望。他们还满世界地说，只有德国人才会堕落到如此卑微、糟糕和恐怖的境地……他们自己却是无可指摘的……可到底是谁摧毁了我们美丽的城市，罔顾妇女、儿童和老人的性命？是谁在袭击中向不幸的逃亡者倾倒有毒的磷，把他们像活的火把一样投进废墟？是谁轰炸了无家可归的农民？你说……干这些事的人都是谁？[12]

美国人想通过强迫德国人观看展示集中营恐怖景象的电影来"改造"他们。但成年人进入电影院的目的只是为了拿到配给卡。在法兰克福，作家斯蒂芬·赫姆林看了一部关于布痕瓦尔德集中营和达豪集中营的电影。"借助放映机前那半明半暗的光线，我发现大多数人在电影开始后就把脸转了过去，直到电影结束……那转过去的脸就是数百万人的态度。"[13]

教会领袖和政治家们站出来为大多数人发声。科隆的天主教大主教约瑟夫·弗林斯勇敢地反抗过纳粹政权，现在他又跟盟军唱起了反调。"希特勒刚愎自用，最多也就是咨询咨询他最亲密的顾问，"在一次公开的布道中，他表达了大多数德国人在未来几十年里对于第三帝国罪行的共同态度，"至于暴行，很多德国人都是在 BBC 里才第一次听说……德国人民更大程度上是受害者，而不是施暴者……不能认为整个国家都有罪……成千上万的老人、儿童和妇女是无辜的，可现在他们却是最直接的受害者。"

社会民主党的领导人库尔特·舒马赫也是一名勇敢的反纳粹人士，被关在达豪集中营长达 8 年之久。他本人也因盟军那种站在道德制高点的态度而备感屈辱，尤其讨厌英国官员，觉得他们对待德国人就像"贵族对待土著一样"。

1946 年初，舒马赫写下过这样的话：

> 你无法想象把"集体罪责"强加于德国人民这种事，对那些反抗纳粹主义的人来说是多么残酷。在这个国家里，有许多人甚至在 1933 年以前就冒着巨大的风险与纳粹主义做斗争……纳粹掌权后，就连现如今盘踞在我们领土上的这些战胜国还冠冕堂皇地与希特勒政权缔结过条约，可是我们国家的这些反纳粹人士却还从事着地下工作，甚至因此被关进监狱或集中营。难道这样的人也要认罪？不，他们没道理这么做。[14]

一些同盟国的人也发表了同样的看法。流亡美国的德国籍犹太人汉斯·赫伯是一名才华横溢的记者。战后，他随美军回到德国，负责在美国占领区创办新的报纸和杂志。当时，德国作家的作品要经过严格的出版审查，禁止出现批评占领军的内容。不过作家们倒可以自由地告诉赫伯，他们已经厌倦了被迫观看批判纳粹暴行的电影，也厌倦了盟军的说教。赫伯对老板说："要让这个民族回顾、反思和忏悔……只是征服者的一厢情愿……平民百姓只关心如何才能吃饱穿暖。"[15]

可惜他的话并未受到重视。另一名犹太裔流亡者乔治·克莱尔的观点倒是更为占领军所认可。此人是 1946 年跟随英国军队回到柏林的。他憎恶德国人，说他们"总是觉得自己受到了不公正待遇，为战败者的身份而自怜自哀，仿佛忘记了自己的民族在战争中有多么冷酷无情。明明爱好杀戮，却觉得自己是真诚善良的亚伯\*。他们咒骂希特勒……却不是因为他以德国名义犯下的罪行，而是怪他任意妄为，背叛了他们的信任和忠诚……怪他把德国搞成如今四分五裂

---

\*　亚伯是《圣经》中的人物，通常用来指真诚善良、敬畏神灵的人。——译者注

的样子，让同胞的鲜血染红了土地”。[16]

\* \* \*

占领军得到了会尽快组织士兵们撤离的指示。在等待回家那段时间里，许多人决定要好好享受当下的时光。一开始，盟军将领们严格禁止士兵与德国人建立任何形式的友好关系，战胜国和战败国之间必须划清界限。盟军最高指挥官艾森豪威尔命令美国士兵不许与当地人有任何接触——不能拜访德国家庭，不能和德国人在酒吧喝酒，不许跟德国人握手，不能与德国儿童嬉戏或与成年人一起运动。当然也不能邀请德国人参加音乐会、看电影或聚餐。一旦有人违反了规定，就会被罚款65美元。英国指挥官也发布了类似命令，他们承认，这主要是为了安抚国内的舆论。最关键的是，士兵不能跟德国妇女有任何接触。这些规定显然是不切实际的，也不可能完全遵照执行，违反规定的大有人在。因此蒙哥马利率先取消了这些规定，接着美国人也这么做了。

那段时间，一个以"F"开头的新词诞生了（现在已经很久没人提起），那就是"Frat"——与敌军亲热的女人。"我们都是远离家乡的精壮男人，战争已经结束了……除了跟德国女人亲热，我们几乎别无他想。"多年以后一名守卫军官回忆道。[17]对德国女人来说，与占领军之间可不是建立友谊那么简单——很多时候他们是能够把她和她的家人挽救于生死边缘的存在。英国兵和美国兵能给她们食品、牛奶、药物，甚至是雪茄和丝袜之类很久没见过的"奢侈品"。讽刺作家和卡巴莱演员冈瑟·诺依曼为此还创作了一首歌曲，在当时广为流传：

> 强尼待我如妻，
>
> 不必羞涩，这是我们的交易。
>
> 我心甘情愿，为了咖啡两斤。
>
> 加上几罐果汁，可以再做一次。
>
> 为了两罐咸牛肉，我们激情喘息。

　　如果再有点儿巧克力——好时巧克力，

　　我会让他更满意。[18]


　　除了能提供物资，征服者还有其他吸引人的地方。那时候德国的男性人口严重不足。1918年出生的德国男性中有三分之二死于第二次世界大战，有三分之一的德国儿童失去了父亲。1946年2月，居住在柏林郊区特雷普托的18~21岁的男性只有181人，而女性则有1105人。阿瑟·穆恩少校是占领军的一名军官，他被眼前的景象震撼了："我们千里迢迢来到德国，发现这里几乎没有17~40岁的男人。那是一片只有女人、小孩和老人的土地。"好彩牌香烟、新鲜咖啡、尼龙长袜和巧克力棒的确很诱人，但在某种程度上，占领军和德国女人之间并不是简单的交易关系。不管是美国人还是英国人，看上去都比本土那些残废的退伍军人、疲惫不堪的战俘和留在故乡的老人更有吸引力。尤其是第三帝国长期施行文化管制，在几乎接触不到外国电影、书籍和音乐的情况下，占领者们看起来越发魅力无穷，令人心折。一位女侍者告诉随美军回到德国的编剧兼电影制片人卡尔·扎克梅尔，她对德国男人不再感兴趣了："他们缺乏阳刚之气，简直算不得男人……过去他们都是虚张声势。"[19]

　　乔治·克莱尔回忆道，尽管盟军内部当时已经有了"禁止与德国女性发生关系"的命令，但对士兵们而言，这并不影响享受"德国自由行"的快乐时光。整座城市的兵舍和营房里，都在秘密进行"英德关系修复活动"……不管进入谁的卧室，哪怕是自己的，都得先敲门。美国康奈尔大学的沃尔特·斯莱特奥夫教授曾经是驻德美军中的一员，给同袍的父母们写过下面这段话：


　　设想一下，你们十八九岁的儿子脱离了父母的管控，还有花不完的钱，在女人面前，终于享受到了跟范·强生和克拉克·盖博一样的待遇——总是被甜言蜜语包围和哄骗着，怎能不滋生出傲慢的情绪、不越过道德的红线呢？柏林的女人们饥寒交迫又孤独寂寞。士兵们有香烟，又可以从红十字会领到大量食物，在为女人们解决温饱问题的同时，还能带她们去热情的夜总会。在城市里，士兵们让她们感受到了某种安全感和生活的意义。她们在夜总会与红十字会门口游荡，大规模地、积极主动地"捕猎"大兵。"我爱你"就像"你好吗"一样轻松地说出口。[20]

事情发展到这种程度不仅让卫道士感到着愤，连自由主义者都觉得震惊。1946 年，德国的未婚女性生下了近 10 万名婴儿，约占当年新生儿的三分之一，是 1945 年未婚生子数的 3 倍。官方记录的堕胎人数是这个数字的两倍多，但真实情况很可能比这还严重。那时候堕胎的成本很高，在"黑诊所"里大约要花费 1000 德国马克——用流通更广泛的"货币"衡量的话应该是两盒好彩牌香烟和半磅咖啡。还有一个可能会让人高兴的数字——1946—1947 年，跟士兵结婚的女性大约有 2.5 万人。

性病开始流行。战后头一年，德国的淋病发病率暴涨。在 1946 年初，一个 800 人的苏格兰军团中就有 108 人感染此病。与此同时，尽管美国政府向军队发放了避孕套和高锰酸钾药片，但美国士兵的患病比例却更高，这实在让人难以理解。根据美国国防部的数据，1946 年，每 1000 名美国士兵中就有 250 人患淋病。当时就有句流行的俏皮话——"VD 紧随 VE"*。

战争彻底改变了德国的家庭模式。妇女们不再被第三帝国悠久的传统束缚，不甘于在孩子、厨房、教堂这三点一线中间忙碌。战后不久，一名德国研究人员发现：

> 在这 6 年里，妻子们不得不做出改变。她们在包括经济活动在内的几乎所有领域逐渐取代男人，这使她们的自信心和自力更生的能力都得到了很大提升。但这与纳粹宣扬的"男尊女卑"的思想背道而驰，大大降低了"男人是天"这种思想在妇女心中的地位……削弱了女性对男性的尊重，尤

---

\* VE 是欧洲胜利（Victory in Europe）的缩写，VD 是性病（Venereal Disease）的缩写。——译者注

其是对丈夫的尊重。那些归国的士兵大多灰心丧气，无法适应战后混乱的环境……却还期望他们的妻子能像过去那样对自己唯命是从。可现实却是这些被灌输了"大男子主义"思想的男人，在占领者面前难以保持尊严，尴尬的谄媚行径更是让自己的形象在妻子心中大打折扣。[21]

大多数胜利者并不残忍，但他们往往粗心大意，不了解德国人的秉性。在英国军方发给占领军的手册里倒是有一些相关建议，不过用处不大。手册上说"普通德国人……是原始的，崇拜中世纪的残酷行为"。他们的"自卑情结"和"内疚情结"相互纠缠，造就了一种缺乏平衡的双重人格。大多数德国人"非常情绪化，并喜欢自艾自怜"。手册上还写道：

> 普通的德国人——那些身为丈夫和父亲者，往往能够在对妻子、孩子施加暴力的过程中享受权力的乐趣。可是与此同时，他们又极其珍视妻子和孩子的照片……不能单纯地用"好"和"坏"来定义德国人。德国人的性格中都有好的和坏的因素，而后者通常占主导地位。但是德国人可以被分成阴谋策划者和盲从的跟从者，这两类人同样危险。[22]

也许上过战场的军人能从中读到更多信息。英国坦克团中尉克里斯托弗·里弗1946年时正驻扎在汉诺威附近，他讲述了一段往事。一个小男孩在驻军食堂偷食物时被抓住，审讯他的军官们的举动或许正反映了当时占领军的典型态度：

> 关键是我们中没有任何人会去关心那个小男孩。他可能是个父亲战死在战场、母亲丧命于废墟下的孤儿。孤苦无依的他在这里忍饥挨饿，冒着生命危险爬上英国坦克团食堂的排水管。可那又怎样？我们对他或任何一个德国人都没有丝毫同情……如今我们是霸占了他们的家园、奔驰车和女人的一方。我想说……70%的英国年轻人就是这样认为的。大多数人都很

享受这种成王败寇的日子，并坚信不用为此付出任何代价。[23]

在战时德国军队曾经对斯拉夫平民十分残忍，苏联军队自然要以牙还牙。相较之下，西方盟军在占领区犯下的暴行数量算是少的，但这并不是说他们就清清白白。在驻军的头 18 个月里，有 487 名美国士兵因强奸罪受审，当然还有许多罪行没有被揭露或闹上法庭。经历了近半个世纪的调查，当时的一些家书于最近曝光，使得一些真相浮出了水面。"我给你和爸爸寄了一块表，"一名士兵在给父母的信中写道，"希望你们喜欢……这是我从一个德国上尉那儿弄来的。哈哈。他不喜欢这块表，我很生气，让他好好戴着……你懂我的意思。是他让我开枪的，我很乐意效劳。"另一名士兵写道："过去几天我们见到了很多很多囚犯。是的，那场面真令人兴奋。我总是想狠狠地踹他们，事实上，我也是这么做的。"[24]

一些囚犯遭到了美英两国审讯人员的殴打和虐待。有 100 名纳粹党卫军成员被拘禁在斯图加特附近的一座阴森城堡里，他们被指控于 1944 年 12 月在比利时的马尔梅蒂村外谋杀了 84 名美国战俘。这 100 人亲身体验了德国"盖世太保"们曾经最擅长的审讯手段。刑讯逼供是少不了的。他们被单独监禁了数周，不许睡觉，还要忍受着极端寒冷的天气——一名德国士兵在一个水没过臀部的黑暗地窖里被关了 5 周之久。占领军还用"模拟审判"和"模拟死刑"来摧毁战俘的意志。一名士兵后来回忆，他曾被反绑双手，蒙上兜帽，被警卫们押到外面去接受"绞刑"。他们把他领到台阶前，告诉他这里通向绞刑架。随着一阵鼓声，他们把他带到上面，并在他脖子上套了一条绳圈。就在他紧张害怕到极点的时候，他们又突然说绞刑被推迟了。许多囚犯也遭受了同样的折磨。

有 139 名先后被关押在这座城堡里的囚犯声称遭到了虐待。1946 年底，美国调查委员会认定其中 137 人"在接受战争罪调查小组审讯时睾丸被踢伤，造成了不可逆的伤害"。委员会的报告中提到："整个镇子的人都能听到城堡里战俘的惨叫声。"克莱将军对美方审讯人员的行为感到震惊，但还是驳回了这些囚犯的上诉，并指责他们并非无辜："这的确很不幸。在战争影响最严重的时候，我们在收集证据的过程中确实采取了一些极端手段。我们以后不会再这么做。"[25]

\* \* \*

战后的柏林俨然成了世界犯罪之都。有报道称，这座城市里平均每天发生 240 起抢劫案件，比战前增加了 800%。事实上，这只占了真实数字的一小部分。纵然足够小心谨慎，也难免让小偷得手。成群结队的孩子跳上卡车的车尾，拿走他们能抓到的任何东西。为了以儆效尤，许多盟军士兵甚至用刺刀砍向年轻小偷的手。那段时间里，柏林的医生们接诊了几十名手指被切断的儿童。"所有权的概念已经不复存在，"回忆录《柏林的女人》的作者写道，"因为自己的东西被偷了，所以也要去偷别人的东西。"在 1946 年的日记中，露丝·安德列斯 – 弗雷德里希这样写道："就像一个传递物品的游戏，所有的东西都被偷来偷去，没有人知道它的主人究竟是谁。"[26]\*

那时候纳粹发行的德国马克已经毫无价值。为了稳定物价和改良币种，盟军印发了占领区版本的马克，却没想到间接造成了通货膨胀。新的货币政策不仅扭曲了合法市场的价格，还将黑市物品的价格抬到了人们承受不起的程度，偏偏黑市还是供应必备物品的主要市场。在那个大多数人都吸烟的年代里，香烟成了真正流通广泛的"货币"，最受欢迎的当属美国生产的好彩牌香烟。不过香烟也会通货膨胀。1946 年初，1 包好彩烟可以换 4 盎司\*\* 面包，到了当年夏天，却连 2 盎司都换不到了。英国占领委员会下属的经济科向外交部提交了一份报告，其中提到："同盟军商店和食堂里卖的巧克力、酒精和香烟可能是威

---

\* 回忆录《柏林的女人》最初是匿名出版的，以保护作者的安全。直到作者本人于 2001 年去世后，其真实身份才曝光，她就是记者玛尔塔·赫勒。露丝·安德列斯 – 弗雷德里希则是一名社会主义者，也是反抗纳粹统治的先锋人物。她的日记中记录了希特勒的最后时光和那些被盟军占领的日子。

\*\* 1 盎司约合 28 克。——译者注

胁这个国家金融稳定的因素之一。"一位美国官员也同意这个观点："美国人和德国人交易时，香烟就是硬通货，它的价值实在是太高了。几条香烟就可以换取一架钢琴——如果买家能把它运走。"[27]

据一位记者所见，柏林的蒂尔加滕公园就是黑市之一。在那里，"成群的士兵与饥寒交迫的德国人进行着或合法或非法的交易。德国人拖着婴儿车、背着帆布包，满怀希望地来到蒂尔加滕，想用家当换取食物、香烟和外币。苏军士兵拖着一箱箱的现金，打算购买心仪已久的相机和衣服等物品，当然，他们最想买的当属手表。美国人、英国人和法国人开着车来做生意，口袋让各种值钱的小玩意儿撑得鼓鼓囊囊"。[28]

盟军士兵——主要是美国人，昧着良心在黑市上赚了一大笔钱。而被坑的则是那些绝望的德国人、苏联人，以及美国的纳税人。美国士兵花 1 美元就能在美军开的商店里买到一盒好彩烟，而苏联士兵在黑市上却要花 100 美元才能买到它。同样，一块米老鼠手表价值 3.95 美元，苏联人要买就得花 500 美元；美国士兵花 14.95 美元买的相机，倒手卖给苏联人就要 1000 美元。美国军方运往柏林的手表、巧克力和相机，比运往世界其他地区军事基地的总和还要多——美国国防部和国务院过了好长时间才发现这有些不对劲。造成这种不对等交易的原因是盟军使用的新货币——占领区马克。出于合作精神，新货币由美国和苏联共同负责印制，但是新货币的发行数量却超出了合理消费的范围。美国士兵可以按 10∶1 的比例将新货币兑换成美元。但苏联士兵拿着占领区马克，却无法将其带回苏联兑换成卢布，所以他们只能在德国把钱花在手表、酒和女人身上。

美国军方给士兵提供了大量的补给商品，换回来的却是几乎毫无价值的货币。后来华盛顿的一位经济学家揭开了这个秘密。流入美国的来自苏联占领区的新货币数量非常庞大。卢修斯·克雷会计团队的一项调查报告称，美国军队（从德国）转移的资金大大超过了士兵的津贴总额，两者的比例约为 6∶1 或 7∶1。在驻扎下来的头几个月，士兵们寄回美国的钱比他们拿到的津贴足足多出了 1100 万美元。

　　"柏林是世界上最不道德的城市。"1946 年初，美国经济学家豪利给国防部的一份报告中写道，"它腐蚀了每一个涉足其中的人。"柏林人本应该努力做到收支平衡，可现实却使他们不敢斤斤计较。正如柏林的伯纳德·博廷医生回忆的那样："只要家人还在挨饿，就别把去黑市当成不光彩的事情……为了面子而饿肚子绝对不是什么好事。人们应该注意，不要将其与道德混为一谈。" 29

　　占领军在清理黑市方面只做了一些表面文章。在整个 1946 年，他们都认为，如果德国人想吃饱穿暖，那就离不开黑市。正如弗雷德里克·摩根中将向英国外交大臣欧内斯特·贝文报告的那样，黑市不仅在德国是必需的，在西欧也是必需的。"毫不夸张地说，不论男女老少……都或多或少从事过非法交易。因为不这样就活不下来。" 30

# 1946:

### 现代世界的形成

第五章

## 忘记过去的奥地利

维也纳的环城大道上，每天都有两到三场歌剧演出。像柏林一样，这座城市也被四股势力占领，他们划区而治。不过第一街区——也就是市中心，却是按月"坐庄"。在巷道里来回巡逻的吉普车上坐着分属四个占领国的士兵——他们被戏称为"四古董"，车子上四国的标记清晰可见。

作为战败的德意志帝国的一部分，奥地利算是被厚待的。因为它并没有被看作是一个被征服的国家，反倒像"希特勒暴行下的第一个受害者"而备受关照。在那些曾与德军对抗的人看来，这样的待遇简直让人难以置信。不过奥地利之所以能如此幸运，涉及大国之间的博弈，与公理正义并无太大关系。要知道在1938年，大多数奥地利人可是支持德奥合并的。在全国700万人口中，有70多万人都是纳粹党员，共计120多万奥地利人在德国的各种部队中服役。在纳粹党卫军以及集中营里工作的奥地利人也不在少数。

曾经的罪恶在东西方盟友不同形式的鼓励下很快就被遗忘了。所谓既往不咎的理由听上去冠冕堂皇，但细思之下还是令人感到震惊。为英国情报部门工作的乔治·克莱尔回到了他出生和长大的维也纳，他评论道："希特勒时代的往事被遗忘了，取而代之的是奥地利民族主义，这在1938年是非常罕见的……去德国化进行得如火如荼，甚至连维也纳人说德语的方式都变了。"他注意到，那些受过良好教育的奥地利人曾经喜欢说带巴伐利亚和柏林味儿的德语，尽管还是有些维也纳口音，但是自我感觉良好。但是现在这些人却故意使用"淳朴的维也纳郊区方言"，以显示他们是多么纯正的奥地利人。在衣饰搭配上，男人们也开始挑拣那些能够凸显其民族身份的物件。"奥地利人非常讲究时尚。那些前不久还以戴着棕色的冲锋队帽子或黑色的党卫军帽子为荣的人，如今却迅速换上了他们在战前不屑于戴的、散发着乡下农民气质的帽子。"[1]

奥地利成为冷战这出大戏的一个重要舞台。作为汇集了各路间谍、阴谋家和神秘人物的中心，大量间谍题材小说和惊悚电影都以这里为背景。奥地利当时各方面的条件比德国大部分地区都要好，但口粮配给还是不足，以至于冲突结束后很长一段时间人们都在挨饿。尽管有宪兵巡逻，维也纳仍然是个危险的地方——尤其是在晚上。就如同美国小说家约翰·多斯·帕索斯（他在 1945 年秋季和 1946 年的大部分时间里担任美国多家报纸的通讯员）在报道中说的那样："就像身处中世纪一般……出门在外只能自求多福。"[2]

西方世界希望奥地利人特别是维也纳人能站在自己一边。作为一个重要的城市，维也纳紧邻苏联西部并被苏联军队所围绕——正如苏联人不断提醒奥地利人的那样，他们就在布拉格以东的两个经度里。苏联想在西方的地盘上拥有一个据点——事实上，他们的军队有将近 10 年都没有离开过维也纳。结果就是，同盟国让奥地利人自己选择——是合作，还是走希特勒的老路。奥地利人不顾一切地撇清与纳粹的关系。因此只有 23,000 名奥地利人——其中大多数是纳粹成员——因过去犯下的罪行而接受调查。在他们之中，有 30 人被处决，13,000 人被判有罪，其中大部分都被从轻发落。大约有 6 万名公务员失业，不过有一半以上在 1947 年中期复职。

战争一结束，已经退休的 75 岁高龄的卡尔·伦纳就被苏联请回去担任奥地利总理，这个国家刚刚脱离德意志帝国而独立。能找到一个像伦纳这样没有向纳粹妥协过，又对苏联比较友好的人，可真不容易。对同盟国来说，伦纳并不是一个很合心意的选择，因为他是社会主义者，所以美国思考了好久才承认他的过渡时期领袖的身份。从外表上看，伦纳简直就是活在另一个时代的人。他爱穿长礼服，留着尖胡子，举手投足间充满了弗朗茨·约瑟夫皇帝在位时期的宫廷风格。1918 年哈布斯堡王朝灭亡后，他成为奥地利共和国的第一任总统。现在，随着新的冷战时代到来，他发现自己又成了一个由社会主义者、自由主义者、共产主义者和各种反法西斯主义者组成的政府的管理者。

维也纳有将近四分之一的地方被盟军的炸弹摧毁，25 万人无家可归。但在尘土和瓦砾之中，这座城市仍然具有一种难以名状的魅力。关于维也纳的重建，约翰·多斯·帕索斯有这样一番生动的描述："维也纳像是在破旧的房子里奄奄一息、垂死挣扎的年迈的音乐剧女王。当医生赶来时，她用尽力气将干裂的嘴唇弯成一个倾倒众生的弧度。"[3]

# 1946：

## 现代世界的形成

第六章

## 冷战中的间谍

在 2 月 3 日那个星期日的晚上，美国记者德鲁·皮尔森在美国全国广播公司的广播节目中报道了一条爆炸性的独家新闻。其内容是一名苏联间谍在加拿大渥太华向皇家骑警自首，并揭露了"一个在美国和加拿大境内收集情报的庞大的苏联间谍网络"。皮尔森作为美国最受尊敬也是最受欢迎的播音员之一，他主持的时评节目每周会吸引 250 多万听众。在播报那条新闻时，他说："那个人告诉加拿大当局，在美国和加拿大政府里潜伏着很多苏联特工。"其实皮尔森了解到的只是冰山一角。他不知道这起苏联间谍叛变事件是 6 个月前发生的，他也不知道美国、英国和加拿大政府早就掌握了这一情况。不过，皮尔森表示，加拿大总理麦肯齐·金很快就会"专程前往华盛顿"，向杜鲁门总统讲述全部细节。

节目的播出标志着战后曝光的第一起重大间谍丑闻——"古琴科事件"的开始。其错综复杂的情节和各种反转成为后世无数间谍小说和电影的创作素材。正如向皮尔森爆料的人所希望的那样，这一丑闻引发了一波针对苏联间谍歇斯底里的抗议，并深刻地改变了包括美国、英国在内的大部分西方国家对苏联的态度。

其实，向皮尔森提供消息的不是别人，正是美国联邦调查局的局长埃德加·胡佛。他认为这么做将推动杜鲁门政府采取更强硬的手段打击"颠覆活动"和活跃在国内外的共产主义组织。在胡佛和皮尔森这两位当事人去世很久之后，人们才得知胡佛就是那个爆料者。早在节目播出前几周，胡佛就与皮尔森通了好几回电话，他在交谈中向后者透露了部分细节——甚至在节目播出的当天早上他们还在聊这件事。[1]

* * *

间谍事件的主人公伊戈尔·古琴科是苏联驻加拿大渥太华大使馆的一名军事情报密码员。事发那年他26岁，已经成家，有一个女儿，第二个孩子也即将出生。他很享受在西方的生活，所以当他在工作中犯了一个小错误后，便非常担心会被遣送回莫斯科。1945年9月5日晚上，他带着109份秘密文件从大使馆出逃。因为想弄到钱，所以他首先想到的是把这些文件卖给媒体。他先去了《渥太华日报》的编辑部，结果被轰走了，这份报纸也因此错失了劲爆的独家新闻。加拿大司法部的官员也认为他是个骗子，毫不犹豫地将他拒之门外。最后，他去了一个皇家骑警派出所，终于引起了警察们的重视。

古琴科窃取的文件证明，苏联多年以来一直在收集有关原子弹的情报和其他军事机密，并在美国和加拿大安插了代号为"沉睡者"的间谍，如今这些人已经在这两个国家的政府中担任要职。这些间谍由苏联最大的间谍机构"内务委员会"（克格勃的前身）直接管理，其规模远比西方情报机构想象的要大，系统性也更强。

加拿大人盘问了古琴科好几个月，然后给了他一个新身份，他现在改名叫乔治·布朗。除了一次性付给他10万美元外，每个月还给他发500美元的生活费。后来的一些间谍、政客和悬疑小说家都提到，古琴科拿走的文件里包含苏联刺探曼哈顿计划的一些细节，然而真相并非如此。窃取曼哈顿计划的秘密是由另一个间谍组织的叛逃者泄露的。古琴科事件的意义在于，它让美国和加拿大知道了苏联在北美安插的间谍的代号，并为查出他们提供了线索。

值得一提的是，当时三国政府之所以没有马上采取应对行动，一部分原因是出于惯性，一部分原因是想采取反间谍手段，设置陷阱让隐藏的间谍暴露出来。最主要还是因为他们担心一场重大的间谍丑闻可能带来的不利的外交和政治后果。那时候，苏联还是盟友，美英两国认为跟它撕破脸并没有什么好处。

皮尔森的报道出来后，西方媒体开始就此大做文章。纵然说得隐晦，但还是迫使加拿大做出一些实际动作。接下来的那个周日，也就是2月10日，通常以其他类型新闻为报道重点的皮尔森，再次提到了间谍事件。他认为，"实施逮捕迫在眉睫"。然而那时候加拿大方面还没有采取任何行动。不过到了2月15日，16个人因此被捕，其中包括12名加拿大公务员，他们的罪名正是"间谍罪"。

5天后，英国军情五处的人逮捕了伦敦国王学院讲师兼物理学家艾伦·纳恩·梅。战争期间，梅被借调到加拿大国家研究委员会工作。那时候该委员会正在蒙特利尔附近建造一座核反应堆，他承认曾向苏联泄露过相关机密。但他不觉得这是犯了叛国罪，相反认为自己"做得对"。他唯一感到遗憾的是，他是通过信使将少量具有高放射性的铀–235寄给苏联人的，由于那位信使没有穿防护服，所以他会因遭到过量辐射而身患重病。这期间，在加拿大共有9人（包括1名国会议员在内）因间谍丑闻而入狱。[2]

当时美国没有第一时间展开搜捕行动。不过即便如此，间谍疑云还是让一些政府高级官员因此受到调查。其中包括美国财政部官员哈里·德克斯特·怀特，他曾在1944年代表美国出席布雷顿森林会议，促成了世界银行和国际货币基金组织的建立。还有在美国国务院工作并担任过美国驻联合国第一任办公室主任的阿尔杰·希斯。此二人均被解职。怀特做证后不久就死于心脏病发作；而希斯的苏联间谍身份最终曝光，因做伪证被判入狱3年。

古琴科事件对美国，甚至对其总统都造成了重大影响。杜鲁门本已很低的支持率再次下跌，反对率高达70%——这可是个新纪录。即便因"水门事件"被搞得灰头土脸的理查德·尼克松，其反对率也没有这么高过。杜鲁门向亲信承认，人们对间谍事件的过激反应让他备感压力，而且美国人对"红色威胁"的极度敏感或许已经无法避免。伊戈尔·古琴科和其他人一样，都是引发雪崩的一片雪花。皮尔森披露间谍事件的新闻报道播出9个月后，约瑟夫·麦卡锡当选为参议院议员。他发现，当时人们的这种情绪太容易被利用了。几个月后，杜鲁门发布了一项行政命令，要求所有政府雇员进行"忠诚宣誓"，联邦调查局和税务机关联合调查了数千名有间谍嫌疑的共产党员或共产党的支持者。私营企业出于政治原因解雇员工的事件也时有发生。[3]

英国国内抵制共产主义的情绪没有像美国那么严重，不过在艾德礼围绕"颠覆破坏"这一主题召开了内阁会议后，约有 20 名公务员接受了军情五处的调查，一些在牛津大学任职的学者也因此失去了工作，约翰·刘易斯连锁商店的员工则被迫签下反共承诺书。在意识形态方面，英国人并不敏感。大多数人都"自身难保，无暇担忧其他"。小说家帕梅拉·汉斯福德·约翰逊在回忆那段往事时提到："普通人忙于生计……他只能看到身边的'战争纪念品'——在上下班乘坐的公共汽车沿线散落的那些废墟。从前林立的酒吧和孩子们的乐园已经荡然无存，他一直在琢磨这些废墟还要多长时间才能被全部清理干净。他根本没有时间去想新的问题……尽管报纸上有零星报道……可他不认为苏联会对自己的生活构成威胁。"[4]

不过，苏联方面还是受到了很大影响。"剑桥五杰"之一唐纳德·麦克莱恩当时是驻华盛顿的英国高级外交官。尽管他的间谍身份还没暴露，但他还是叛逃到了莫斯科。1983 年，他对一位苏联记者透露——那时他已不久于人世——古琴科事件令苏联在此之前获取情报的大部分途径都被封锁了。"侵入美国的情报部门……几乎在一夜之间停止了所有的活动。"到 1946 年 2 月底，苏联苦心经营的间谍网络彻底陷入瘫痪。[5]

# 1946：

## 现代世界的形成

第七章

## 英国财政紧缩

1946 年 2 月，要说谁是当时英国最不受欢迎的男人，那么非 67 岁的伦敦东区人史密斯莫属。他是工党政府的食品部长和道克兰选区的议员。他很聪明，曾是伦敦最早开出租车的人之一，更是一名立场坚定的工党党员。工党在上一年夏天的大选中获得压倒性胜利后，像他这样的人就占据了下议院的席位。在政治生涯的大部分时间里，史密斯都展示了直言不讳、平易近人、表里如一的形象，他忠于党派的表现也使他广受欢迎。但当他接受了管理战后食品供应这个吃力不讨好的任务后——余生就被改变了。

　　当时英国的食品严重短缺，甚至比战争时期的情况还要糟糕。无奈之下，2 月 5 日，食品部长史密斯宣布要进一步限制国内的粮食配给。第二天，示威者们来到白厅*，举着写有"让史密斯也饿肚子"字样的标语牌进行抗议。不过这位史密斯体态臃肿，肚大如斗，根本不像饿过肚子的样子。

　　食品限量供应是战争时期很常见的事情。每个人每周只能拿到 6~8 盎司肉、4~8 盎司培根、6~8 盎司奶酪、4 盎司茶、8 盎司 ~1 磅糖——这是公认合理的供应水平。战争结束后的一小段时间里，人们还以为这种情况很快就会好转。"人们急于摆脱物资匮乏的生活，这也促成工党成为执政党。"苏珊·库珀是一位整日为维持家人温饱而揪心的主妇，她说，"……不想再过那种食物短缺又单调、精神紧张压抑、时时刻刻都要精打细算的日子。"但很快，英国人就意识到他们国家的经济状况的确十分糟糕，想要迅速好转根本不可能。大部分为

---

　　*　白厅（White Hall），是英国伦敦市内一条街的名字。英国国防部、外交部、内政部、财政部等一系列政府机关都聚集在这条街上及其附近。因此在新闻报道中常用白厅指代英国政府。——译者注

英国提供食品的外国供应商还要求以美元支付。事实就是，在胜利后的几个月里，英国就陷入了第一次国际收支危机，而且足足为此困扰了 25 年。[1]

在那个阴沉的伦敦早晨，食品部长发出的公告使整个国家陷入了郁闷之中。从培根、禽肉到糖果、肥皂，几乎所有物品的供应量都减少了近一半。一个成年人平均每周只有 13 盎司肉、1.5 盎司奶酪、6 盎司黄油和人造奶油、1盎司烹调用油、2 品脱牛奶和 1 个鸡蛋。"这听起来令人沮丧……真是一天不如一天。"库珀回忆道。公告中的其他细节更加令人受不了——大米，或者米制品，将从商店中完全消失。这让本就紧张的口粮来源又减少了一种。在战争期间，鸡蛋粉虽然算不上是什么美味，却是英国人的主食之一。但大部分鸡蛋粉都得从美国进口，英国每年为此要花费近 1000 万美元。现在，史密斯宣布停止进口鸡蛋粉。他说："我根本不知道去哪儿才能弄到这笔钱。"[2]

英国人向来顺从且有耐心——所以英文俗语中有大量关于应对苦难的"心灵鸡汤"。一位经历过那段苦日子的家庭主妇回忆道："大家勒紧腰带，咬紧牙关，没有怨天尤人，而是乐观面对。"新的定量配给方案宣布两周后，英国又爆出了"缩水面包"的丑闻。这一次即便是承受力再强的人也要崩溃了——就算在战争时期，英国的面包都没有限制供应，只是品质不太好而已。"人们已经习惯了吃粗面包，大不了就把不能入口的部分扔掉。"苏珊·库珀回忆道，"可是现在，不光品质不过关，最可气的是居然还那么小。"

缩水面包就是政府部门想出的稳定民心的"馊主意"，企图暗中降低国内小麦的消费量。他们把每磅面包都减少 2 盎司（1 磅是 16 盎司）——也就是标注 1 磅的面包实际只有 14 盎司，标注 2 磅的面包实际只有 28 盎司，再把每磅面包分切成几块售卖，但价格不变。他们以为民众不会发现其中的"奥妙"，并会继续购买跟以前同等数量的面包，这样英国每年就能节省出来 30 万吨小麦。但这种自欺欺人的尝试很快就引起了民愤，结果也可想而知——小麦的实际消费量几乎没有变化，只是结束了倒霉的史密斯的政治生涯，并加快了面包定量配给制的推行。通过这件事，公众明白了"紧缩"的含义，以及英国并不稳定的世界地位。

德国的食品供应也受到了面包丑闻影响，尤其是在英国占领区，那里的定量配给被严重削减到平均每人每天只有 1100 卡路里的食物。相比之下，史密斯部长公布的"低配版"食物已经算可以了——足足有 2500 卡路里呢！整个冬天，德国都在进行着一场旨在放宽进出口规定的运动，要求政府允许群众接收外国寄来的食品包裹。这场运动的领导者是一位名叫维克多·格兰茨的出版商，他拥有丰富的社会活动经验。他的父母于 19 世纪晚期从德国移民到英国。在战后的那个秋天，他回访了德国，并发表了一些描述战后惨状的颇有影响力的文章。格兰茨的叔叔是伦敦的一名犹太教教士，他和几个贵族朋友以及一些志同道合的人一起开展了针对德国人民的人道主义救援活动。

格兰茨在《任其自生自灭：德国的饥饿伦理》一书中写道：

> 我是一个犹太人。时不时会有人问我，作为犹太人，为什么你要操心那些伤害过自己民族的德国人。其实那样的记忆……应该是永远都不会丢掉的。每当有人这么问我的时候，我只能遗憾地说，有些族人忘记了先知的教导。正因为我是犹太人，所以我才要帮助德国人。原因跟别人想的可能也不一样。这是一件很纯粹的、不掺杂恩怨情仇的事情。在我看来，要这么做的理由有三：首先，拯救世界唯一的办法就是让犯错之人彻底悔悟，不再继续自以为是；其次，做人应该要以德报怨；最后一点，用现在流行的话说，就是"冤冤相报何时了"，这只会让人类最终走向灭亡。[3]

虽然这场运动的影响力超出了人们的预期，但也没有达到汉弗莱·詹宁斯导演的纪录片《德国：战败的民族》的那种效果，该片在人们心中激起了滔天巨浪。这部纪录片不仅在自由主义知识分子中反响强烈，在普通民众中也引发了广泛共鸣。影片中展示了精疲力竭的战俘，在瓦砾堆中艰难度日的平民，还有在泥土中玩耍的衣衫褴褛的孤儿。影片还传递出了一种虽然尖刻却又是经过深入思考的观点——德国人要为自己的命运负责。与此同时它又给出了一个理性的结论："我们对德国的援助纯粹出于自私。我们不能和疾病缠身的邻居生活在一起。"

战争期间，流行着一首由诺埃尔·考沃德创作的讽刺歌曲，其中反复出现这样一句歌词："别让我们像德国人一样野蛮。"战后，这首歌的旋律再次响起：

> 当我们最终取得胜利时，
> 别让我们像德国人一样野蛮。
> 他们只是听命于纳粹分子，
> 那些人善于说服，嘴巴比贝多芬和巴赫的乐曲还厉害。
> 让我们对他们温柔一点，
> 认真对待，
> 并试着让他们感受快乐的存在。
> ……
> 让我们对他们温柔一点，
> 日复一日，
> 不要试试就完。
> 让我们再次用同情之心，
> 帮他们重建家园。
> 别让我们像德国人一样野蛮。

尽管英国财政大臣休·道尔顿私下并不愿意在国内经济紧缩的时候还要每年额外给德国 8000 万英镑，但他还是在公开场合宣称："我们所做的这些，只是相当于向德国支付了战争赔款。"然而英国媒体的反应却平静得出人意料。《每日镜报》的一篇社论认为，英国除了给予德国帮助之外别无选择。文章中提到："我们并不是鼓励去同情德国人……促使我们如此处理这件事的主要因素也不是源于同情。这是一个实际问题，必须为之。欧洲陷进泥潭的时间越长，恢复要用的时间也就越长——那么我们国家的军队在德国停留的时间也越长。"自第一次世界大战以来就站在反德立场的《星期日画报》认为："为了欧洲和我们自己，为了占领国的安全……必须阻止德国成为对全世界都会造成威胁的瘟疫之源。"[4]

\* \* \*

1946 年的时候，很多英国人都知道国家经济不景气，却不知道到底是有多不景气。从寻求生存到获得胜利，这期间英国付出了相当大的代价。20 世纪 30 年代中期，英国是全球最大的债权国；可是到了 1946 年，它已经成了最大的债务国。从国家尊严方面看，英国没有被纳粹打败，在强大的敌人面前，它是可以昂首挺胸的。但在经济上，这个国家几乎被摧毁，战争消耗了国家总财富的四分之一还要多。为了保证战时物资和食品供应，丘吉尔政府被迫借了大量外债，并依托租借法案廉价出售了不少海外资产。但就在欧洲炮火平息后没几天，美国突然停止了借贷。在此之前，英国政府曾被提醒可能会发生这种情况。但当这件事真正发生后，伦敦新上任的政府还是措手不及，一场迫在眉睫的金融危机就要发生。

战争结束时，英国约有 35 亿英镑（在当时约合 140 亿美元）的债务。1945 年 4 月，当时全球最杰出的经济学家之一凯恩斯勋爵向内阁提交了一份文件，提醒英国可能难以撑过未来 5 年。他认为，英国工业的重心目前完全在军事上，需要很长一段时间进行重组，方能适应和平时期的需要；英国要摆脱对进口食品的依赖，也得花上几年时间；除此之外，英国当时完全没有外汇储备，这非常危险。他假设财政部可以推迟偿还外债的时间，那么在接下来的 3 年里，英国还将会有 50 亿英镑的资金缺口。"这笔钱从哪儿来？"他问。如果没有援助，而且是很大额度的援助，"毫不夸张地说，那这就是金融界的'敦刻尔克危机'，我们根本不可能躲得过"。

因此，1945 年秋天，在生命的最后几个月里，凯恩斯被派往美国拉贷款。这件事并不容易办。原本凯恩斯还以为，作为美国"铁杆盟友"的代表，他会受到华盛顿方面的热烈欢迎。现实却让他大失所望。他原本指望能够获得价值 15 亿英镑的"礼物"和 35 亿英镑的无息贷款，结果他顶多能够拿到 37.5 亿英镑的贷款，还要在未来 50 年里以美元的形式支付 2% 的高额利息，而且还得先过了美国国会这一关。另外，贷款的附加条件还要求英国必须放弃"帝国特惠制"，这一制度曾经有效地促进了英属殖民地与英联邦之间的贸易。放弃它的话，就会大大削减贸易量。更严重的是，美国还坚持要求在达成贷款协议后的一年内，英镑必须成为一种可自由兑换的货币。正如凯恩斯所预料的那样，这将产生灾难性的后果：一年之后，英镑贬值，贷款本金大幅缩水。[5]*

在 1946 年，英美之间的"特殊关系"并没有变得那么特殊。在许多英国人看来，促进国内消费来缓解经济衰退是一个让人能够接受且实用的好办法。美国人也不希望英国人再继续频繁使用"特殊关系"这个词。迪安·艾奇逊认为"英国失去了帝国地位，却还没找到适合自己的角色"。在两次世界大战中，英国和美国并肩作战，语言和文化方面也相通，这意味着它们之间缔结了"特殊关系"。但"二战"后不久，两国的利益出现错位，甚至在短时间内还发生了实际冲突。现在人们可能很难理解，但导致关系紧张的主要原因是在英国决意要保住大部分帝国版图的时候，美国却开始扩张并想要发挥更大的全球影响力。有点讽刺的是，冷战和联合对抗苏联的需要，反而修复了英美之间开始摇摇欲坠的关系。可以说，是斯大林再次拉近了英国和美国的距离。[6]

贷款谈判在大西洋两岸之间引发了敌意。英国人认为美国人不够慷慨，提出的那些苛刻条件简直就是落井下石，这不是朋友之间该做的事。而美国人认为自己是在雪中送炭，并对英国人忘恩负义的表现和自以为是的态度感到恼火。后来的英国首相、时任艾德礼内阁幕僚的哈罗德·威尔逊对此评论道："真是'穷在闹市无人问'啊。"[7]

---

\* 与此同时，战后在经济上表现良好的加拿大同意以比美国更优惠的条件向英国提供急需的 15 亿英镑贷款。加拿大政府批准这笔贷款的速度也快得多，兑现的时间也比美国早得多。

常言道，乞丐没有挑肥拣瘦的资格。在当时，尽管英国不愿意承认，但它的确是个穷光蛋。财政大臣休·道尔顿很不喜欢贷款的条件（哪个人又会喜欢呢），可正如他所说的，"我们别无选择"。如果没有钱，那么人们期待的胜利之后的"好日子"就会在绝望中烟消云散。1945年圣诞节前，下议院为贷款问题投票表决，有23名工党议员投了反对票——其中包括未来的工党领袖迈克尔·富特，当时他还是一位年轻的左翼人士；还有在接下来的30年里领导工党的芭芭拉·卡素尔，以及未来的首相詹姆斯·卡拉汉。即便是作为一个亲美派，卡拉汉对贷款条件也颇有微词，并称之为"美国的经济侵略"。

如同英国对这笔贷款的态度一样，美国国内的不满情绪也日渐高涨。国会争论了整个春季才最终批准了这笔贷款。当时英国的保守派权威杂志《经济学人》在社论专栏中阐述了能够代表大多数人的观点："目前我们别无选择，只能接受美国的条件……但我们不会假装对此感恩戴德，事实上我们也没有这么做。我们现在趁早面对现实，要做好长期艰苦奋斗的准备。从道义上讲，我们是债权人——为此，我们必须在20世纪剩下的时间里每年支付1.4亿美元。这或许是不可避免的，但它未必正确。"这与有社会主义背景的杂志《新政治家》提出的观点取得了难得的一致："很明显，美国不仅对苏联怀有敌意，对英国同样如此。"[8]

很快，英国的夜总会里开始流行嘲讽时事的歌曲：

> 有个美国亲戚
>
> 名叫山姆大叔
>
> 他驾着战船过来
>
> 还捎带了日用品
>
> 我们这些反美派
>
> 他根本不放在眼里

毫无感情的消息在大西洋两岸来回穿梭。英国外交大臣、顽固的反共分子欧内斯特·贝文，告诉私人秘书皮尔森·迪克森："英国面临美国和苏联的双面夹击……每个国家都只想巩固自己的地位，根本不顾我们如今的处境。"英国内阁通过了一项决议，艾德礼非常强硬地宣布："要向美国政府明确表示，如果他们继续我行我素，不事先与我们协商就损害我们的利益，双方之间就不可能继续合作。"[9]

在美国，不同党派和团体反对提供这笔贷款的原因也各不相同。右派反对大规模对外借贷；左派抵触英帝国主义；爱尔兰和犹太团体以及一些商业巨头则认为，英国贫困如斯，只怕无力偿还债务。来自纽约的民主党人伊曼纽尔·赛尔勒是众议院金融委员会的成员，此人在当时很有影响力。他简明扼要地解释了反对的理由。他说："这些钱无非都被用于支持国内的社会主义和国外的帝国主义。"

从 1946 年 2 月到 3 月初，这笔贷款看似无法获得美国国会的批准。但总统杜鲁门亲自为之游说，并表示："我尽全力给英国争取到这笔贷款。"最终，贷款方案在初夏时分通过。一部分原因是美国内部反共情绪高涨，一部分原因是大多数美国商界领袖和外交政策专家开始意识到，欧洲复兴对美国的政治和经济具有十分重要的影响。一位在国会上支持贷款方案的白宫官员表示："从经济角度来看，支持的理由并不充分……但是这么做可以让我们跟另一个国家联手对付麻烦的苏联，我们当下非常需要这个朋友。"[10]

在拿到贷款之前，英国的资金短缺到必须放弃原计划在中东举行的军事演习。有内阁文件显示，演习所耗费的巨大成本，将使政府的经济状况雪上加霜。凯恩斯坚持认为，除非十分必要，英国最好剥离帝国版图中那些无法带来经济利益的地方。而这正是战后他在财政方面的重要主张之一。他提醒政府，英国已经无力承担维护殖民地的成本，它们对国家财政来说是非常大的负担。减少"帝国式挥霍"绝对是最省钱的办法。当时，英国借来的钱很大一部分用在了非洲、中东和印度，凯恩斯估算大英帝国每年在这些地方大约要花费 14 亿英镑之巨："这方面的支出必须为我们的财政困难负责。除非……能够尽早干预，否则我们在战后早期实现经济独立的能力将受到致命的打击。"他的观点在当时很少有人支持，而且时机也不对。因此，人们对凯恩斯的话置若罔闻。正如一位经历过那段时期的历史学家所言："那是一个紧缩的时代，但英国人却并不自知。"[11]

维持英国"大国"地位的代价是巨大的，但无论出于政治需要还是心理需要，大多数人都认为应该如此。即便现实已经摆在眼前——这个国家可能会破产，但 1946 年的英国人最多只准备放弃一两个殖民地，帝国荣耀则是他们全力以赴要去守护的。这意味着，英国要保持覆盖全球的军事力量——像历史上许多帝国都做过的那样，就得在这方面付出高昂的费用。开战之前，英国每年的军事支出是 1600 万英镑，战后两年就飙升至 2 亿英镑。在战事最激烈的时候，英国军队有 500 万人。1946 年，英国军队的人数虽然降至 125 万（极少数为女性），但在大西洋、地中海和印度洋等海域都驻扎有英国的舰队，在香港有可以监控中国的军事据点，从西印度群岛到亚丁湾等十几个国家及殖民地也都建立了军事基地，英国皇家空军共计 120 支完整的中队也全都保留了下来——尽管此时英国国内的财政状况已经十分困难。贷款条件敲定后，美国驻英国大使约翰·怀南特给身在华盛顿的副国务卿威廉·克莱顿发电报："英国人还在拼命挣扎……希望在我们的帮助下，他们能够以某种方式保住大英帝国及其地位。"[12]

\* \* \*

如果要为英国选一个区分新旧时代的"零点"的话，那么它必定是 1945 年的大选，而不是战争结束那一刻。当时工党获得的压倒性胜利或许会让斯大林和丘吉尔感到震惊，但并没有出乎英国人的预料。选民们做出判断的依据并非来自战争中的这 6 年，而是此前的 10 年。比起阿拉曼战役或"惩戒行动"（轰炸鲁尔水坝），20 世纪 30 年代领取救济金的长队和"贾罗大游行"更令人们印象深刻。当选首相的克莱门特·艾德礼是一个看上去没什么特点的人，他温和、谦逊、体面、淡泊名利——丘吉尔曾说他"看着像一只羊，实际上就是一只羊",但他的性格很适合那个时代。丘吉尔所在的保守党的预备议员哈罗德·尼克尔森承认:"与温斯顿相比,艾德礼就像帕格尼尼身后的乡下小提琴手……但是'不起眼的克莱门特'在塑造当代英国方面所起的作用要比他那杰出的前任大得多。"[13]

人们常把艾德礼与杜鲁门相提并论。在世人眼中,他们两个有很多相似之处,比如都为人谦逊,没有什么雄辩的口才和万里挑一的辨识度,但却凭着出色的个人能力取得了很大的成就。事实上,他们在大多数方面都不同。而且在一开始的时候,他们也非常不喜欢对方——这也是战后英美摩擦不断的另一个原因。他们早期的沟通总是言辞简短,甚至偶尔语气急躁、满怀怨愤。彼此之间的尊重都是后来才建立的。

艾德礼成功攀上了权力的巅峰——在他执政的 20 年中,原本内部斗争严重的工党变得团结一致,他自己也获得了绝对的改革权力。作为英国首相,他对现代英国的发展起到了关键性作用——对此无人质疑。如果说丘吉尔的优势是具有宏观的地缘政治视野,那么艾德礼对国家和时代的深刻理解则是前者并不具备的,他有很强的组织领导能力和政治敏感性。不同于丘吉尔说话时抑扬顿挫的语调,艾德礼的声音有些尖细,但身边的同事都能感受到他特有的自信——但那些总是低估他的对手却很少会注意到这一点。他其实并不像看上去和传说中的那样谦逊低调,只是与经历更加传奇的工党成员欧内斯特·贝文和安奈林·贝文这些人相比,会显得没那么耀眼。艾德礼喜欢用板球运动打比方——他把自己比作球队队长,即使不是明星球员,也乐于在任何需要他的时候为球队贡献力量。

在战争时期,作为丘吉尔的副手,艾德礼工作起来可谓尽职尽责。"首相赢得了战争,副首相关注的则是要赢得和平。"他的一名助手说。艾德礼低调地安排副首相办公室协调国内政策,并走访了全国各地的受灾城市,与国民讨论战后英国的新出路。他从不谈社会主义,因为根本不相信这种社会制度。他认同凯恩斯的观点,并反复提到战后人们会"产生对社会稳定和个人安全的渴望"。他说:"战后世界所面临的问题和压力……对我们造成的威胁绝对不亚于德国 1940 年对我们在安全和进步方面所做的那些破坏，它只是表现得不那么明显。我们需要把敦刻尔克精神长期坚持下去……工党要做的就是把这种精神运用到实际工作当中……用这种精神武装头脑，奋发努力。"他还提到了要建立失业家庭保障制度和维护社会稳定的"安全网"。[14]

工党把建立基本福利制度、完善国民医疗体系、重建城市、实行紧急住房计划都看作是战时团结精神的延续。既然英国人能齐心协力打败希特勒，那么也能找到为人民提供住房和工作的办法。这十分符合那个时代的价值观——不仅英国如此，在整个西欧，甚至像在日本这种政治文化完全不同的国家都是这样。战后，不只有左翼人士认为打着不干涉主义旗号的自由市场政策已经失败。在许多悲观主义者眼中，由于统治阶层精英对经济大萧条、大规模失业和极端民族主义的无能为力，才导致了社会混乱、滋生了法西斯主义和战争——欧洲文明实际上已经崩溃了。所以必须建立一个更加符合时代发展的社会，这样才能避免重蹈 20 年代和 30 年代灾难性的覆辙。唯有一个良性运转的国家，或者在大体上是良性运转的国家，才能科学地组织人们进行规划和建设，从而解决大问题——就像它在战争时期动员人民那样。

尽管具体的做法各不相同，但欧洲各国政府都建立了这样或那样的免费教育、医疗保健和社会保障体系，建造了满足人们需求的房屋，并鼓励充分就业。这些政策得到了广泛认可，英国的保守派也没有什么异议。在一些国家，如法国和后来的联邦德国，政府制定的福利政策和教育政策得到了右翼的热烈欢迎。起初，政府在这方面的支出并没有高得离谱。在艾德礼政府执政的头 5 年里，虽然社会福利支出是战前的 3 倍，但总额实际还不到当时国民生产总值的 9%。基础生活得到保障夯实了社会稳定的根基，艾德礼关于"安全网"的设想实现了。"人们愿意把钱花在刀刃上，在时局艰难的情况下……它似乎是对社会公平最低标准的保证。"一位经历过那个时期的作家回忆道。

后来的一些历史学家和政治家认为，那段时期是"福利问题"的开始，包括臃肿的福利体系、"依赖性文化"的形成和从上而下的对待金钱的"佛系"态度。许多人质疑艾德礼政府是不是太过"社会主义"——所有的改革是否都有必要以及这对英国究竟是好还是坏。这样的讨论并没有取得建设性成果。事后看来，哪个环节出了问题、未来几代人又在哪些方面花费过度都是显而易见的。但这是艾德礼政府的错吗？从当时的角度来看，很难看出民主党政客会有什么不一样的做法或更好的当选理由。一切都顺应了民意。在当时，主张恢复战前政策的理论依据是十分薄弱的。所以在野党席位上的主要保守党成员也承认，如果他们在 1945 年赢得大选，除了可能会推行煤矿国有化，其他方面大体上会采取和工党在战后几年中推行的差不多的政治策略。适度的福利改革和某种形式的国家补贴医疗体系，被称为是"社会市场"的财富再分配。这似乎就是对经济"自由"的合理平衡，更重要的是，这一切都存在政治必要性。

艾德礼算不上是一位革命者。他认为自己采取了实用、适度、体面的费边主义来阻止革命的爆发。他强调自己的国内政策与工党的外交政策是统一的。后者在全世界挑战苏联式的共产主义，而他则不遗余力地稳定局势，避免国内的人们接触并认同马克思主义。

尽管进行了改革，但艾德礼政府在很多方面还是非常保守的。当时眼光最独到的观察家之一安东尼·霍华德认为，工党的压倒性胜利不仅没有带来"社会革命"，反而带来了自 1660 年以来"传统价值观最大限度的恢复"。战争使晚礼服没有了用武之地；使著名的公立学校失去了生机和活力，笼罩在被解散的阴影当中；使公务员中的"种姓制度"被废除；并清除了英国的大部分社会障碍。即便保守党对现实有更好的理解，但在此时，工党政府正试图接管帝国的经济权力，低调地进行恢复和重建，让这个国家能够重现昔日的繁荣。[15]

# 1946：

## 现代世界的形成

第八章

# 莫斯科大剧院的演讲

在皮尔森报道古琴科事件 6 天之后，斯大林罕见地公开露面了。更不同寻常的是，他还发表了演讲。战争结束后，除了苏联共产主义的重要节日——如五一劳动节和 11 月 7 日的革命纪念日，这位领导人很少在公共场合露面，也很少进行那些有固定套路的讲话，有时一年还不到一次。但 1946 年 2 月 9 日，不擅长演说的斯大林在莫斯科大剧院发表了一场时长为 35 分钟的演讲，以此为第二天苏联最高立法机构的"选举"做动员。

斯大林没有用什么华丽的辞藻，但是他确定在现场的 1000 多名观众和数百万广播听众都能够理解他的用意。稿件都是他亲自撰写的——甚至还细心地在一些关键之处标注上了观众可能会有的反应，所以在定稿的某些段落的末尾，你可以看到"热烈的掌声""笑声""欢呼"和"叫好声"等字样，末尾则标注着"热烈的欢呼，人们全体起立，掌声经久不息"。

这次斯大林讲了很多马列主义的内容，同时弱化了三大联盟的作用。除了承认这场战争是"在与英美反法西斯联盟的合作下取得胜利"之外，对西方国家没有一句赞美的话。他表示，在未来 10 年里，苏联必须加倍努力才能成为一个与西方抗衡的超级大国——"在不远的将来，科学将超越国家的界限"。西方认为这是斯大林在暗示核军备竞赛即将到来。斯大林要求人们要创造新的成绩："提高制造业的产能……达到战前的 3 倍。"他认为这是确保苏联能够"抵御任何不测"的唯一途径。等到斯大林演讲结束坐下来以后，苏联人意识到，领导人希望他们全力以赴重建被战争摧毁的国家。为此他们必须放弃个人利益，勇敢地承担起社会和民族的责任，就像领导人呼吁的那样——要保持意识形态的纯洁性，发扬布尔什维克的光荣传统。[1]

在斯大林看来，苏联的管理在战争期间变得松懈，主要是为了与西方保持稳定的合作关系。现在一切都将改变。用斯大林的女儿斯维特拉娜的话来说，将恢复战前"半监狱、半军营"的状态。[2]

当苏联军队从前线返回时，军人们满心希望能够看到祖国和平、安宁和繁荣的景象。亚历山大·雅科夫列夫就是其中的一位。他后来成为苏联的"开放政策之父"，也是苏联最后一位领导人米哈伊尔·戈尔巴乔夫的主要改革派顾问之一。雅科夫列夫在战争中两次身受重伤，后半生都得跛着脚走路。然而当这个获得过苏联红军最高荣誉的军人回到家时，他却感受到了在反法西斯战争胜利的喜悦氛围下掩藏着最残酷的现实——战俘被送到西伯利亚，孩子们营养不良，"小罪重刑"现象死灰复燃。他在谈到"党内理论家"时说："很明显，那些人都在撒谎。"[3]

斯大林感到威胁无处不在，在他眼中那些饥民也是不稳定的因素。战争过后，苏联遭受了自20世纪20年代和30年代初以来最严重的饥荒。1945年就收成不好，随后一年里乌克兰的恶劣天气、摩尔多瓦的旱情和西伯利亚反常的降雨等一连串的气象灾害又严重影响了农作物的生长，导致第二年的收成创造了最差历史纪录。粮食产量只有1940年的三分之一，土豆减产一半以上，有150万～200万人死于饥荒。意识形态上的斗争使得灾情愈演愈烈——在自身难保的情况下，苏联还向德国东部和其他占领区运送了大量食物，以此提高共产党在当地的声望。因为担心日益紧张的国际局势会引发新一轮战争，他们还囤积了粮食做备战之用。

克里姆林宫使用了与20世纪30年代相同的方法——从集体农场和被指控私囤粮食的农民那里征粮。斯大林专门派亲信去各地征收指定数量的粮食。造成的结果就是饥荒状况恶化了。

斯大林很少会对弱者抱有同情之心，反而还会把错误归咎在他们头上。饥荒时期，赫鲁晓夫再次被派往乌克兰。20世纪30年代，他曾在那里担任党组织负责人。他原本对苏联农村的苦难比较麻木，而且他本人也亲手制造出很多苦难——把成千上万的人送进了劳改营。但是在报告里谈到饥荒的时候，他还是用了"可怕"这个词——毕竟乌克兰已经出现人吃人的现象了。但斯大林斥责他："愚蠢！他们想欺骗你。他们故意这么说是想引起你的同情，这样才能得到粮食。"[4]

国家提高了物价。农民还有面包配给，而工人的面包配给被取消了。这意味着加工粮食的人却没有面包可吃。就在同一时期，仅有的一点经济自由也被剥夺了。以前农民们还可以利用属于自己的一小块土地自产自销，但是现在实行的集体所有制终结了这一切。

成千上万的人因为公开抱怨饥荒问题而被关进劳改营。可想而知，盗窃食物的行为屡禁不止。从 1946 年夏季到初秋，有 53,369 人被指控偷了面包，其中四分之三被投进监狱。政府还为此出台了新的法律，将盗窃罪的刑期从 3 个月变成 3 年；后来，斯大林又亲自将刑期增加到 5 年——惯犯还会被从重发落。有些饥饿的人仅仅因为偷了地里的土豆，就被送进劳改营长达数年之久。

在乌克兰，有些人进行了反抗。乌克兰起义军（UPA）的游击队与苏联军队展开了小范围的交火，战场主要集中在乌克兰西部和波兰东部交界处的喀尔巴阡山脉附近，那里集结的士兵人数一度超过 3 万。UPA 的目标是实现乌克兰民族独立。作战期间，他们与波兰人同样发生了激烈的战斗。零星爆发的武装冲突对克里姆林宫来说只是一个小小的刺激，不过斯大林并没有轻敌。他派出了 10 万多名士兵，并要求波兰军队与苏联一同对付乌克兰的叛军。从 1945 年到 1947 年底，斯大林把超过 18.2 万名乌克兰人送进古拉格 * 下属的劳改营，他们中大多数是与 UPA 没有任何关系的平民。尽管 UPA 一直奋力反抗，但是到了 1949 年底，叛军还是被苏联彻底消灭了。战争期间红军伤亡 1200 多人。

\* \* \*

在莫斯科大剧院的演讲中，斯大林并没有直接表达出对西方的不满，但这

---

\* 古拉格是苏联内务部的一个部门，主管劳动改造营并监督在押犯的服刑与运输。

种情绪却逐渐在人们中间发酵。西方盟友正在干涉与他们无关的东欧事务，丝毫不理解苏联对自身合法安全的关切；他们试图阻止苏联在伊朗获得油田；从冰岛到巴拿马、从日本到地中海，美国在许多他们原本不感兴趣的地方建立了军事基地；他们还反对苏联从德国那里获得合理的战争损失赔偿。

最让斯大林不满的是美国拒绝向苏联提供贷款。与对待英国一样，美国在欧洲胜利日之后立即停止了对苏联履行租借法案；国会早已批准此举，战争一结束就宣布终止对苏援助。因事出突然，给苏联送补给的船只走到半路才接到消息，只好掉头返回。斯大林得知此事后非常愤怒，通过留在华盛顿的特使告诉杜鲁门，这是"没有必要的……甚至是不讲道理的"，这件事他将记一辈子。杜鲁门后来意识到这的确是一个昏着，但为时已晚。[5]

早在一年前，苏联就向美国申请过贷款。莫洛托夫曾试图按 2.25% 的利率贷 60 亿美元，并表示这笔钱将用于发展重型工业和购买运输设备，以此促进苏联经济复苏。美国方面表示将会考虑此事。然而几个月过去了，却没有了下文。直到 1945 年 11 月，杜鲁门指派密西西比州参议员威廉·柯尔默带领调研小组前往莫斯科。柯尔默是个老反共分子，也是狂热的种族隔离主义者，他对苏联的态度可想而知。柯尔默建议，除非苏联提供翔实的工业和军事生产统计数据，并从东欧撤军，同时还得遵守美国的自由贸易原则，否则就不会提供任何资金援助。苏联人当然不会接受这些条件，美国人心知肚明。莫洛托夫的一名助手说："这些条件简直就是对苏联的侮辱。"更糟糕的是，美方还表示，申请贷款的官方文件在从外国经济管理局向美国国务院移交的过程中丢失了。如此牵强的借口越发让苏联感到备受愚弄。

当斯大林在莫斯科大剧院演讲的时候，他已经知道了贷款申请无法通过。他并不感到意外，并将对此事的态度融入演讲中。西方人士普遍认为，通过这次演讲可以感受到冷战意识正在形成，美国最高法院大法官道格拉斯则把这次演讲称为"第三次世界大战的动员令"。[6]

# 1946：
现代世界的形成

第九章

冷战宣言

在杜鲁门总统的日记中，1946 年被定义为"决策之年"。他开始采取行动，不再让苏联"任意妄为"，试图解决让自己进退两难的困境。在他看来，无论是古琴科事件、伊朗争端的持续发酵、苏联向土耳其施压以求在博斯普鲁斯海峡建立军事基地、侵吞罗马尼亚和保加利亚，还是斯大林在莫斯科大剧院的演讲，都表明苏联变得越来越"咄咄逼人"。相较刚上任时对外交政策的了解不足，此时的杜鲁门开始听取顾问们的意见，以坚定自己的决心。

人们常说，罗斯福在苏联面前太软弱无力，有时甚至还抱有天真的想法。其实他早已意识到美苏之间早晚会有一场激烈的对抗。只是那时候他的首要任务是赢得对德和对日战争的胜利，对付斯大林不急在一时。战争结束后，他对苏联的态度已经开始变得逐渐强硬。1945 年 4 月 1 日——距离他去世已经不足两周，罗斯福在发给斯大林的最后一封电报中写道：

坦白地说，雅尔塔会议取得的成果意义深远，但是我对各国共同关注的重点问题之发展态势感到担忧……我们当时做出了最好的决定，并在很大程度上受到了世界各国人民的热烈欢迎，他们相信我们有能力找到相互认同的基础，这是战后建立一个安全与和平的世界的最佳保证。正是因为这些决定承载了无数人的希望和期待，所以它们在推进和落实的过程中也受到了最广泛的关注。我们没有权利让他们失望。只可惜到目前为止，事情进展缓慢，着实让人沮丧……我们在会议上达成的政治决定……坦率地说我很迷惑……必须实话实说，我十分不理解贵国政府在很多方面表现出来的那种无动于衷的态度。

他还表示，苏联想要主宰东欧（特别是波兰）的愿望"是不能接受的，会导致美国人民认为雅尔塔协议已经失败……我们应该深刻认识到这对盟国的团结造成了威胁，使我们陷入糟糕的境地"。在罗斯福去世前两天写给丘吉尔的最后一封信中，这种态度表现得更加明显："我们要认真思考斯大林表态的深层意义，明确我们下一步该怎么做。"在离开华盛顿前往佛罗里达州棕榈泉的当天（那就是他生命的终点），他对非常信任的《纽约时报》记者安妮·麦考密克说："要么斯大林是一个不信守诺言的人……要么就是他已经无法控制苏联政府了。"[1]

在前不久的3月24日，罗斯福与老朋友安娜·罗森博格·霍夫曼在位于纽约州北部海德公园的家共进午餐。回忆起当时的情景，安娜说："他拿着电报，看上去非常生气。他用拳头捶打轮椅的扶手，说'埃夫里尔·哈里曼是对的。我们不能跟斯大林合作。他违背了在雅尔塔的所有承诺。'"罗斯福提到的哈里曼是他的好朋友，一位爱玩马球的千万富翁，还出任过驻苏联大使，后来跟杜鲁门的关系也很好。他本人总是摆出一副忧郁的面容，是位实打实的政治掮客。从身为铁路大王的父亲那里继承了巨额财富后，自己又在航运、银行和石油方面赚了不少钱。原本他对苏联十分同情——直到开始与苏联官员打交道并亲身体验了苏联的生活之后，他的思想发生了转变："与他们的任何谈判……似乎都要付出双倍代价。"[2]

在战争的最后几个月里，哈里曼对苏联的不信任与日俱增。他专门乘坐私人飞机从莫斯科回到华盛顿（他是美国历史上第一个拥有私人飞机的人），建议杜鲁门对待苏联不必温和，应该直接向他们发出挑战：

> 苏联人的野心膨胀起来了。他们企图把自己的意志强加给我们和其他国家。有种种迹象表明，如果我们任由他们这样继续下去，那么苏联就会在涉及自身利益的领域里称王称霸。我们可以扭转这一局势，但必须在实质上改变对苏联政府的方针……不是做做表面文章，而是跟他们严肃认真地……谈条件。苏联建立卫星国的计划会对世界和美国造成巨大威胁。除

非苏联做出改变，否则欧洲还是避免不了被野蛮入侵的命运。[3]

哈里曼的谏言不是空穴来风，而是有很坚实的思想基础。斯大林在莫斯科大剧院的演讲过去两周之后，美国国务院收到了堪称冷战史上最核心的文件之一，即人们俗称的"长电报"。当时，古琴科的间谍丑闻正闹得沸沸扬扬，白宫内部关于如何对付苏联的讨论达到了高潮。华盛顿方面就要求凯南预判一下苏联接下来的打算。凯南自 1934 年以来就在苏联工作，对俄国及其历史很有研究。所以在那封长达 5500 字的电报里，他从一位苏联问题专家的角度分析了苏联的未来发展方向，内容有理有据，十分让人信服。

凯南是 20 世纪下半叶最具影响力的美国外交官，有人称他为"冷战时期知识分子的代表"。历史学家兼外交官阿瑟·施莱辛格对他十分钦佩，认为他像一位高傲的贵族，脾气暴躁，而且对其他政客颇为不屑。事实的确如此，凯南在回忆录中就曾写道："华盛顿的高层根本不知道，甚至无法想象出来，苏联占领区里的人们是如何在秘密警察头子贝利亚的统治下艰难度日的。"[4]

不过凯南还是在那封长长的电报里提供了政客们想要得到的消息。他写道："克里姆林宫方面那种让人难以理解的处事态度，源自俄国人一种传统的、本能的不安全感。"从伊凡大帝到斯大林，统治者们都喜欢"使人民处于蒙昧之中，而不是冒着思想会得到启发的风险，让他们与外国进行接触"。甚至像彼得大帝这样的"亲西方派"也试图"限制与欧洲其他地区的接触——他们着迷于西方的技术，但对其政治理念却不认同"。

马克思主义是"遮羞布"，给了苏联领导人知识上的尊严——他们可不只是嘴上说说。"任何人都不应低估马克思主义在苏联事务中的重要性……苏联人的本能……就是不向敌对势力妥协，只有当共产主义取得主导地位时，建设性工作才能开始。他们对美国的妥协都是临时性的，不会坚持多久。对他们来说，如果想要苏联内部保持安全稳定，那么就要挑战我们（国家）的社会结构、生活传统和国际权威。（苏联）只看重武力，而不受逻辑和理智的束缚。基于这个原因，当遇到强大的阻力时，它很容易出尔反尔……西方应该紧密团结在美国的周围，这样才能遏制苏联的扩张。"

事实证明，沙皇的俄罗斯民族主义并不适合中欧和东欧。"共产主义同样如此，"他说，"现在对欧洲诸国颐指气使的'铁腕将军和政委'与过去沙皇指派的行政长官没有什么区别。"随着时间的推移，苏联的权力结构将会被地方起义动摇。虽然这种经济体系已经在苏联扎下了根，但欧洲其他地方的人们"不太可能接受苏联人民那种低水准的生活"。

凯南是富有远见的。他说，苏联播下了自我毁灭的种子。版图的过度扩张意味着"如果苏联的霸道行径使西方开始与之对立，那么他们便无法长久保住在战争中征服的地区"。

这就是美国遏制苏联扩张的思想的形成过程。杜鲁门认真听取并采纳了这些建议。在接下来的 40 年里美国也将该方针一以贯之，其结局正如凯南预判的那样——苏联遭受了重创，最终解体。[5]

＊　＊　＊

像苏联暗中在美国和欧洲组建间谍网络一样，美国在德国和东欧也做了同样的事情。成百上千的间谍监视着正在迅速崛起的新敌人——苏联。虽然美国的中央情报局（CIA）直到 1947 年春才正式成立，但局长霍伊特·范登堡在此之前就已经掌管了大量相互独立的间谍机构。他在 1946 年 3 月初告诉杜鲁门，没有任何迹象表明，苏联军队在欧洲或中东有"异常调动或军事活动"。[6]随后，苏联就宣布让军人们回家，随后的事实也证明这并不只是说说而已。到 1946 年底，苏军的人数从战争高潮时的 1150 万降至 280 万——与美英两国在欧洲驻军的总人数（245 万）相当。

苏联军队拆除了从柏林到占领区的西部铁路干线上的一组铁轨，并把它们作为"战争赔偿"带回国，以此证明"并没打算要入侵西欧"。美国陆军情报部门向杜鲁门报告，"苏联还不具备向美国（或其他盟国）发动全面军事进攻的能力"。[7]

类似的报告还有很多。那时候，艾森豪威尔将军刚从驻扎在德国的盟军指挥部回来，他对杜鲁门说："苏军不想再开战……他们目前拿到的东西已经够消化一阵子的了。"马歇尔将军、海军作战部部长福雷斯特·谢尔曼、海军作战部副部长以及其他参谋长联席会议成员也一致认为："美军的战斗力明显强于苏军。如果双方之间发生任何战争，苏联付出的代价都将远超美国。"美国陆军那些最优秀的情报人员和后勤专家也认为，因为苏联没有核武器，所以无法发动突然袭击，虽然他们有些实力，但"给人的感觉"不是特别强大。苏联至少需要用 15 年的时间才能弥补战争期间在人力和物力上的损失以及休养生息——花 10 年培训技术人员和工程师，用 15 年去提升空军能力，同时还得用 15~20 年来打造更强的海军。[8]

此时苏联会不会发动军事攻击已经不是西方关注的重点，更让他们紧张的是大规模的饥荒和盟国之间秩序的崩溃。美国副国务卿艾奇逊说："笼罩在欧洲上空的恐惧的阴云……预示着斯大林将坐享欧洲大陆这颗成熟的果子。"中央情报局局长则直接对杜鲁门说："西欧经济可能会崩溃，这将是美国安全面临的最大威胁。"[9]

# 1946：
## 现代世界的形成

第十章

退位风波

东久迩宫稔彦王是第一个在公开场合表明态度的日本皇室成员。1946 年
2 月 27 日，他对《纽约时报》的记者说，昭和天皇应该传位给 12 岁的明仁皇
子，然后选一位摄政王辅政直至明仁成年。作为昭和天皇的叔叔，东久迩宫稔
彦王是 20 世纪 30 年代日本统治集团中为数不多的反对在亚洲发动战争并警告
天皇不要走上与美国对抗之路的人。珍珠港事件发生后，他便开始寻找实现和
平的办法。日本于 1945 年 8 月投降后，他临危受命成为日本首相，负责镇压
各种敌对行动和安抚国内人民的慌乱情绪，但没有取得太大成效。两个月后，
他主动辞职，不过其在政府的影响力并未因此减弱。他表示，关于天皇退位这
件事已经在东京的政治界讨论了好几个月了；在此之前的某天，他还私下当面
建议天皇退位。在内阁会议上他也表达过同样的观点。他宣称，昭和天皇对日
本的战败、对死难者及其家属受到的伤害都是负有"道德责任"的。

　　这些前所未有的言论引起了轰动。日本是一个等级森严的社会，一向谨言
慎行的皇室成员鲜少公开表现出任何对统治者的不配合。几天后，天皇最小的
弟弟三笠宫崇仁亲王要求天皇承担战败的责任，并毛遂自荐表示可以担任摄政
王。天皇的另一个弟弟高松宫宣仁亲王也表达了同样的想法。尽管当时大多数
日本人最关心的是如何结束饥饿和动荡的生活，但天皇是否会退位这个问题还
是吸引了不少人的注意。当时没有任何一家受到官方监管的媒体提及此事，不
过百密终有一疏，身为日本国宝级诗人之一的三好达治就发表了一篇敦促天皇
退位的文章，谴责他"不称职……辜负了那些在战斗中牺牲的军人"。[1]

　　但是这个国家最有权势的人却拒绝退位。美国在日本占领区的最高负责
人道格拉斯·麦克阿瑟将军也支持昭和天皇继续掌权——这样他就能够在战后

的日本实施自己的计划。美国将全面重塑日本，用西方的自由理念替代日本的半封建专制主义，使其成为全新的 20 世纪的民主国家。不管日本人愿不愿意接受，美国还是以保留君主制度为前提，通过颁布法令把这种民主强加给了日本。在推进改革的过程中，美国与天皇结成盟友，一改过去天皇作为神的后裔的形象，转而使其成为一个位高权重的"官员"。尽管很讽刺，但被重塑的日本的确取得了巨大的成就——务实、高效、不流血——而且对限制日本乃至建立亚洲大陆大部分地区的新秩序都起到了重要而持久的作用。

在 1946 年初，尽管蒙受了战败的耻辱，但无论是皇亲国戚还是平民诗人，对于天皇拥有神授予的统治权力这一点都是不敢质疑的。但在当年的新年伊始，天皇发表了一份声明，宣称自己只是凡人。这是将昭和天皇从一个受国民膜拜的绝对统治者转变为立宪君主的第一步。

那份"人间宣言"的原稿并非由天皇本人或日本皇室成员撰写，作者其实是一名美国占领军的中层军官。当时在日本家喻户晓的盟军最高指挥官麦克阿瑟希望天皇可以通过公开发表声明而保住皇位，免于遭受战争罪审判。为了能够让这份声明在京都、冲绳甚至是华盛顿和伦敦广泛传播，它的作者——陆军中校兼驻日教育部门的顾问哈罗德·亨德森，为此搜肠刮肚构思了好几天。

据亨德森自己说，他是在午餐时间完成声明的草稿的。当时他躺在占领军在东京市中心的据点——大地酒店的床上，"想象日本天皇本人会怎么说"。在声明中，他写了两段言辞简练又意义深远的话。天皇说自己"期待用新的理想建立新的世界。希望人性能够像曾经的神一样凌驾于民族主义之上。我们和国家之间的联系不能只依靠神话和传说……不要再继续坚持日本人是神的后裔、注定要统治其他低级种族这种错误的观念。要用信任和感情作为纽带，用传承数百年的、乐于奉献的精神和热爱将人与人、国与国联系起来"。声明中并没有直接说天皇不是神，是一个普通的凡人——而是像保守派宪法专家松本章治主张的那样，用一种晦涩、含混不清的措辞表示天皇是"部分降落于凡尘"。这种新的观念不再将天皇与陈旧的主权意识联系在一起，所以对日本国民乃至昭和天皇来说都是全新的思维方式。在过去，天皇丝毫不在意平民们的意愿，即便是从广岛和长崎两地原子弹爆炸到日本宣布无条件投降那段时间里，也是如此。然而时过境迁，天皇身边的顾问和盟军的最高统帅都警告他，如果想保住王位和性命，就必须改变自己的定位，成为一个看上去热爱和平、作风西化的君主，只是不幸遭到身边那些毫无人性的军人的背叛而已。[2]

在华盛顿，包括大部分高级军官在内，许多有影响力的人物都希望废黜天皇，并把他当成战犯进行审判。英国、苏联、澳大利亚、韩国和中国也纷纷向杜鲁门总统施压，要求启动针对昭和天皇的诉讼程序。英国首相艾德礼和苏联领袖斯大林都不明白美国人到底在犹豫什么。事实上，美国参议院和美军参谋长联席会议都要求麦克阿瑟"立即着手收集所有可以证明昭和天皇参与违反国际法行动的证据"。但是麦克阿瑟没有立即照办。他确信，保留君主制度并让裕仁继续担任天皇，这对维持日本稳定至关重要，而且也有利于他在日本搞社会改革。事后看来，他可能并没有做错。[3]

麦克阿瑟对日本的历史和文化了解不深，但他有一位工作上的好助手和生活中的好朋友——博勒·斐勒斯，此人正好在这方面很有研究。在20世纪20年代初至30年代末，斐勒斯曾学习过日语，并经常访问日本。与他关系亲密的表妹格温就嫁给了曾在华盛顿工作多年的日本外交官寺崎。在麦克阿瑟看来，斐勒斯写的那些有理有据的文章，比美国那边发来的肤浅的材料更有实际意义。

太平洋战争结束前几个月，斐勒斯建议麦克阿瑟：

> 只有彻底打败日本才能让东方拥有持久的和平。日本人被狂热地灌输了这种思想——自己是优等人种，注定要成为亚洲霸主。若想让他们醒悟，唯有给予他们毁灭性的军事打击和由此而生的社会混乱。日本人只有付出惨痛的代价，才能意识到自己不是不可战胜的，战争狂人终究会把他们带向万劫不复的境地……为了和平，绝对不能心慈手软。然而，废黜或绞死天皇将激起全日本人民的强烈反抗……这甚至可以等同于把耶稣钉在十字架上——反而会助推军国主义思想的蔓延，刺激所有日本人加入战斗，结果便是玉石俱焚、死伤无数。只效忠于天皇的日本军队的确是对和平的永

久威胁。不过要是天皇以神的名义去管理日本人……把他们引导到正确的方向，就没那么危险了。只要摧毁天皇身边的军国主义集团，就可以让他成为维护美好与和平的重要力量。

战后，斐勒斯认为，投降是天皇下的决定，他亲自命令 700 万日本军人放下武器。"正因为他的这一举动，才避免了成千上万美国军人的伤亡……因此，在这种情况下还要以战争罪审判他的话，那么日本人就会觉得我们背信弃义，进而疏远我们。"[4]

麦克阿瑟被说服了，他开始想办法让华盛顿方面支持日本皇室，尤其是支持昭和天皇。1946 年 2 月底，他给艾森豪威尔发电报，称自己通过对天皇过去 10 年经历的调查，没有找到与犯下战争罪行有关的证据。这是个谎言——因为麦克阿瑟根本就没有调查，而且他还是故意不去调查的。

麦克阿瑟还提醒艾森豪威尔，天皇是"凝聚日本人的关键"。

如果他被起诉，会在日本引发一场巨大的社会动荡……甚至招致复仇和杀戮……持续时间也许长达几百年……处死天皇的话，国家也会随之分崩离析。文明倒退、社会混乱、小规模冲突不断……这就是结果。引进现代民主制度的愿望也将无法实现，而且当军事力量和系统的管理办法无法控制这个国家的时候，共产主义就会有可乘之机。这样一来，我们将需要至少 100 万人的部队长期驻扎在这里。而且还要组建一个完整的公务员队伍，人数可能会达到几十万之多。[5]

3 月初，在美国国务院工作的乔治·艾奇逊也向杜鲁门表达了支持保留天皇制度的观点。他说："天皇的确是战犯……如果日本要实现真正的民主，那么天皇制度必然得消失。然而，就目前的情况来看，如果继续让裕仁担任天皇，弱化对他的指控，就能最大限度缓解社会混乱的状况，也能更好地推进民主政策。"废黜天皇这件事"在未来可能比较合适，但最好不要操之过急"。[6]

俗话说"两害相权取其轻"，最终杜鲁门勉强同意让昭和天皇继续在位。创造日本现代"神话"的序幕就此拉开。公开场合里，昭和天皇不得不伪装成一个天生热爱和平的人，把过去犯下的种种罪行归咎于他人，让大家觉得不论是侵略中国、企图称霸亚洲，还是与美英两国开战，都是他被人误导和欺骗的结果。然而，大量证据证明，事实与之恰恰相反——昭和天皇不仅明确知道战争的目的，而且对此十分支持，甚至连偷袭珍珠港的时间他都了如指掌；而且他乐于参与制订军事计划，从没有禁止军队犯下各种暴行。

当时 40 多岁的裕仁是一个头脑聪明且受过良好教育的人，缺点是思想守旧、不够开放。认识他的人都觉得他不善于对事物进行深入思考。他也曾考虑过退位，这样就能把余生投入真正热爱的海洋生物学上面。但在内阁的建议下，他放弃了这个想法，理由是"不能鼓励共产主义"。他也深知，美国不追究他的战争罪，原因就是他天皇的身份还有用处。一旦失去了这个身份，自己就有危险了。

结果就是，昭和天皇从没承认自己有罪，也不认为需要在道义上承担这场战争的责任，只是敷衍地说那是一个错误。"二战"结束几个月后，裕仁给自己12 岁的儿子，也就是未来的平成天皇写了一封信。直到 20 世纪 80 年代，信件的内容才被人们知晓。在那封信中，裕仁对事态的发展没有表现出任何洞察力，悔恨之情更是不存在。他完全没有提及和平或民主，只是指责将军们无能。他对儿子说："我们的人民输掉了这场战争，就是因为他们太轻视美国和英国了。"他觉得军方欠缺把握全局的能力，"他们只知道前进，却不知道该如何善后……如果战争继续下去，我们就守护不了象征皇权的三件圣物 *，人民也会丧命"。只有在这个时候，那个曾经像神一样的统治者才表现出作为普通人软弱的那一面。[7]

\* \* \*

天皇发动的战争夺走了至少 270 万日本人的生命。从 15 年前，也就是

---

　　\* 三件圣物指的是草薙剑、八尺琼勾玉和八咫镜，是日本天皇权力的象征。

1931 年日军入侵中国东北地区开始，战火曾一度烧至澳大利亚北部，其间有
174 万日本军人战死。在战火蔓延到日本本土之后的两年半时间里，有大约
100 万生活在主要城市和农村地区的人民死于地毯式轰炸。这个国家被摧毁
了——麦克阿瑟像煞有介事地说："这是终极报应来临前的恐吓和折磨。"即使
不考虑那两颗加快战争结束进程的原子弹造成的毁灭性打击，同盟国对日本的
破坏程度也远超德国。东京约三分之二的住宅被毁，大阪和名古屋的住宅被损
毁的比例分别为 57% 和 89%。人们纷纷逃往乡下，城市变成了地狱。

日本军队有意报低了战争损失，以防失败主义在日本蔓延。1946 年 1 月
底，美国占领军进行了一项军事战略调查，结果显示在日本投降时，其继续战
斗的能力远没有嘴上说的那么强。杜鲁门的私人特使埃德温·洛克在"二战"
结束后的几个月里也给出了类似结论。"驻东京的美国军官都感到惊讶……日
本居然负隅顽抗了这么久。"他说，"该国主要城市的整个经济结构已经遭到破
坏……东京人口有 700 万，其中 500 万人……已经离开了这座城市。"与此同
时，一个美国经济学家团队估算，日本因为战争已经损失了三分之一以上的国
家总财富和超过一半的潜在经济收入，这还不包括日本之前在亚洲其他国家掠
夺回去的资产。日本依赖海上贸易，但由于在太平洋和日本本岛遭到盟军的攻
击，商船损失了 80% 以上。[8]

在城市的废墟中，最让人心生凄凉的是那些脖子上挂着白色盒子的孤儿。
盒子里装着的都是亲人的骨灰。在一些城市，有超过四分之一的人口无家可
归——其中就有大批从前线返回的军人。在战后的 18 个月里，有 500 多万日
本人回国。其中 80% 是军人，其余则是殖民者及其家属，他们之前生活在被
日本占领的土地上，但现在已经失去了所有。回国的这些人并没有受到热烈的
欢迎，尤其是军人。一直以来日本国民都将天皇的军队视为荣誉之师，可是这
回吃了败仗的官兵们则成了被鄙视的对象。多年后，一名军官无奈地回忆道：
"上级告诉我们，我们并非不可战胜。这已经让人气馁，回到国内后内心又受
到了巨大的冲击——所有人都躲着我们。"军部曾经鼓吹的"一亿颗心在一起
跳动"根本不是当时军民关系的真实写照。在人们眼中，军人们不是归国的

英雄，而是名誉扫地、如同贱民的失败者。究其原因并不仅仅是军队在战争中惨败，让人民受苦、家园被毁；而是自战败以来，日本兵在中国、菲律宾、韩国、印度尼西亚等国犯下的暴行传到了国内。在日本老百姓的心中，祖国成了一个不光彩的国家，他们把这些归咎于军人们。

不过荣誉问题很快就成了次要的。在接下来的两年多时间里，困扰大多数日本人的还是如何才能填饱肚子。其实早在投降之前，也就是战争的有利势头偏向西方盟国的时候，日本大部分地区就已经出现粮食短缺的问题了，到 1944 年底，大多数日本人都营养不良。在第一次世界大战之前，韩国和中国台湾地区就作为日本的殖民地为其国内提供大量的食物。但盟军的轰炸使大量日本船只沉没于太平洋，这就意味着无法进行补给运输。同时，美国对日本城市的空袭也大大降低了其粮食供应能力。1945 年还是自 1910 年以来农作物收成最糟糕的一年。1945 年秋末，日本国内的市场上几乎没有大米。成千上万的人被饿死，有官员声称，受灾人口将会达到 1000 万。尽管有些言过其实，但日本国内蔓延的恐慌情绪促使占领军不得不加快速度采取行动。

麦克阿瑟的第一反应是先给日本人粮食，避免造成更严重的饥荒。因此他简化了行政程序，直接下令将美国陆军为应对紧急情况而储备的 350 万吨粮食运往日本。参谋长联席会议和众议院财政委员会对此感到愤怒并要求他做出解释。但麦克阿瑟以惯常的傲慢态度回答：

> 因为这是胜利者的责任和义务。如今日本人已经是我们的俘虏，就像巴丹半岛沦陷时，饥饿的菲律宾人成了我们的俘虏一样。日本人曾经虐待被俘的盟军，这是他们的罪过。但是现在位置互换了，敌对状态结束了。如果我们不给他们食物，就是在用不体面的方法报复他们，跟曾经的日本没什么区别。[9]

据持反美立场的历史学家山外昭所言，日本国民对此十分感激，感觉"原本绝望的心里又点亮了希望的光"。[10]

如果说有什么东西能让日本人觉得战败没有那么难熬的话，那必然是进口食品。美国提供的并非日本"传统美食"，但是小麦、玉米、面粉、糖、奶粉和罐装咸牛肉这类西方食品终究让人们活了下来，哪怕是吃不饱。那时候餐桌上的主食不再是米饭，而是稀粥和一种过去只拿来喂牛的陈面包。但人们必须去适应这些。1946 年中，日本的报纸上出现了《让我们抓蚱蜢》和《如何吃橡子》这类文章，也刊登了个别中产阶级女性的来信，抱怨吃了美国豆子常常放屁，令人尴尬。其中还有人矫情地表示："这种食物降低了人的素质。"[11]

就像欧洲一样，虽然营养学家建议需要工作的人每天应摄入 2200 卡路里的热量，但在 1946 年和 1947 年，大多数日本人仅靠这个数字的一半生存了下来。日本也出现了与欧洲类似的黑市。本来应该有充足的食物通过正规渠道"义务配发"，但是大部分都被惯犯或新成立的帮派劫走，其成员很多都是复员军人。非法商品的价格涨到了可怕的地步——1946 年底，黑市大米的价格是正规市场价格的 30 倍。甚至到了两年后，价格还维持在正常价 7~10 倍的水平。不论能否负担得起，人们都得去黑市做交易，不然就活不下去。最惨的莫过于穷人和老弱病残群体。1946 年，有快 125 万名日本人因从事黑市交易进过警察局，然而这只是真实数字的一小部分。正如某家重量级媒体在一篇社论中提到的，"如今的日本人，要么待在监狱里，要么就在监狱外从事非法活动"。[12]

\* \* \*

麦克阿瑟总是混用"至高无上的统帅"和"至高无上的存在"这两个头衔，这在战后的日本成了一个广泛流传的笑话。虽然他极度自以为是，而且有很强的虚荣心，但也有精力充沛、智慧过人、沉着冷静的优点。在最需要战斗英雄的时代，他当仁不让。谁都不能质疑他的勇敢和无畏。1945 年 8 月底，麦克阿瑟以胜利者的身份进入日本厚木空军基地，接受日军的投降。当时他只带着一小队手无寸铁的军官，而周围则环绕着 30 万全副武装的日本士兵。那时候只要一名枪手就可以杀死他和他的下属。麦克阿瑟时年已经 65 岁，但仍然很健康、英俊、气势逼人。他泰然自若地看着属下解除日本人的武装，这震惊了在场的所有人。丘吉尔后来说："战争里发生的所有英雄壮举中……麦克阿瑟几乎单枪匹马去受降的举动是无人能及的。"不可否认，道格拉斯·麦克阿瑟将军处理这件事的态度和方式绝对是公共关系方面的正面教材。他要通过在厚木基地受降的方式传达出一种信息——美国人是来和解而不是复仇的。对此，日本观察家兼历史学家河井一夫评价道："这展示了他个人的沉着冷静和非凡胆色……（但）这更像是在表达一种对日本充满信任的善意姿态。这是心理学上的经典案例，此举彻底消除了日本人的疑虑。因为曾经对美国进行过猛烈攻击，所以日本人一直惴惴不安，担心美国人会打击报复。可是当人们读懂了麦克阿瑟的态度后，日本人对美国只剩下钦佩和感激之情。"[13]

麦克阿瑟深受部下爱戴，不过纵观他的整个职业生涯，几乎所有同级或上级军官都对他恨之入骨。究其原因就是这些人都曾目睹过他的傲慢和野心。考虑到麦克阿瑟在军队里和政坛上树了那么多强敌，还能达到这样的高度，也着实让人佩服。在第一次世界大战期间，他因在法国战场上的英勇表现而多次被授予勋章。他的上司，也就是德高望重的约翰·潘兴将军为他授予勋章后，却在家书中提到自己十分讨厌麦克阿瑟，认为他在作战效率上"达不到平均水平"，在美国 45 位准将中，以他的才能只能排在第 38 位。"他自视甚高。"潘兴在信中这样评价。麦克阿瑟身边的几十位同僚对此也有同感。不过，他仍然是公众崇拜的英雄。20 世纪 20 年代，当他与摩根大通银行的女继承人路易丝·布鲁克斯结婚时，一家报纸以《战神迎娶富家女》为标题报道了这桩婚事。谈及卸下戎装后的麦克阿瑟，新妇对哥哥说："他在军队里是个将军，但在闺房里却像个新兵。"这句话被八卦专栏爆出以后，麦克阿瑟在民众中的声望甚至变得更高了。[14]

罗斯福也不太喜欢麦克阿瑟，但对他的领导能力还是非常肯定的，而且罗斯福也深知麦克阿瑟作为战争英雄对美国的重要性。他们彼此始终缺乏信任——麦克阿瑟从不避讳自己的右翼共和党人身份——只是矛盾在 1933 年突然公开化了。当时正值大萧条时期的低谷，上任仅几个月的罗斯福希望削减军队预算，并有意将联邦支出转向国内的"新政"。为此，在一次参谋长联席会议上，麦克阿瑟当着其他名将的面大发雷霆。"要是我们输掉了下一场战争，一个美国小伙子躺在烂泥里，腹部插着刺刀，敌人的脚踩在垂死的他的脖子上，我希望他最后诅咒的不是我麦克阿瑟，而是你罗斯福。"罗斯福听后非常愤怒，当即反驳道："你不能对总统这样说话。"[15]

杜鲁门也看不上麦克阿瑟，却又找不到合理的借口免掉他驻日最高军事指挥官的职务。而且他也是参谋长联席会议举荐的——部分原因是他们不希望麦克阿瑟去欧洲，也不想让他留在华盛顿。据助手回忆，有时只提到了麦克阿瑟的名字，杜鲁门就显得紧张和易怒。总统在日记中抱怨道："喜欢出风头、有权有势的'五星'麦克阿瑟，比卡伯特和洛奇还麻烦……他们在与上帝交谈之前，至少还会跟别人讨论一下。而他直接就去跟上帝沟通了。可悲的是，我们的高层中居然有他这种人——简直就是匹哗众取宠、不受束缚的野马。"[16]

然而，杜鲁门还是给了麦克阿瑟巨大的独立自主的权力。在发布任命时，杜鲁门对他说："你可以在认为合适的时机行使权力。我们与日本的关系不是建立在契约的基础上，而是建立在他们无条件投降的基础上。你的权威至高无上。"6年里，麦克阿瑟对7000万日本人的影响力，超过了杜鲁门对2亿美国人的影响力。美国驻日本大使威廉·西博尔德按理说是国务院的人，但他在觐见天皇或是与日本政府高级官员会面之前，必须征得麦克阿瑟的许可。巴尔德在任期结束后说，美国历史上从未有过像麦克阿瑟这样的人，只手掌握如此巨大的权力。[17]

美国对日本的企图是庞大而明确的，他们需要一个像麦克阿瑟这样有冲劲、有气魄的人去执行计划。去日本之前，麦克阿瑟向政府递交了一份报告，列出了受降后的工作重点。以美国人后来的角度来看，比如在冷战的大部分时间里，这份报告似乎是一份带有"新政"色彩的自由宣言，其重点与后来美国政府的目标截然不同。麦克阿瑟在报告中提到："首先……摧毁军事力量。然后，构建代议制政府结构。还需要解放女性、释放政治犯、解放农民、建立平等的劳资关系、鼓励自由经济、解除警察对人民的压迫、让媒体成为负责和自由的喉舌、分散政治权力……"[18]

麦克阿瑟对这项任务充满了救世主一般的热情，并像过去那些欧洲的帝国主义者一样，认为白人天生拥有优越性，自己推行现代文明的使命也是纯洁的。美国在日本的占领期长达 6 年零 8 个月，是美日战争持续时间的两倍。这是完全由美国一方说了算的占领行为，其他国家没有任何发言权——韩国、中国、越南、菲律宾等国在战争中遭受的来自日本的迫害要比美国严重得多，但战后他们对日本的看法都被忽视了。美国人很少倾听这些，不过种族隔离的确在占领期间发挥了非常重要的作用。

麦克阿瑟几乎看不到他统治下的日本人。他从不与他们交往——下班后，他的休闲时间主要是与密友和第二任妻子珍一起看西部电影。珍是一位忠诚的、贤惠的女人，两个人幸福地携手度过余生。据他的私人秘书法比昂·鲍尔斯说："与麦克阿瑟有过两次以上交谈的日本人只有 16 位，这些人都是首相、大法官或一流大学校长这类社会名流。"[19] 可即便如此，麦克阿瑟却深受日本人的爱戴。按他自己的理解，这源于东方"胜者为王的思想"。也就是说，日本人习惯将统治者神圣化。全国有将近 50 万人给他写信，其中有数千封信函被精心归档。信中大量的溢美之词让人心生尴尬。他常被称为"日本的活菩萨"。一位记者在信中说："每当我想到阁下不仅没有对日本实施报复，反而还宽宏大量、以德报怨时，我就会觉得您是上帝一般的存在，让我万分敬畏。"一位老人告诉麦克阿瑟，他每天早上都会膜拜最高统帅的画像，就像他以前膜拜天皇的画像一样。麦克阿瑟还收到了包括丝绸和服、精致的茶壶和点心在内的大量礼物。[20]

麦克阿瑟最大的弱点之一是他喜欢周围都是唯唯诺诺的人，即便是密友也不许质疑他的想法。"他不仅要求别人服从他的命令，还要求别人服从他本人及其思想。"剧作家兼记者，同时也是美国驻意大利大使克莱尔·布思·卢斯说，"他……十分享受被人崇拜的感觉，所以周围都是马屁精。"1946 年中期，他手下大约有 1500 名官员，第二年这个数字翻了一番。其中许多人都是理想主义者，对改革充满热情。他们相信自己正在日本建立一个能带来和平与稳定的社会。但也有一部分人只是忙着吃喝玩乐。[21]

像在德国做的一样，美国军方一开始也下令禁止占领军与日本人保有亲善关系。然而在 1946 年，驻扎在日本的美军有 50 万之多，这些规定经常被无视，根本无法得到有效的执行。麦克阿瑟也违背了命令。他对一名助手说："他们想要隔开我们周围那些友善的人……我才不同意。我不会为了蝇头小利就发布不与日本人亲善的命令。"

从历史角度来看，日本本岛与外界交流不多，以至于美国大兵是大多数日本人遇到的第一批外国人，与此同时，美国人对日本人也一无所知。不过两者初次相遇就建立了一种胜者与败者、强者与弱者的完全不平等的关系。[22]

对于年轻的美国占领军来说，日本人似乎很有异国情调，尤其是女性。大量不正确的宣传误导了美国军人，让他们觉得日本女性都是平胸、纽扣鼻和八字足，她们的姿态就像千年的石墙一样具有吸引力。《周六晚间邮报》还刊登了一篇题为《美国陆军特种部队教化日本人》的报道。不过军方对这些丑闻熟视无睹，许多高级军官和文职官员都有日本情妇。在美军占领日本的头三年里，日本妇女生下了 9 万多名私生子。按照日本人的传统观念，美国男人应该是可怕的、虐待成性的、没有教养的人。可是接触以后，许多日本人惊讶地发现事实并非如此。"我发现他们……（美国士兵）彬彬有礼，友好随和。而曾经住在我家附近兵营里的日本士兵却傲慢、刻薄、无礼，两者之间形成了鲜明而让人难过的对比。"这段话来自一位住在日本南部、出身良好、受人尊敬的女士写给杂志的信件，那时候这样的投稿不计其数。[23]

其实大多数美国士兵与日本平民鲜有接触，除了妓女。日本政府在应对卖淫问题上没少下功夫，他们认为美国士兵会有"占有"日本女性的想法，就像过去日军把"慰安妇"当成殖民地上的战利品一样，所以他们为解决美军的"需求"拿出了一些对策。他们为美国士兵招揽"慰安妇"，甚至在媒体上登广告招募志愿者。那时候，专门为军队服务的妓院成百上千，这些妓院等级分明，甚至还根据种族进行了区分，有专门为黑人士兵提供服务的场所。当然，大多数"自愿"服务的女性都是因为迫切需要赚钱，但也有一些出身中产阶级的女性受到了扭曲的爱国之心的蛊惑，用政府的话说就是"完成保卫日本女性的伟大任务"。

更夸张的是，军妓还要进行宣誓：

> 我们的民族历史悠久，3000年来她如同山川、峡谷、河流和草原一样亘古不变。直到1945年8月，这一切都结束了，我们陷入了悲伤和绝望。然而新的机遇已经到来，命令已经下达，我们接受了在特殊领域的艰巨任务，协助国家安抚占领军。这份工作注定艰辛。我们不是在巴结占领军，并不会出卖我们的人格和灵魂。我们只是用礼貌和服务去履行我们的义务，为维护社会安全做出自己的贡献。我们敢大声地说："我们是为保卫国家而奉献自己。"

换句话说，每个人都要做出牺牲。虽然打着爱国的旗号，但大多数"官方妓院"很快就被一些犯罪集团控制了。在那里工作的妇女成为买卖的物品。1946年春天，麦克阿瑟下令关闭妓院，因为当时光顾妓院的士兵中有四分之一都感染了性病。[24]

\* \* \*

占领军官员的社会地位很高，生活条件优越——远远好于他们在美国的生活。他们住在从日本上流社会那里征用的豪宅里，还有仆人随行照顾。更让饥饿的日本人感到愤愤不平的是，这些钱都是由日本政府支付的。连麦克阿瑟的秘书鲍尔斯都有两位厨师专门为他服务，一个做西餐，一个做日式料理。他后来承认："几乎所有我认识的占领者——包括我自己在内，都极其自负和傲慢，我们会充分利用自己的权力。"美国国务院高级官员乔治·凯南奉命前往日本调查占领军的情况，结果被眼前的一切惊呆了——为了得到麦克阿瑟的欢心，他身边的人可谓是机关算尽。凯南在电报中告诉华盛顿政府："那里让人联想到叶卡捷琳娜二世执政晚期的宫廷，或者斯大林统治下的克里姆林宫。"凯南十分看不起同胞中的那些"殖民者"——他们吵吵嚷嚷，一味享受对另一个种族至高无上的统治地位。他指责在东京的美国人"庸俗得令人吃惊……沉溺于奢侈的生活，懒惰又空虚"。官员的妻子们"表现得好像打胜仗的目的就是为了让她们拥有好几个日本管家"。[25]

美国在日本有着非常"宏伟"的计划。正如一位历史学家所言，美国正着手做其他占领军从未做过的事情——重塑一个战败国家的政治、社会、文化和经济结构，并在此过程中改变其人民的思维方式。[26]总的来说，日本人会接受占领，并愿意引进民主和自由市场的理念。但对于解放者的傲慢和制度化的种族主义，也将会有许多不满。在长达 6 年的占领期间，反帝国主义的美国承担起了"白人的责任"。

# 1946：

## 现代世界的形成

第十一章

/

## 奸淫掳掠

这边美国人忙于改造日本，那边斯大林已经开始在欧洲执行自己的计划。他认为他所做的事情与美国在远东的行为没有区别。战争快结束时，他曾对到访莫斯科的南斯拉夫共产党人乔治·吉拉斯说："占领者可以把自己的社会制度推行到占领区。军队所能达到的地方就是社会制度能够推行的范围。事实就是这样。"[1]

德国及其首都是苏联的新战利品。苏军占领柏林后，找到了希特勒的遗体，并在勃兰登堡门的废墟上升起了苏联的旗帜。这是具有重大意义的时刻，它宣告了斯大林赢得了战争并带来了和平。苏联把德国的财富也当成了战利品——于公于私他们都是这样想的。苏联军队在向西方进军的过程中发现了让他们震惊的财富，并将对德国的掠夺作为报复的方式。毕竟1941年德国入侵苏联后，曾摧毁了3万个城镇和村庄，并造成了大约1700万苏联人民的死亡。

尽管在战争中遭到了巨大的伤害，但德国人的生活仍然比苏联人好得多。那时候，大多数苏联士兵及其家人的生活条件都极其艰苦。"这些'寄生虫'活得多好啊。"中尉鲍里斯·艾登堡在东普鲁士给妻子写了一封信，"从那些被毁坏的房屋和被遗弃的家具里，都看得出他们的生活好得让人难以想象……眼前的一切让人惊讶。椅子、沙发、衣柜……他们生活得那么好，可为什么还不满足？他们想发动战争就发动战争。"一位名叫迪米特里·斯切戈洛夫的步兵军官被安置在柏林外的一间小公寓里——那曾经是铁路职员居住的地方。"每套公寓都配有舒适的家具。即使外面还在进行着激烈的战斗，但我依然在储藏室看到了自制的腊肉、蜜饯和草莓酱……我们越深入德国，就越对那些随处可见的东西感到厌恶……我真想用拳头砸向那一排排整齐的罐头和瓶子。"[2]

士兵们的仇恨在一些人别有用心的煽动下持续发酵。记者艾伦伯格的文章被前线的战士们广泛传阅，其中就有一句："不要虚度光阴，数一下你今天杀了多少德国人。"他还宣称德国人"不应该得到任何宽恕"。此外，苏军军官也告诉士兵们，对敌人宽容就是对自己残忍。"跟他们不能讲法律和道德。是德国人最先走上了善恶不分的道路。他们应该付出千百倍的代价去赎罪。"士兵们自然都奉命行事。1945 年春，乔治·凯南向美国国务院做了这番报告："苏军给占领区带来的灾难在现代欧洲历史上是前所未有的……苏联人以某种方式'清除'了当地居民。"考虑到德国军队在波兰和苏联的所作所为，苏联军队采取一些报复行动也可以理解。不过乔治·凯南的话显然夸大其词。在德国和中欧的大部分地区，人们的确没有把苏联人视为解放者，相反还觉得他们犯了一些错误。[3]

然而，即便如此，苏联占领区的德国人还是比美英两国占领区的人生活得要更好一些——起码他们还有食物可以吃。德国东部的萨克森、普鲁士、图林根和波美拉尼亚拥有这个国家大部分的农耕地。尽管战后的运输和配送网络混乱不堪，但苏联人将食物运送到城市的效率却高得惊人。更重要的是，即便在国内食物储备不足的时候，苏联仍然向德国输送了额外的物资。1945—1946 年之交的冬天，饥荒肆虐苏联大部分地区，150 多万人因此丧命。即便如此，苏联仍为保障占领区德国人的温饱而做出了巨大的牺牲。那些被苏联管理的德国人，虽然没有足够多的食物，但也没有挨饿——这一点苏联官员的确可以向生活在美英占领区的德国人炫耀一下。

德国人也为苏联的慷慨付出了沉重的代价。没有人确切知道在胜利的狂喜中苏联军人强奸了多少德国妇女。在 1989 年柏林墙倒塌之前，德国东部非常忌讳谈起这个话题。当这种事情被再次提及的时候，已经是几十年后了。1946 年春，苏联占领区有 15 万～20 万"俄国宝宝"出生，其中绝大多数都没有完整的家庭。据估计，那一年 1—4 月期间，柏林出生的六分之一新生儿的父亲是苏联人。选择堕胎的人数也很多。"除了遭受被强奸的痛苦，那时候的女人还要被性病折磨。"一位曾多次遭到性侵的妇女回忆。大约有 10% 的强奸受害者感染了梅毒或淋病。虽然抗生素的治疗效果很好，但是在苏联占领区，这些药物既稀少又昂贵，普通人很难弄到。在柏林的黑市上，需要半公斤的咖啡或者5盒好彩香烟才能换取一支抗生素。

苏联高级官员斯米尔诺夫曾向一名英国外交官表示："在该国西部的共产党人比柏林的共产党人还多，只是他们还没有与苏军接触。"如果任由苏联军人继续这样下去，那么苏联将德国转变为共产主义国家的希望就会破灭。当时苏军的高级军官和政治顾问已经知道德国人对他们是多么恐惧和憎恨了。[4]

因此苏联方面开始对胡作非为者施以严厉的惩罚，到1946年夏末，苏联士兵强奸德国妇女的案件已经很少了。可是在受害者的印象中，对妇女的暴力行为仍时有发生。"这些日子对很多人来说都很危险。"露丝·安德列斯－弗雷德里希在日记中写道：

> 我们看望了汉内洛尔·蒂尔……她在沙发上缩成一团。"死了才一了百了，"她呻吟道，"不应该这么活着。"她掩面哭泣起来，肿胀的双眼、几乎被毁掉的五官看起来真的太可怕了。"真的有那么糟糕吗？"我问。她可怜巴巴地看着我。"7，"她说，"一连7个。像动物一样。"住在克莱恩的英琪·曹恩才18岁，原本对男女之事一无所知，现在她什么都明白了。一遍又一遍，60次。"你什么都做不了。"她麻木地说，"当他们突然接连敲响房门并开枪后，一切就开始了。每晚都换一个新的，每晚都换另一批人。第一次他们强迫父亲观看我被强奸时，我以为自己会死。"……"他们强奸我们的女儿，强奸我们的妻子，"男人们哀叹道，"不只是1次，而是6次、10次、20次。"……自杀事件随之发生。"失去了清白，就失去了一切。"一位顽固的父亲这样说，然后把一根绳子递给被强奸了12次的女儿。女孩顺从地吊死了自己。[5]

*　*　*

紧随前线部队之后，苏联派出了几组执行特殊任务的人——他们都是在纳粹掌权时离开德国的共产主义者。此次他们回到德国的任务是为苏联争取更多的共产主义控制领域。在这个阶段，当务之急就是不能做任何激怒西方盟国的事情。被派出的 3 支队伍各有 12 人，于德国最终宣布投降前两天抵达柏林。那时候在这座城市的废墟中，肉搏战仍在继续。51 岁的瓦尔特·乌布利希是行动的负责人，作为被斯大林精心挑选的民主德国的领导人，他执政 25 年直到去世。

乌布利希出生于莱比锡，"一战"后便活跃在德国工会运动中，1928 年以共产党员的身份成为德意志共和国国民议会的一员。为了躲避纳粹的迫害，1933 年他逃往法国，后来作为共产国际的一名特派员参加了西班牙内战。他擅长"清洗"那些不忠于苏联和斯大林的共产党人，据说他犯下不少命案。1940 年，他去了莫斯科。希特勒上台前，乌布利希尚且算不上卓越的共产主义者。相比那些在纳粹清洗中幸存下来的聪明干练、有文化的政党领导人，他只是个二三流人物。不过潜在对手接连死去，让他有了机会。愿意服从命令且对斯大林忠心耿耿是他当选的最重要因素。

"二战"期间流亡莫斯科的古斯塔夫·西格勒是乌布利希在西班牙时的战友，他认为后者"完全没有个人思想和感情"。"他自知长得不好看，所以在嘴巴周围留了一圈列宁式的胡须。不过这并没有让他摆脱小资产阶级的傲慢气质。眼镜后面的右眼精光四射，左眼的眼角却耷拉着，那模样就像一个待在阴暗房子里的落魄牧师。"另一位在他离开德国之前就与之相识的党内同志在回忆到他时说："光是看着他就会让人不寒而栗。"助手则表示他"脾气不好"。[6]

起初，德国共产党做了不少工作，算得上是小有成就。由他们负责的供水系统、电力系统和地铁系统都能够正常运行。他们鼓励媒体发表自由言论，支持重建老的政党——包括他们的竞争对手，左翼的社会民主党。这些方面他们比西方盟国做得要好。在英美占领区，审查制度十分严格，一个政党想要自由运作往往需要将近一年的时间才能获得批准。

苏联共产党在战后早期的宣传中没有提到社会主义或马克思主义，而且还曾公开表示，"不会在德国建立苏联模式的社会制度"。然而这只是表面现象，暗地里苏联正在悄悄地控制局面。与乌布利希一起从莫斯科来到德国的副手沃尔夫冈·莱昂哈德受命开展相关工作。当时他们的理念是地方市长可以是"资产阶级"或社会民主党人，但副手必须是"忠诚的"、会如实向苏联汇报工作的共产主义者。他说："我们必须有完全值得信赖的同志，让他们来建设警察队伍。要让一切看上去是民主的，而我们则要掌握实权。"[7]

曾经为非作歹的纳粹分子都被捕了，大多数被送往臭名昭著的萨克森豪森集中营和布痕瓦尔德集中营——那里曾是希特勒关押和囚禁共产党人的地方。在忠诚的共产党党员的领导下，"人民法院"处决了数百名法西斯分子。随后，又有超过 52 万名法西斯分子在德国东部被捕，其中许多人被送到苏联的古拉格或位于北极圈的劳改营。然而我们不能将苏联在德国东部的这些行动简单地与英美两国在德国西部搞的"去纳粹化"归于一类。苏联的目的比较明确，就是要清除任何可能在未来阻碍共产党掌权的人。早在 1945 年 2 月，贝利亚就写信给东普鲁士前线的内务人民委员会军官，列出了必须逮捕的人的名单。里面包含党卫军成员、高级军官、政府官员、集中营守卫、大地主，甚至还包括"报纸编辑、反苏文学作者和其他敌对分子"。[8]

德国共产党首先建立起了一个秘密警察组织，名为"剑与盾"，这就是民主德国情报机构"斯塔西"的前身。从一开始，这个组织就是完全按照苏联的模式进行运作，内务委员会还对其进行指导，所以他们不仅使用相同的密码，就连文件的装订方式也没有差别——用线穿过纸页的左上角把它们缝在一起。成员们还沿用了在苏联时的工作习惯，称呼彼此为"契卡"。组织成立之初，乌布利希收到的一份内部文件中对该组织存在的意义下了准确的定义："在列宁和共产党的领导下，苏联创建了社会主义国家安全机构的基本模式……向苏联学习就意味着学习如何取得胜利……要学会解除敌人的武装。"[9]

乌布利希总是用怀疑的眼光看待德国人，他永远也不会原谅他们曾经让希特勒夺取了政权。他认为同胞非常不可靠，特别是德国的工人阶级。用经典的共产主义思想来分析，他们是受制于"错误意识"的。简单地说，他们是非不分——但共产党会让他们搞明白的。德国政客和西部的教会领袖否认德国存在

"集体犯罪"，乌布利希接受了这种说辞，不过他也表示："除了感受到屈辱，德国人非常有必要为战争忏悔，并承担其后果。"

> 除了希特勒，要为反人类的罪行负责的还有那些在 1932 年选举中投票给希特勒的 1000 万德国人。他们根本无视我们共产党人关于"投票给希特勒就是投票给战争"的警告。所以当希特勒把权力掌握在自己手中并摧毁所有民主组织时，那些懦弱而温顺的德国人就无异于助纣为虐……导致所有最好的德国人被囚禁、被折磨和被斩首……德国人的悲剧在于他们向一群恶棍低头。这也是早期工人阶级运动失败的原因。[10]

话虽那样说，但是在一段时期里，乌布利希还是遵循了莫斯科方面的要求，试着让自己的行事方式"看起来民主"。德国共产党在提供基本社会服务方面做得相对不错。战时，在美国的轰炸和苏联的最后一次攻击下，柏林的交通系统几乎被摧毁，正是依靠了共产党的帮助，当年秋天交通就恢复了正常运转。过去，佃农们别无选择，只能服从地主的命令；终于，柏林这些令人痛恨的"征服者"被苏联军官取代了。瓦西里·索科洛夫斯基元帅出任苏联占领区新任总司令，这着实有些出人意料。此人谦逊有礼，不像一些苏联高官那样狂妄冷酷。35 岁的政委弗拉基米尔·谢门诺夫也是个才干超群的人，他头脑聪明，还是一位受过高等教育的哲学学者。他们上任后做的第一件事就是在柏林搜罗关于拿破仑占领德国的所有档案文件，并进行研究分析。（这些资料对他了解"二战"后的情况未必有太大用处。）

有一段时间，柏林的艺术气氛非常活跃，其自由程度是自魏玛共和国成立以来前所未有的。剧院重新开放，不论是"资产阶级"的戏剧，还是那些曾被纳粹称为"颓废"的社会主义戏剧都能自由地上演。柏林被轰炸后，还保持完好的剧院为数不多，赫贝尔剧院就是其中之一。贝托尔特·布莱希特的《三分钱歌剧》在停演 15 年后，在那里与观众重新见面。首映当晚，人们再次听到布莱希特的名言："Erst kommt das Fressen；Dann kommt die Moral"（首先要吃饱，之后才有道德）。

那时候的音乐厅里挤满了人，新闻报纸也可以让作者自由地阐述观点——有苏军背景的报纸《海军评论》也是如此，这是当时在莫斯科的同行望尘莫及的；讽刺杂志《尤乐斯》更是刊登了不少暗讽苏联和美国的犀利有趣的漫画。以至于美国军方都开始抱怨不该给这些媒体过分的自由。创刊编辑、布痕瓦尔德集中营的幸存者赫伯特·桑德伯格回忆那段时光时也表示："我们充满活力，以为黄金时代已经到来了。"*

好景不长。斯大林的追随者们并不擅长接受批评。1946 年春天，苏共领导人通过一项决议，确定已经到了要"与反动势力和反动倾向做斗争"的时候。编辑们屈服于压力，报纸的内容明显变得更乏味、更肤浅、更亲苏。当时，在德国境内驻扎的苏联军队有 25 万人之多，人们知道，表现出对苏联的不友好是不明智的。[11]

在早期的《尤乐斯》杂志上刊登了这样一首诗歌，虽然称不上文学佳作，但却触动了柏林人的心弦：

> 欢迎你啊，解放者！
> 拿走我们的鸡蛋，
> 拿走肉和黄油，
> 拿走耕牛和种子，
> 还有手表、戒指盒。
> 你把毫无用处的汽车和机器运走，
> 让我们获得了解脱，

---

\* 后来，美国人做了很多事情来鼓励充满活力的、自由的新闻报道和各种文化的复兴。但在占领之初，他们要谨慎得多，有时甚至到了可笑的程度。英美占领区对报纸、书籍、戏剧和电影有严格的审查制度。有 34 部"宣传美国生活方式"的电影被禁止播放。经典影片《乱世佳人》（1939）和《愤怒的葡萄》（1940）也在被禁之列，它们的内容被认为太过消极。一些书籍也被禁止出版，包括斯宾格勒的哲学著作《西方的衰落》。

*我们感动得都哭了。*[12]

德国人对苏联人的不满情绪是难免的。占领军粗暴侵犯了许多德国女性令他们愤怒，更可气的是当时苏联向德国索要了巨额战争赔款。苏联认为德国的侵略阻碍了其社会的发展与进步，要求德国对此进行赔偿。东线是欧洲的主要战场，有大量军人战死，还有众多平民因此丧命和破产。在不到 3 年的战争中，白俄罗斯有近 20% 的人被杀，有些城镇被洗劫了三四回。在乌克兰和高加索的部分地区，六分之一的人失去了生命。穷凶极恶的德国人甚至在撤退时把土地都烧焦了。所以斯大林不断地告诉西方盟国，他希望得到合理的赔偿。

丘吉尔和罗斯福对此都不太赞成，但在雅尔塔会议上，他们没有表示反对。苏联要求德国赔偿 1280 亿美元。西方盟国不知道他们是怎么计算出这个数字，又是以什么为依据的。美国和英国建议把 100 亿美元作为"谈判基础"，即便如此，英国还是觉得有些多。在波茨坦，杜鲁门试图说服斯大林不要对德国要求太多。他说他理解对方渴望复仇的心理："苏联一次又一次地被德国人洗劫，也难怪他们态度如此。"但从现实角度来看，让德国经济复苏，对大家会更有好处。他说："如果你想要牛奶，你就得先喂饱奶牛。"斯大林并不认同这种经济理论，所以坚持要求如数赔偿。[13]

从胜利的那一刻起，苏联就派出了"收账队伍"。他们把德国东部最核心的基础设施和工业设备运回苏联以支持国内发展。"把所有的东西都拿走，"负责管理一个分队的军官弗拉基米尔·尤拉索夫对士兵们说，"全都拿走。不能拿走的就毁掉。不要给他们留下任何东西，哪怕是一张床、一个夜壶。"[14]

德国的工厂被拆散了运到苏联，然后在那里被丝毫不差地重新组装。根据德国历史学家的说法，德国东部四分之一到三分之一的工业产能都被苏联夺走了。而美国人则估计，在占领的头 15 个月里，苏联运走了当地 80% 的机器设备。

"他们……拆了屠宰场的制冷设备，卸了食堂的炉灶和管道，就连美国投资的胜家缝纫机公司也被洗劫一空。这就是我们到达时看到的景象。"一位美国占领军军官如是说，"他们把地铁大卸八块，柏林到波茨坦的铁路和电话线路也被破坏了。"1946年秋天，苏联人甚至将莱比锡动物园里的动物饲料都搬走了。在苏联士兵的命令下，德国工人拆下机器设备上的零件，然后装进运往东方的火车。有一次，苏联内务委员会包围了莱比锡附近的一个足球场，要求正在踢球的人当即停止比赛，去进行装卸工作。[15]

埃德温·保利是美国战后赔款团队的一名专员，也是拥有千万身家的石油大佬。有一次他用自己的相机拍摄了一张货车在工厂里装卸机器设备的照片，结果被一名苏联士兵发现，经过一番恐吓和殴打后，他被逮捕了。好在他的警卫员最终查到了他的下落。为了证实身份，保利拿出"四国护照"和点45口径的手枪，苏联人这才意识到对方身份特殊，很快就释放了他。这在外交方面自然是一件很棘手的事情。没过多久，保利就向美国国务院表达了对苏联的不满，并认为苏联人根本无意恢复德国的经济。[16]

波茨坦会议上，同盟国同意苏联从德国西部和柏林的英美占领区获得一定的赔偿。不过保利觉得苏联已经得到很多东西了。"他们拆除了那么多设备……会严重破坏当地的就业体系，降低就业率。这种有组织的行动不仅仅针对德国，美国占领区也将受到牵连。"他的助手整理了一份清单，上面有20家被纳粹收归国有的美国公司，但战后它们有望物归原主。谈到苏联士兵从美国国际电话电报公司搬走设备的时候，美国人说："他们连一个小螺丝钉都不放过。"他们还认为苏联拿走了美国国际商用机器公司（IBM）、吉列公司、福特汽车公司、伍尔沃斯公司和派拉蒙电影公司的东西。"苏联就像一台吸尘器，不放过任何能弄走的东西。"保利建议总统，"他们在自己的占领区里怎么干，我们管不着，但是可以让他们在西部地区什么都得不到。"[17]

与保利拥有同等地位的苏联赔款专员是伊万·麦斯基，他在"二战"期间曾担任过苏联驻英国大使。在与西方国家的往来中，他的工作能力受到了广泛认可。与那些头脑僵化的苏联官员不同，麦斯基迷人又有教养，擅长以理服人。他认为苏联在战争中受到了重创，如果想要追上西方国家的步伐，那么就必须获得这些赔偿。虽然没有举出具体的数字和方式，但是他认为美国也从德国那里获得了巨额赔偿。而且美国还把德国的科学家、技术人员和工程师占为已有——这种"技术赔偿"的价值绝对不低于苏联想要得到的经济赔偿价值。对此保利并没有否认，但还是狡辩"那都是德国本打算应用到战争方面的技术"，所以"理应作为战利品"。这种说辞的真假显然有待商榷。

身在德国的共产党党员们深知这样下去的危害。莱昂哈德回忆起一件往事：当时他和一位党内同志在一起，他们看见了装满货物的苏军卡车离开兵营。同伴忽然说："看，那边有敌人！""什么？德国人？"莱昂哈德惊讶地说，"哦，不是，那是我们讨要赔偿的队伍。"[18]

除了获得"官方赔偿"，1946 年春，苏联士兵还擅自进行了大规模的巧取豪夺。一名苏联的历史学家表示："比起淡泊名利的布尔什维克，那时候的苏联更像一个喜欢掠夺的征服者。"高级指挥官给士兵们树立了坏榜样，比如朱可夫元帅就把他的家变成了博物馆。内务人民委员会后来出具的一份调查报告显示，他在莫斯科附近的别墅里"有几十箱银器和水晶制品，还有 44 块地毯、55 幅珍贵的古典绘画、323 件皮草、400 米长的天鹅绒和丝绸……整栋房子都塞满了各种外国奢侈品……元帅的卧室墙上悬挂着一幅巨大的油画，上面画着两个裸体的女人。除了门口的擦鞋垫，没有一件是苏联制造的"。[19]

对这些行为，斯大林不仅知晓，还默许了。同时他还颁布了一项命令，允许苏联官兵不经审查就可以向国内邮寄 5 公斤以内的物品。不过多数人并不满足于此。斯大林的贴身保镖就借着参加波茨坦会议的机会弄到了一些"战争赔偿"——100 件瓷制餐具，还有几十个水晶花瓶和酒杯。满载着这些东西，他回到了莫斯科。他后来解释说很多苏联高级安全官员都收到了类似物品，却说不清他白俄罗斯的老家里多出来的一匹马、一头公牛和两头母牛到底是怎么回事。

无独有偶，空军中将亚历山大·罗凡诺夫把戈培尔的一间乡间别墅拆成了砖瓦片，然后运回了苏联。内务委员会德国分支的指挥官伊万·谢洛夫占有了包括比利时王冠在内的大量财宝。专门负责战利品的队伍有一份清单，记录了在盟国占领德国第一年里，苏联政府和军队官员就以"建筑材料"和"日用品"的名义向国内运送了 100 000 车皮的物品。事实上，这些东西包括从德国东部掠夺来的 6000 架钢琴、495,000 台收音机、188,000 张地毯、100 万件家具、26,400 座挂钟、6000 车皮的墙纸、588 车皮的瓷器、330 万双鞋、120 万件外套、100 万顶帽子和 710 万件"礼服、衬衫和内衣"。一位德国官员表示，对苏联来说"德国就是一个免费的购物中心"。[20]

西方盟国的士兵们也没少干打家劫舍的勾当。一个名叫乔·里德的美国中尉从图林根偷走了价值连城的中世纪《奎德林堡〈圣经〉残本》。还有美国军官从法兰克福的画廊偷走了一些世界名作。好在多年以后，美术馆把它们都追讨了回去。美国女子军团的两名军官从黑森的玛丽公主那里窃取了价值 150 万美元的珠宝。英国军官征用了克虏伯家族在埃森的豪宅，当他们离开的时候，里面值钱的东西都"消失"了。小说家科林·麦金尼斯在 1946 年时还是英国占领军中的一员。"偷东西这件事最能显露人的本性，"他回忆道，"如果一个人做不到视金钱如粪土，又或者少了那么一点责任感，那么他就无法抗拒贪欲。诱惑太大了，即使人们本身不想成为小偷，但这种让人愉快的游戏还是太吸引人了。"[21]

# 1946：

现代世界的形成

第十二章

## 德国人要倒霉了

爱德华·贝奈斯第二次出任捷克斯洛伐克的总统。1938年希特勒派兵入侵后，他就开始了为期7年的流亡生涯，直到德国战败后才返回布拉格。61岁的他是典型的中欧知识分子，看上去文质彬彬。作为捷克斯洛伐克流亡政府驻伦敦的首脑，他一直很受东道主英国的欢迎。即便他对英国和纳粹德国签订的《慕尼黑协定》感到不满，也从未表现出来（该协定实际上将捷克斯洛伐克交给了希特勒）。不同于脾气火暴的法国领袖戴高乐，他的作风一直很低调，而且大方承认自己受到英国的照顾，自然也很少与同盟国发生政治纠纷。单纯评价贝奈斯本人的话，他富有智慧，在推动民主方面政绩突出。但值得一提的是，他也是欧洲历史上最热衷于用残忍手段进行种族清洗的人之一。

在战后的两年间，贝奈斯接连在没有任何事前通知的情况下将250多万德国人从捷克斯洛伐克驱逐出境。他不在乎有多少人因此死亡。他还没收了"苏台德"地区德国人的财产，即便其中大多数人来自世代居住在捷克斯洛伐克的家庭。这不仅是对纳粹野蛮统治的报复，也是在洗刷捷克斯洛伐克在1918年独立之前就被德国占领的耻辱。1943年，还在流亡中的贝奈斯就传递出了一个信息："我们国家要一劳永逸地解决德国问题。整个德意志民族理应受到全人类无穷无尽的蔑视，也要让德国人尝尝痛苦的滋味。我们将清算他们的罪恶。"[1]

回到家乡布拉格后，他呼吁"不仅要清除我们国家里的德国人，还要清除德国在这片土地上残留的影响"。对此，同盟国从未表示过任何反对。丘吉尔内阁认为驱逐德国人的行为是"不可避免的……符合实际的"。1944年12月，首相对英国下议院说："驱逐政策是目前为止最令人满意、效果最持久的办法。'大清洗'就要开始了。对于大量人员和财产的转移，也没什么可担心的。"斯大林也很支持贝奈斯："这一次，德国人将会受到重创，他们再也不能攻击斯拉夫人了。"[2]

因为一直奉行反德政策，在当时的联合政府里，贝奈斯得到了共产主义者、保守主义者以及自由主义者的支持。司法部长普罗科普·德尔基纳表示："德国没有好人，只有坏的和更坏的。它们是我们体内的外国毒瘤……整个德意志民族必须因他们犯下的罪行而接受惩罚。"国防部长路德维克·斯沃博达宣称："我们有必要一次性解决'第五纵队'*。"主要的教会都赞成驱逐政策——即便这显然与基督教的教义背道而驰。天主教神父斯塔斯艾克在一个公开场合中表示："千年之后德国人会遭受恶报，他们是邪恶的。'爱人如己'的信条不适用于这样的人。"[3]

此外，捷克斯洛伐克人也多次提及，驱逐德国人得到了国际社会的允许。在《波茨坦协定》第12条中提到，"必须将留在波兰、捷克斯洛伐克和匈牙利的德国人全部或其主要部分转移到德国"。第13条中则说明了要迅速采取该行动的原因。这些都得到了三个盟国政府的一致同意。然而"任何转移都应该以有序和人道的方式进行"是人们事后才想到的。在战后混乱的欧洲，这条原则被忽视了。

1946年初，布拉格电台就宣称，波茨坦会议认为人口转移是"我们国家在与德国人长期的生存斗争中所取得的最伟大的外交和政治胜利"。加之那时候欧洲还有大量其他国籍的难民，希特勒的"屠杀方案"的规模和细节也逐渐浮出水面，以至于很少有人关心德国流亡者的困境。只有记者安妮·麦考密克形容强制驱逐是"有史以来做出的最不人道的政府决策之一"。[4]但她的呼声在急于复仇的人们之中显得实在是太过微弱了。

纳粹党曾经通过了反犹太法案，解放后的捷克斯洛伐克人开始"以彼之道还施彼身"。纳粹统治时期，犹太人必须佩戴象征种族身份的"大卫之星"；现

---

　　*　"第五纵队"并不是一支真实存在的军队，而是一个代称，指的是潜伏在己方队伍里的内奸。该说法源于西班牙内战。——译者注

在捷克斯洛伐克人要求本国境内的所有德国人都必须在衣服上缝一个大大的字母 "N"（捷克斯洛伐克语 Nemec 的缩写，意为 "德国的"）。德国人不允许进入公园，想要进入商店，也得等到本国顾客买完东西后才行，通常这就意味着他们没有什么东西可以买了。而且像牛奶、奶酪或肉类等食品也是不允许德国人购买的。他们被贴上了 "国家公敌" 的标签，财产随时可能被没收。几十个 "德国" 村庄被夷为平地，许多村民被吊死在树上。

在布拉格，有 42,000 名德国人被拘留，其中大多数人都是在布拉格出生的，而且他们的祖先早在几个世纪以前就定居在这里了。还有一些名人被杀，其中最知名的是阿尔布雷特·库尔特教授，他是著名的心理学家，也是德国大学的最后一任校长。当时他在神经病学和精神病学研究所被捕，然后遭到暴徒殴打，因私刑致死。

各式各样的建筑被用作临时监狱，包括巴洛克式的宫殿、西班牙建筑风格的骑兵学校、教育部大楼和该市主要的劳工交易所，其中最臭名昭著的当属沙恩霍斯特学校。作为一所名牌大学，它在纳粹入侵之前是十分具有包容性的，但 1938 年以后便只招收德国籍学生。"二战" 结束后到 1946 年夏天，那里成了关押上万名德国人的集中营，是不少人的葬身之地。不论妇女、儿童还是老人，都会被分成十人小组，然后被带到院子里枪决。侥幸活下来的人则要去帮忙掩埋尸体。学生们被拖行着穿过街道到达温塞斯拉斯广场，在那里他们被泼上汽油活活烧死。

数千名德国人被驱赶到特雷津集中营，它的另一个名字或许更广为人知——特莱西恩施塔特，即所谓的 "模范犹太区"。纳粹曾邀请一批外国政要来这里参观，向他们展示自己在犹太人问题上的开明政策。多年以后，德国人被集中关押在那里，而且有 10%~15% 的人还没到达营地就死于途中。对此，苏联占领者袖手旁观，美国军队也没有出手阻拦。

那时特雷津集中营里的恐怖程度不亚于纳粹统治时期。多年以后，一个幸存者回忆起那段可怕的往事：每次都会有五六百名德国人被抓，然后按照男人、女人和小孩分类。他们被带到一个泥泞的院子里——很多年老或生病的人在到达那里之前就被折磨死了。进入院子后，囚犯们还会再次遭到毒打。阿洛伊斯·普鲁沙在战争时期曾被纳粹关在这里，德国战败后，他成了这里的指挥官。为了报复，他亲手杀死了许多德国人。他的女儿索尼娅当时只有 20 多岁，也曾骄傲地表示她亲手杀死了 18 个德国人。

在捷克斯洛伐克的第三大城市布尔诺，政府在没有事先通知的情况下，要求德国人即刻离境，这就意味着他们要长途跋涉 60 多公里才能进入德国。在他们离开的时候，捷克斯洛伐克人向他们投掷石头、木块和腐烂的食物等一切能抓在手里的东西——曾经他们都是朋友。仓皇出走的德国人没有食物也没有水。那些在路上蹒跚而行的人，包括老人和孕妇，都会遭到枪托的殴打。要是有人站不起来了，就直接被枪杀。一位很有同情心的士兵克拉托·奇维尔后来回忆："一路上有好多死人，老人、妇女还有儿童……被强奸的女人……倒在水沟里。"当时有 2.3 万人被迫离开这座城市，途中有 6000 人丧生。⁵

土木工程师库尔特·施密特在布尔诺的"死亡行军"中幸存下来，但他没有到达德国，而是被关押在布拉格附近的一个专门为德国人设立的集中营里。那里的生活非常悲惨：

> 在集中营内，公开的处决让人无法忽视死亡的存在。有一天，6 个年轻人被打得躺在地上一动不动。（德国妇女被迫拿来水）把他们浇醒，然后继续殴打他们，直到看不出一丝生命的迹象。他们故意把被肢解的尸体放在厕所旁边好几天。一名 14 岁的男孩和父母被枪杀，据说这是因为他试图用剪刀刺伤一名警卫……妇女们经常受到警卫的侵犯和虐待，而男人们却无力保护她们。如果有男人试图保护妻子，那么他很可能被杀……看守们无需任何理由就能把妇女们带走——在孩子们和集中营里所有囚犯的注视之下，他们的行为如同禽兽。在夜晚，人们可以听到这些可怜女人的呻吟和呜咽……日日夜夜都不得安宁……那里真的如同地狱一般。⁶

尽管大多数苏联观察家对这些视而不见，但也有一些人对目睹的暴行感到震惊。其中就包括苏联在中欧的秘密警察指挥官、后来成为克格勃首脑的伊万·谢罗夫。这个以强硬冷酷著称的人在德国的苏联占领区向他的领导贝利亚汇报："每天大约有 5000 名德国人从捷克斯洛伐克来到这里，其中大多数是妇女、老人和儿童。他们没有未来，没有希望，许多人选择割开血管自杀。"为情势所迫，苏联驻欧洲部队指挥官朱可夫元帅亲自告诉斯大林："有太多的人被驱逐出境，德国东部不得不全力应对大量涌入的难民。"但是他的报告并没有引起重视。[7]

1945 年 6 月至 1947 年 6 月，约有 140 万德国人进入德国的美英占领区，78.6 万人进入苏联占领区。至于死亡人数则没有被统计过，因为的确很难核实。德国声称战后有 28 万人死亡，这自然是夸大了的。但捷克斯洛伐克所说的 2.5 万同样不合理。相对来说，苏联解体后，根据解密的档案而推测出的 21 万是比较可信的。

共产党执政时期的捷克斯洛伐克人鲜少承认德国人受到了不公待遇。即使在 1989 年"天鹅绒革命"之后，它也很少被提及。他们用了"odsun"这个捷克斯洛伐克语词汇来委婉地解释当年发生的事情——字面意思是"莫名其妙地离开"。即便是半个多世纪后，老一辈的捷克斯洛伐克人仍然为当时的驱逐行动辩护。一位 80 多岁的老太太的看法或许能够代表与她有过共同经历的人——他们并不后悔自己的所作所为："我们恨他们，恨之入骨。从集中营回来的人会描述在那里发生的事情。事实就是人们憎恨德国人。所以大家本能地觉得，如果有人喜欢第三帝国，那么干脆就去那里好了。"[8]

\* \* \*

玛丽安伯爵夫人逃离东普鲁士城堡的经历充满传奇色彩。这位贵族出身的记者，在 1944 年与冯·施陶芬贝格一起参与暗杀希特勒的行动，那年她只有 35 岁。行动失败后，她骑着爱马逃到德国西部的安全地带。这段长达 1100 公里的逃亡之旅花了 10 天时间。性格坚毅的伯爵夫人后来成为德国《时代报》的出版人，她成功地将一次人生考验变成了一场引人注目的冒险。不过她那些战后被驱逐出波兰的德国同胞就没那么幸运了，他们要承受的往往是暴行和羞辱。

"一战"后，随着哈布斯堡王朝和奥斯曼帝国的瓦解，一些新的国家诞生了。尽管当时许多国家的边界被重新划分，但人们通常还是留在原来的地方生活。而"二战"后则发生了与之相反的事情。除了波兰，欧洲其他国家的边界都没有改变。早在战争期间，同盟国就达成协议，将波兰东部并入苏联。作为补偿，波兰则会得到波美拉尼亚、西里西亚和东普鲁士西部——这些地区都曾是德国的领土。这造成的结果就是，东部的乌克兰和波兰发生了大规模的人口迁徙，人们仿佛又回到了几个世纪前充满激烈血腥冲突的年代，混乱最终以1995—1997年爆发的战争收尾。边界的改变使近700万德国人突然以一种不受欢迎的方式置身于波兰境内。就像对待苏台德区的德国人一样，西方盟国并不同情他们的处境。丘吉尔还多次肯定了这种大规模迁徙，认为这是"合理的"。雅尔塔会议期间，他与助手共进晚餐时，甚至还用火柴棒演示人们将如何被转移到其他国家。斯大林告诉瓦迪斯瓦夫·哥穆尔卡（他后来成为战后波兰共产党的领导人）："他们想要离开，你应该为他们创造条件。"波兰西里西亚省卡托维兹市的天主教主教也持同样的态度："他们越早主动离开越好。"[9]

就像在捷克斯洛伐克一样，驱逐行为在当时的波兰也很普遍。有过流亡经历的波兰领导人把矛头对向了他们，主要成员都是苏联共产主义者的战后新政府对此也表示支持。瓦迪斯瓦夫·西科尔斯基曾是流亡政府在伦敦的首脑，在1943年死于飞机失事之前，他已经开始为接手波兰做准备。他当然是不情愿的，因为那里有很多德国人，自己还得把他们"撤回到西部"。[10]

西科尔斯基的继任者在这方面做得更绝。他们不仅打算缩小德国在波美拉尼亚和西里西亚的领土面积，还瞄准了一个更加困难和复杂的目标——把这些土地上古老的德国化痕迹清除干净。他说："这不仅仅是拆除德国的标志物或纪念馆，而是从生活的各个方面清除德国残留的糟粕，把它们彻底从人们心里清除出去。"[11]

波兰政府派出军队去完成这项任务。在1945年春天，波兰第二军指挥官卡罗尔·希维尔切夫斯基在面向部队所做的报告中，对此进行了解读：

> 按照盟军指示，我们要把德国人从波兰领土上"搬"出去。我们得以牙还牙。不要忘记他们曾经是如何对待我们的孩子、女人和老人的……每个人执行任务时都要坚决果断，让"日耳曼害虫"主动离开，而不是躲藏在我们的家园里……他们要感谢上帝，因为他们幸运地保住了性命。但我们不要忘记，德国人永远都是德国人。[12]

尽管一些苏联军官和外交官对此感到震惊和愤怒，但苏联官方还是支持这些驱逐行动。由于没有地面部队，西方盟国无法确保"人口转移"是有序和人道的——也没有证据表明他们曾经尝试这样做过。

数千人被集中起来，被要求在一两个小时内打包个人物品，然后前往德国新边境的某个地方。他们中大多是妇女、儿童和老人——青壮年早已上了战场，要么死了，要么流离失所，无法找到"回家"的路。1946 年初，住在波美拉尼亚乡下的农妇安娜·金托夫带着 3 个年幼的孩子，沿着数千人已经走过的道路出发了。他们要穿过一片被战争摧毁的土地，去往 60 公里之外的边境。走了不到 5 公里，母子四人就看到了第一具尸体——一具已经腐烂肿胀的女尸。很快他们就发现女人、孩子以及动物的尸体在路上随处可见。生病的人滞留在路上，无法再往前走一步。许多人因饮用了污水而患病，其中就包括安娜的女儿。

"有时我们一天能走 9 公里，有时走得更多。"回忆往事时她说，"我经常看到路边的人脸色发青，上气不接下气。还有一些人因为耗尽力气而倒下。"迁移的人只能在途中露宿，幸运的话能找到谷仓或农场的草棚栖身。然而波兰土匪常常袭击他们，士兵也不加以制止。夜晚是可怕的。枪声不断响起，人们千方百计地保护财产和家人，特别是女性。安娜·金托夫提到：

> 那是我们亲眼所见的可怕场景。四个波兰士兵为了把一个年轻的德国女

孩和父母分开，不停地用枪托击打女孩的父母，尤其是女孩的父亲。他踉跄了一下，然后被推倒在路边。其中一个士兵对着他连续开了几枪。片刻的寂静后，母女俩悲痛的哭喊声划破了天空。他们冲向垂死的人……最终，年轻的女孩还是被带走了，她的结局要么是被强奸，要么就是成为奴隶。

就在迁移的队伍快要到达边境的时候，波兰士兵要求他们停下来：

> 士兵们强迫一些人从队伍中出来，然后带着他们所有的东西上车。没有人知道这是什么意思，唯一可以肯定的是这绝非好事。有些人拒绝服从，其中多是单身女孩。还有一些母亲抱着女儿痛哭。士兵们试图把他们强行拖走，甚至还会用枪托和马鞭抽打他们。我永远都忘不了被鞭笞者的惨叫。

历尽艰险，安娜和孩子们终于越过了边境，来到了德国西部。[13]

还有数千人被火车带走，就像几个月前去送死的犹太人一样。一名幸存者回忆，火车慢得让人难受，几个星期才前进了几十公里，有时候还故意在某个地方停上好几天。"车厢里挤满了男人、女人和孩子。当车门第一次打开的时候，我看见有人从里面抬出了十几具尸体……还有几个人的精神已经错乱了。人们身上沾满了粪便。"[14]

许多德国人在被驱逐之前被关在集中营里，位于希维托赫洛维采的左格达集中营就是其中最臭名昭著的一个。它曾是奥斯威辛的一个附属集中营，如今的囚犯换成了德国人。他们忍饥挨饿，过着非人的生活。短短几周内，5000 名囚犯中就有 2000 多人死亡。当时只有 20 多岁的阿列克谢·克鲁特是波兰的秘密警察，也是这个集中营的指挥官。从 1945 年 5 月开始，他就率领一群年龄在 17～23 岁的士兵，有计划地虐待囚犯。克鲁特说，他可以在 5 个月内把德国人用 5 年时间对犹太人所做的事情还回去。囚犯们先是被士兵们折磨，然后被受到逼迫的同胞殴打，如果他们拒绝对自己人下手，就会被立即处死。左格达集中营在 1945 年 11 月底被关闭，但其他集中营却维持到了 1946 年。

附近的格利维策也有一个集中营。据幸存者说，"有人的眼睛被橡皮棍打瞎了，有的还没确认死亡就被埋了"。还有一名男子"喉咙里被强塞进一个癞蛤蟆，最后窒息而死"，警卫们则在一旁看笑话。[15]

据说，在波兰西南部奥波兰省的集中营，几个月内就死了大约 6500 名囚犯。那里的管理者切斯瓦夫·格博斯基也只有 20 多岁，人们评价他是"一个堕落的人……只会用暴力释放情绪"。富尔曼是他最得力的手下之一，据称他"曾经因为一位母亲为襁褓中的孩子讨要汤水，而打死了那个婴儿"。还有文献记载一群德国女人被派出去挖掘附近的一个集体坟墓，那里埋葬有数百名被撤退的德国军队杀害的苏联战俘。当坟墓被打开时，里面的尸体已经腐烂。"尸体被摆放在露天里，妇女们被迫趴在这些黏糊糊、令人作呕的尸体上。波兰士兵用枪托按住女人们的后脑勺，就这样，那些人类的遗骸被挤进了她们的嘴巴和鼻子里。这样的暴行导致 64 名妇女死亡。"有 4 万~6 万德国人死在集中营里，超过 10 万人死在通往德国的公路和铁路上。[16]

1945 年至 1947 年间，匈牙利将 63 万德国人驱逐出境，罗马尼亚也将 70 万德国人赶了出去，即便他们的祖先在几个世纪前就生活在那里。除此之外，居住在斯洛伐克和南斯拉夫的匈牙利人也遭到了驱逐，人数分别达到了 6 万和 10 万。乌克兰和波兰则是互相驱逐对方国家的人，他们的种族冲突始于 1943 年，这与纳粹的种族主义暴行几乎同时发生，但持续时间却更长。尽管德国有数百万人在战争中丧生，但在战后，新划分的德国境内的人口反而增多了——从 1939 年到 1946 年底，德国人口数量从 6000 万增至 6600 万。这使得第二次世界大战后，欧洲各国持续几个世纪的多种族混居的状态发生了改变——各国的种族变得单一化。这种情况一直持续到 60 年代，那时才有大量新移民涌入欧洲大陆。欧洲几乎不再有犹太人，与此同时，德国人在德国以外的任何地方都不受欢迎。在这场世界上前所未见的最大难民危机中，大量人口被迫迁移。曾经，希特勒希望通过战争让欧洲的种族状况变得纯净单一，没想到德国居然战败了。但从某种意义上来说，他的梦想却在 1946 年成为现实。

# 1946：

现代世界的形成

第十三章

回家

2 月底，身在柏林的朱可夫元帅被召回莫斯科，但这次回国并非是要研究如何夺取更多的胜利果实。在大多数人的眼中，朱可夫是苏联的救星，是库尔斯克会战和斯大林格勒保卫战的主要策划者，更是柏林的征服者。他在国内和西方盟国的指挥官中广受尊敬，尤其是深受艾森豪威尔将军的敬重。然而也正是这个原因，让斯大林觉得战争英雄朱可夫会威胁到自己的地位，所以想要挫挫他的锐气。

斯大林为了寻找对朱可夫不利的证据，派人窃听了他的电话并对他家进行监视。内务人民委员会向斯大林报告，1945 年秋季，朱可夫在乡间别墅举行过一次聚会，当时在场的人都称赞他是那个时代最伟大的指挥官，是"征服德国的胜利者"。

还有来源于所谓的"飞行员案"的证据，那是针对空军上将诺维科夫开展的另外一项调查。素有"苏联空军之父"之称的诺维科夫在严刑拷打下供称，"朱可夫试图贬低最高统帅在战争中的领导作用，他还总是强调自己作为军队领导的重要性……甚至宣称所有主要军事行动的计划都是由他制订的"。诺维科夫还说，朱可夫建立了一个亲信集团，成员只对他一个人效忠。他甚至私下给流行歌手莉迪亚·鲁斯诺娃颁发了一枚勋章——这违反了规定，诺维科夫称朱可夫与她有不正当的男女关系。[1]

朱可夫奉命出席最高军事委员会会议，却在那里遭到了羞辱。斯大林指责他的行为"不能容忍"；贝利亚和莫洛托夫则说他是"拿破仑主义"——这在马克思主义经典著作中绝对是对军人最恶劣的指控。他们还暗示要把朱可夫送进劳改营并枪决他。但斯大林没有这么做。朱可夫太受拥戴了，这在某种程度上保护了他。

朱可夫最终被降职，担任敖德萨地区的军事指挥官。他从德国运回的多数战利品都被没收了，回忆录的初稿也未能幸免。斯大林看过稿子后说："元帅的功过还是交给历史学家去评判吧。"随之而来的是公开的诋毁。苏联官方媒体谴责朱可夫"是一个沉醉于权力的人，贪慕虚荣，不能容忍异议"。武装部队发表声明："他个人的野心取代了所有谦卑的品格。认为自己的功劳没有得到足够肯定。在与下属讨论卫国战争的时候，认为自己战功赫赫。但事实上有些战役他根本没有参加。"[2]

朱可夫在军队中的一些朋友和支持者就没那么幸运了。那些高级官员的电话经常被监听。朱可夫的密友同时也是斯大林格勒保卫战和柏林战役的指挥官瓦西里·戈尔多夫将军就是其中之一。他和菲德·日巴尔琴科将军的一次通话就被记录下来，最后送到了斯大林手中。在电话中两人提到，有数百万苏联农民在挨饿，与之相比西方的生活要好得多。日巴尔琴科将军还说："媒体都在撒谎。除了政府官员，其他人都在饿肚子。"而戈尔多夫则非常想知道，是否有可能去西方生活。两人都明显反对斯大林与美国对抗的政策，担心这会引发战争。日巴尔琴科说："用不了 10 年的时间，他们就会打我们的屁股。我们的声望一直在下降，没有人会支持苏联。"随后戈尔多夫压低声音对一旁的妻子说："如果集体农场被废弃，一切就都好了。"他还说："人们有权过上更好的生活，是他们赢得了战争。斯大林毁了苏联。"不久之后，戈尔多夫、他的妻子还有日巴尔琴科被逮捕，在古拉格的劳改营里度过余生。[3]

尽管斯大林对军事指挥官们不够信任，但也没像 20 世纪 30 年代那样对军官阶层进行"大清洗"。相反，他把矛头指向了军中另一个群体——被德国或同盟国俘虏的苏联士兵。斯大林极其蔑视他们，认为他们是懦夫，是没有执行"不投降命令"的卖国贼。甚至还因为他们在西方生活过，就认为他们的思想和习惯受到了影响，进而成为国家安全的威胁。他觉得任何体验过西方生活的士兵都应受到严密监视。但他忽略了一点：在第二次世界大战的头一年，苏联战俘的死亡人数就超过了 100 万——比英国在 6 年战争中死亡总人数的 3 倍还多。与此同时，活下来的 200 多万人不是被关在集中营里，就是被纳粹当成奴隶使唤。

战俘们并不指望能得到英雄般的待遇，但他们希望自己是被祖国需要的，只有这样他们才会觉得在德国人那里受的苦没有白熬。事实却恰恰相反，只有不到六分之一的人能够回家与家人团聚或过上战前那种平民生活。大多数人被送进了"过滤营"，在那里他们被秘密警察审问被俘后的情况。有成千上万的人因为与德国"合作"而被枪毙——其实他们只是被迫为德国人劳动。超过90万名男性和一些女性回国后面临这样或那样的迫害，约有10%的人被迫重新入伍，服役10年。1946年初，一位美国外交官说，"美国大使馆只知道有1名被遣返的战俘回到了他在莫斯科的家……秘密警察在入境点拦下战俘，然后将他们带走。火车经过莫斯科时并不停留，继续向东行驶。乘客们被隔离监视起来"。[4]

至于为什么不信任手下的军队，斯大林有自己的理由。他经常提到经历过拿破仑战争的那些老兵，他们在战后充满了愤恨和失望等消极情绪。还有"十二月党人"——1825年12月，为了反抗沙皇尼古拉一世的统治，许多俄国军官发动起义。后来起义遭到镇压，5名带头人被绞死，几百名支持者被流放到西伯利亚。斯大林很可能还将发生在1917年的"二月革命"作为行事参考——正是兵营的哗变促成了那场革命。鉴于之前发生过的事件，他不得不提防自己的士兵。斯大林去世后，雅克夫列夫对他的评论被频繁引用："斯大林犯了两个错误——他让欧洲看到了俄国人，又让俄国人发现了欧洲。"

\* \* \*

除此之外，还有数百万苏联公民害怕回到苏联，他们包括：想要从苏联独立出去的乌克兰人、曾与德国人并肩战斗的"白种"俄国反共分子（如安德烈·弗拉索夫将军领导过的俄国解放军）、向往远古时代自由生活的来自库班等草原地区的哥萨克人、国境线改变时"站错队"的波兰人、被德国人奴役过的老百姓、在混战中不知不觉跑到西方去的犹太人和高加索人，等等。正如记者珍妮特·弗拉特所写的那样，大约有200万人"愿意去地球上的任何地方，除了自己的祖国"。虽然很难获取准确数字，但是估算起来，这些人中有一半以上被就地杀害或被送进监狱和集中营，约三分之一受到其他形式的压迫。然而，除了回去面对现实，他们别无选择。

　　早在 1944 年，西方盟国就与苏联达成协议，战争结束后会遣返所有苏联公民。事后，参与谈判的政客们均声称当时无法预见后来发生的事情。说好听点这叫虚伪，说难听点这就是谎言。英国外交大臣（后来成为英国首相）安东尼·艾登基于现实政治需要，坚持按照协议办事。他对丘吉尔说："我们不能在这件事上有妇人之仁。"丘吉尔虽然不喜欢这项协议，但最终还是同意了。在外交部供职的资深律师迪恩是个非常现实的人，他对首相说："毕竟，要被遣返的苏联人中大多数都是在德国当奴工时被俘的，这种处境……自然不会被人歌颂。我们不能背这个大包袱。在适当的时候，我们要把所有苏联当局想要处理的人都移交给他们。这些人是否会被枪杀，或者受到比英国法律更严厉的制裁，都不是我们该考虑的事情。"不过，战时的内阁成员、财政大臣塞尔伯恩勋爵则公开反对强制遣返的决定。他在给首相的信中写道："把这些人送回苏联就意味着让他们去死。"[5]

　　事实上，艾登已经和莫洛托夫达成了一项具有约束力的口头协议，即"无论本人是否愿意"，苏联公民都将被送回苏联。莫洛托夫对此十分坚持，态度也非常明确。他的性格跟领导斯大林很像。在 1938 年的"大清洗"中，某一天下午他刚与斯大林签署了核准"3167 名破坏者和托洛茨基主义者"死刑的文件后，就离开克里姆林宫，跟其他党内要员去电影院看西方电影放松心情了。即便后来他承认许多遭到"清洗"的人可能是无辜的，但仍然坚称"他们不值得信任"。[6]

　　尽管在遣返协议方面存在分歧，但是丘吉尔对莫洛托夫仍然评价甚高：

　　　　他是一个能力出众、沉着冷静的人……他那"泰山崩于前而面不改色"的沉稳，精湛的谈话技巧和难以捉摸的态度，更加凸显了他的智慧和能力。他是我所见过的人中，最能完美诠释现代机器人的概念的人。不仅如此，他还是一位风度翩翩、纵横捭阖的外交家……如果布尔什维克允许他进入另一个世界的话，萨利、塔列朗、梅特涅*会非常欢迎他加入他们的行列。

---

　　\* 这三人均为 19 世纪欧洲著名外交家。——译者注

但值得一提的是，更多人赞同无产阶级革命家亚历山德拉·柯朗泰的观点——他将莫洛托夫形容为"阴暗、迟钝和奴性的化身"。[7]

在让苏联人"回家"的问题上，美国人的态度更加模棱两可。华盛顿方面坚持认为无法预见那些人的命运。总统的心腹、驻苏联大使埃夫里尔·哈里曼是个很不简单的角色，他与斯大林相处的时间比任何西方人都多。他坚持认为：

> 不可思议的是，当时，所有被解放的苏联人都拒绝返回家园……他们怀疑自己会被执行死刑或是关进贝利亚的劳改营。但是我们没有理由认为苏联会把他们当作逃兵或危险分子，所有事情我们都是后来才知道的。那时候我们考虑的是本国战俘的利益——这 7.5 万人迟迟不能回到家中。艾森豪威尔和他的幕僚们担心，如果不把那些人遣送回去，苏联人就会找借口阻拦美国战俘从东欧回国。[8]

美国军方虽然能够预料到事情的发展走向，但仍然执行着政治主人的肮脏命令。强制遣返工作从 1946 年一直持续到 1947 年。1 月底，在德国巴伐利亚州的坎普顿，美军奉命驱逐数百名躲在教堂避难的乌克兰人。士兵们强行把他们从教堂拖出去，有的士兵还拽着女人的头发，用枪托殴打她们。还有一个士兵抢过牧师手中的十字架，然后用步枪打他……场面混乱不堪。惊慌失措的人们从教堂的 2 楼跳下，或死或残。甚至还有人试图在教堂里自杀。一位美国外交官对他在国务院的上司说："当发现那些苏联难民不仅不愿意被遣返，甚至还为此痛不欲生的时候，我们的士兵觉得非常意外，难以理解。"[9]

在达豪集中营就发生过这样一件事。当时美国士兵试图将 300 名乌克兰人转移到开往苏联的火车上，结果有 11 个人在他们面前自杀了。2 月 24 日黎明前，1600 名士兵开着坦克包围了巴伐利亚州的普拉特灵集中营。指挥官在报告中称，"卡车前灯和营地探照灯照射在荷枪实弹的士兵身上。（苏联人）依次上了卡车。当路障再次被抬起的时候，很多人采用极端方式想要结束生命。有人试图吊死自己；有人用脑袋撞碎了窗户，玻璃碎片插进了脖子里；还有人用自制刀片割腕。但只有 5 个人死亡，这也算是奇迹了"。[10]

英国人的做法与美国人没什么区别。他们遣返了身处德国英占区内的数千名苏联人，还将在奥地利的数万名南斯拉夫人交给了当时南斯拉夫的统治者铁托元帅。尽管后来两人闹翻了，但铁托在对待敌人方面，与其导师斯大林是一样毫不留情的。丘吉尔称铁托为"巴尔干的触手"，不过这并不妨碍他与苏联达成类似的协议。在英国的帮助下，铁托的游击队从德国人手中解放了南斯拉夫，并打赢了与反共势力的内战。大约 3 万名斯洛文尼亚乡团（一支与德国人勾结共同对抗铁托游击队的卖国武装）和乌斯塔沙（克罗地亚的纳粹傀儡政权）的士兵被英国人当作战俘关押在奥地利。铁托要求英国遣返这些人，这样他就能伸张正义，让人民知道谁才是南斯拉夫的新首领。英国政府照做了。

盟军在意大利和奥地利的指挥官、英国陆军元帅哈罗德·亚历山大（他也是丘吉尔最喜欢的将军之一），接手了这项工作，尽管有些不情愿，但还是高效地完成了任务。卡林西亚集中营中的 27,000 人被送回南斯拉夫。英国人谎称他们此行的目的地是意大利。大多数人直到最后一刻才知道自己被骗了。负责遣返这一群斯洛文尼亚人的军官后来报告："为了完成这项让人痛苦的任务，只能不断告诉自己要忽略可怕的现实。"另一名军官抱怨整个事情"非常令人讨厌，这是英国军队执行过的最让人厌恶的任务"，结果他因此被召回总部，遭到上级的训诫。安东尼·克罗斯兰，后来的工党外交大臣，形容那个冬天发生在卡林西亚的事件是"我参与过的最令人作呕的冷血的战争行为"。[11]

越过边界后，有 1 万~1.2 万名斯洛文尼亚人被迫沿着德拉瓦河来到马里博尔，游击队在那里提前建好了一个集中营。那里还关着来自克罗地亚的囚犯，铁托声称这些人是乌斯塔沙的士兵或官员。他们中的大多数都在 1945 年末至 1946 年上半年间被杀害。游击队通常把 200 名囚犯编成一队，然后把他们逼到悬崖边，要么直接开枪打死，要么把他们扔下去摔死。这条"杀人"峡谷随后被炸毁，尸体被岩石永远地掩埋起来。在铁托死前，很少有人了解事情的真相。没有人审讯过这些囚犯，也没有任何形式的审查，更不用说审判了。一位目击者说："他们别无选择。被带到集中营里的每个人都注定要死。"[12]

有 5 万 ~5.5 万人死在了马里博尔的集中营，其中还有女性。在那里，克罗地亚人被挑出来——200 名乌斯塔沙的成员被扔进沟里活埋。还有一些人在离马里博尔镇只有几英里远的地方被枪杀，然后尸体被就地掩埋。

一位奇迹般的幸存者这样描述当时的情景："到了晚上，游击队员们脱掉我们的衣服，用铁丝把我们的手绑在身后，然后把我们两两绑在一起。卡车把我们带到马里博尔东部。我在路上设法解开了缠在我手上的铁丝，但我仍然被一个看守监视着，不敢轻举妄动。我们被带到一个巨大的沟里，那里……（我们下面）已经堆满了尸体。游击队员开始朝我们的背后开枪。"幸运的是，他被甩到一具尸体上时只受了轻伤。尸体不断堆积起来，把他盖住了。"游击队员射杀了我们这群人后就离开了。他们没有埋葬我们，因为这里还有更多的空间……所以他们去找更多的受害者。我设法从死去的同伴身下挣脱出来，爬出了这个集体坟墓。"他躲过了随后赶来确认死亡并清理现场的灵车，成功逃生。[13]

南斯拉夫的内战并不比 20 世纪 40 年代发生的其他冲突更血腥，也不比它们更残酷。乌斯塔沙本身也杀了很多人。在克罗地亚的亚塞诺瓦茨集中营，有 40 万犹太人、10 万多塞尔维亚人和成千上万的游击队员被杀害。这些杀戮后来被南斯拉夫共产主义者以一种直截了当，甚至是令人心寒的方式证明是"正当"的。乔治·吉拉斯在与铁托交恶之前，曾担任南斯拉夫共产党高层超过 25 年。多年后他说："南斯拉夫当时处于混乱和崩溃的状态。几乎不存在任何民政管理，也没有像样的法院。两三万人的案子不可能得到可靠的调查。最简单的方法就是把他们都干掉，问题就解决了。"铁托本人也持同样的看法。他在 20 世纪 50 年代解释过，他觉得在欧洲的其他地方，比如法国和意大利，许多犯有战争罪的人都获得了自由，是因为去纳粹化的过程是在法庭上进行的。但南斯拉夫已经不讲法律了。他说："我们一劳永逸地解决了这个问题。"[14]

# 1946：

现代世界的形成

第十四章

"中国泥潭"

1946 年春天，美国驻华首席特使乔治·马歇尔将军的心情很愉快。他是美国在欧洲和太平洋战场上的总策划，受到罗斯福和杜鲁门两任总统的尊敬，并被誉为"美国乃至全世界有史以来最伟大的军人"。当时，他自认为取得了外交方面历史性的进展——在他的斡旋下达成了一项协议，有望结束中国共产党和国民党之间持续多年的内战。

3 月 4 日和 5 日，马歇尔在延安与毛泽东及其顾问进行了会谈。尽管他本人反对共产主义，但对毛主席及共产党领导下纪律严明的军队却十分欣赏。通过在中国待的这几个月，马歇尔以美国的视角审视时局，最后不得不承认共产主义在中国迟早会夺取全面胜利。

离开延安后，他立即向华盛顿方面报告，表示有望结束中国内战，或者起码能维持一个长久的停火状态。他对杜鲁门总统说："我和毛泽东进行了一次长谈。我很有诚意。他也没有表现出任何不满，表示会积极配合。"[1]

对于毛泽东的对手——深谙政治之道、喜欢被人叫作委员长的蒋介石，马歇尔就没那么热情了。20 世纪 20 年代，清政府倒台后，中国处于军阀混战的状态，蒋介石适时参与了一系列反对大军阀的运动，为中国的现代化做出了不小贡献，并因此闻名。他在美国的帮助下统一了中国的大部分地区。尽管有美方的军事和金钱支持，但国民党内部腐败现象严重，根本无力解决中国糟糕的经济问题，国民党政府逐渐失去民心，也失去了美国的信任。不过，表里不一的蒋介石还是告诉马歇尔，原则上他也愿意停战。

"二战"中全世界的死亡人数为 6000 万，其中近四分之一是中国人。这个数字可怕到西方很少有人会提及。中国遭受了仅次于苏联的严重的战争伤亡。

中国土地上战火持续的时间比欧洲长了将近 3 年，约有 1500 万人丧生，是德国、英国、法国和美国死亡人数总和的两倍。日本在 1931 年占领中国东北地区后，又于 1937 年发动全面侵华战争。日本的侵略行为是野蛮和残忍的，但只有少数战犯得到了审判。

抗日战争结束后，中国的伤亡人数并没有停止增长。自 1927 年以来，国民党就一直试图镇压共产党的队伍。20 世纪 30 年代初，蒋介石大肆"剿共"，但没有成功。当时国民党控制着中国大部分地区，包括 4.3 亿人口、最肥沃的农田和多数大城市。共产党则占领了中国的北部和东部地区，那里约有 1.5 亿人口，是国民党无法撼动的根据地。清政府被推翻后，国民党政府内原本出现过一股温和的致力于社会改革的力量，但自 20 世纪 20 年代初蒋介石上位后，它就变成了一个军事独裁政权，成为腐败、贪污和无能的代名词。

那时候的中国是世界上最贫穷的国家之一，而且还在朝着更糟糕的境地滑落。它被通货膨胀伤害得体无完肤，1946 年的政府财政赤字是前一年的 4 倍，到 1947 年初激增至 6 倍。上海的生活成本是战前的 900 倍。一位经济学家说："1940 年，100 元可以买一头猪；1943 年，能买一只鸡；1945 年，能买一条鱼；1946 年，只能买一个鸡蛋；到了 1947 年，只能换到三分之一盒火柴。"[2]

在第二次世界大战期间，中国战场的形势对美国来说至关重要。当时日本占领了中国东部和伪满洲国的大部分地区，但并没有征服整个国家。对美国来说，只有中国继续坚持对日作战，才能牵制日本，使其将绝大部分兵力留在中国，太平洋战场上的美国军队才有喘息之机。在抗日战争期间，国民党和共产党之间存在着一种不稳定的联盟关系，尽管偶尔会爆发小规模冲突，但双方都认同要先将日本人赶出中国，然后再解决两党之间的问题。罗斯福并没有向中国派遣大量军队，但他给蒋介石送去了一批高级军事顾问、大量武器装备和大笔资金。

美国顾问团很快就遇到了麻烦。他们的头儿是有"醋坛子"之称的约瑟夫·史迪威将军，他是一个强硬且粗暴的人。虽然他很擅长打仗，但外交能力却稍逊一筹。他比不过蒋介石的狡猾，两个人一见面就互相憎恨上了。史迪威对《时代》周刊的记者怀特说："中国的问题很简单，但跟我们打交道的却是一个无知又迷信的混账农民。"在日记中，他甚至给蒋介石起了"花生"和"响尾蛇"的外号。[3]

史迪威抵达中国后不久就向美国陆军军部汇报："中国的问题之所以难以解决，固然是因为蒋介石的军队普遍处于一种绝望的状态——他们吃不饱、待遇差、训练不到位以及管理腐败，不过我们能把他们从这个泥坑里拉出来；但关键还在于蒋介石以为只要他坚持，我们就会让步。"后来，他对美国政府说："国民党政府的基础结构不好，掌权者是一个无知、武断和固执的人。"但蒋介石绝对不是无知的，他向美国一些有影响力的朋友——如《时代》周刊的出版人亨利·卢斯和国会的几位资深共和党人说过史迪威的坏话。他还向其中一人抱怨："史迪威缺乏大局观念和整体观念，执行能力也不足。"[4]

史迪威发现了一个重要的问题，那就是美国在参战后的头一年就给了国民党5亿美元的资助，但大部分钱都进入了蒋介石亲信的银行账户里，特别是他妻子的哥哥——外交部长宋子文拿得最多。宋子文曾以荒谬的汇率为条件进行谈判，让自己的家族发了大财，但是却损害了国家的利益，最终导致政府财政出现大量赤字。国民政府中普遍存在的腐败问题是其最终垮台的原因之一，它疏远了统治者与中产阶级城市居民之间的关系，而中产阶级本应是国民政府反共政策的主要支持者。西方媒体对中国贪污腐败的报道层出不穷，这让美国方面感到愤怒，美国民众也觉得如果没有他们的支持，国民党必然要走向衰亡。蒋介石知道亲信们的所作所为。他在日记中写道："恣意挥霍、吃喝嫖赌……他们大肆吹嘘、敲诈勒索、不择手段。"但他并没有制止他们。[5]

蒋介石也知道宋氏家族侵吞了国家的黄金储备，但是他纵容了妻族。按照当时大多数中国人的标准，他的婚姻并非传统。妻子宋美龄曾就读于美国一所常春藤大学，是一位很有魅力的女性。但美国的一些政要并不喜欢她，史迪威曾讽刺她是"皇后夫人"。她曾在白宫的招待会上呼吁美国为国民党提供更多的援助和资金，这让罗斯福感到很尴尬，从此之后就开始讨厌她，并表示不想再跟她见面。他对妻子埃莉诺说："她穿着旗袍，看起来风姿绰约、优雅迷人，但实际上却是一块冰冷的钢铁。"杜鲁门也不希望她接近华盛顿的政治圈。[6]

毛泽东和斯大林的关系从一开始就很微妙。中国需要苏联的支持才能赢得内战，但是没人愿意在别的民族面前表现得低人一等。斯大林或许是全世界共产主义运动的领袖，但毛泽东也有独立的思想和追求，他希望自己能够开辟一种新的共产主义模式。然而在时机成熟前，他需要保持低调。毛泽东写信给莫斯科方面，请求与斯大林会晤，进一步"讨论革命策略"。但在1946年，连着两次明明已经敲定了会谈日期，但在最后一刻又被斯大林取消。

因为忌惮毛泽东在共产主义方面取得的成就，斯大林非常担心他会成为自己的对手。不过他也明白，如果世界上人口最多的国家加入了社会主义阵营，就相当于向世界证明是历史站在了马克思主义一边，这将是了不起的成就。可如果6亿中国人在一位年轻的（毛泽东比斯大林小15岁）政治家领导下走向独立自主，这种成就反而充满了苦涩的味道。所以斯大林每每在为中国共产党提供物资和金钱时都权衡再三，从来不会真正满足中方的需求。同时，他还承认蒋介石是中国的合法领导人。1945年，他对访问莫斯科的国民党外交部长宋子文说，他准备进一步协调中国北方地区的民族问题，以此换取"中国诚信的保证"——换句话说，他试图让中共放弃自身利益。他还对宋子文说："至于中国的共产党人，我们不支持，也不打算支持他们。我们希望真诚地与中国以及盟国打交道。"他经常有这样"两面派"的表现。[7]

\* \* \*

在战争的最后几个月里，美国方面解除了史迪威的职务，理由是他与蒋介石的长期不和影响抗日。很快，帕特里克·赫尔利成为美国驻中国的首席代表。此人是资本家，俄克拉何马州保守派共和党出身，曾担任胡佛政府的战争部长，但对中国和中国文化一无所知。他称呼蒋介石夫妇为"石先生和石夫人"。访问延安的时候，他在一次晚宴上模仿美国原住民的"战吼"，把东道主吓了一跳。

赫尔利的任务是在共产党和国民党之间寻求妥协，并在战后推动建立联合政府。他熟悉了工作之后，就对蒋介石印象深刻。蒋介石使他相信，达成协议既不可取，也不可能。蒋介石对他说，共产党人比野兽还坏。赫尔利也倾向于同意他的看法。尽管如此，他还是设法促成了蒋毛之间的直接对话。他们在国民政府的"陪都"重庆会面，双方达成了一项协议。

赫尔利认为美国政府没有给予蒋介石足够的支持。当年 12 月，在没有事先告知杜鲁门的情况下，他突然当众辞职。他指责美国的共产主义者和国务院的同事们"背叛"了国家。他在辞职声明中称："国务院里有相当一部分人支持共产主义，尤其是中国的。"他的这番话没有任何依据，却使得媒体和国会同时将矛头指向杜鲁门，认为他面对共产主义表现得过于软弱。以至于总统在赫尔利辞职后的第一次内阁会议上抱怨："看看那个家伙（赫尔利）对我做了些什么。"[8]

杜鲁门需要有人来解决政府在中国问题上的危机，于是他选择了在美国最受尊敬的人——乔治·马歇尔。他是美国军方的标杆性人物，甚至比艾森豪威尔和麦克阿瑟还要受人敬仰。他奉行人道主义，为人慷慨又充满智慧，几乎不参与政治（至少在当时是如此），国会中的保守派对他也十分认可。杜鲁门说："我和他相处越久，越觉得他是这个时代的伟人。"马歇尔也有些小毛病，比如特别喜欢吃枫糖和看低俗小说。他并不想去中国，觉得自己难以完成杜鲁门指派的任务。从军 40 余载，他第一次出现在军队以外的名单上。那时他已经 65 岁了，妻子凯瑟琳和他一样都非常期待能早点退休。但是，正如他跟亲密助手和朋友所说的那样，"找不到理由拒绝总统"。[9]

新年伊始，马歇尔带着"礼物"去了中国——他向国民党和共产党承诺，如果他们能够找到合作的方式，美国将提供 5 亿美元帮助中国恢复经济，实现现代化。在最初几周内，他通过谈判达成了一项双方原则上都接受的协议，而且他乐观地认为，双方能够将其付诸实践。为了完成使命，他几乎在中国待了整整一年。但他的计划注定要以失败告终。

# 1946：

现代世界的形成

第十五章

## 铁幕

"铁幕"是对冷战最形象、最贴切的比喻，它指用意识形态和军事威胁形成一幅无形的大幕将东西方分隔开来。一直以来，人们都认为这个词来源于温斯顿·丘吉尔在 1946 年 3 月 5 日那天于密苏里州富尔顿发表的重要演讲。但事实上，希特勒的宣传部长约瑟夫·戈培尔提出得更早。在 1945 年 2 月 25 日，也就是雅尔塔会议之后，这个词出现在了《德意志帝国报》上。当然，丘吉尔不太可能读过德国报纸上登的那篇文章，但双方的观点却不谋而合。戈培尔在文章中写道："如果德国人按照雅尔塔会议的要求放下武器，那么苏联就会占领欧洲东部和东南部。这样一来，一个包括苏联在内的巨大铁幕会立刻落下，在铁幕后面则会发生可怕的事情。"

　　与后来的冷战狂热分子想象中不同，当时苏联并没有打算在东欧建立帝国。这不是战争的目的，也不是克里姆林宫方面的意图，只是机缘巧合之下的结果。德国投降那天，苏军到达的地方就成了苏联新的边境。在创造所谓的"苏联集团"方面，希特勒做的比任何人做的都多。如果没有 1941 年德国的入侵，那么苏联就不会染指欧洲。如果西方盟国提前进行诺曼底登陆，那么苏联征服的地方可能就会少一些。战后，贝利亚被儿子问及西方是否能够避免被苏联占领时，他给出了非常客观的解释："有一种方法。他们应该更早登陆诺曼底，尽管那样会牺牲更多士兵的性命。如果西方军队提前几个月，当我们还远在东方的时候就到达波兰，那么他们就可以阻止我们。他们胆小怕死，也知道自己犯了什么错误……那么现在他们就要为此付出高昂的代价。"[1]

　　战争期间，斯大林多次敦促英美在西欧开辟"第二战场"，以此牵制德国，减轻苏联的损失。但盟国之间在这方面却存在分歧。罗斯福被说动了，在

1943 年几乎就要同意进军被纳粹占领的法国。但丘吉尔坚决反对。他认为这样做的风险太大，会给英国军队造成重大伤亡。这样一来，美国总统和英国首相都认为最好的方式就是让苏联继续在东部与德国作战，而西方盟国则继续为大举进军法国做准备，等待时机成熟再给德国致命一击。高级外交官、后来担任英国外交部常务次官的威廉·斯特朗爵士在给英国战时内阁的一份报告中明确阐述了这一战略："对西方来说，苏联占领东欧总比德国控制欧洲要好。"如果盟友们在战争期间听了斯大林的建议，那么可能就没有"苏联帝国"了，或者苏联不会成为丘吉尔在富尔顿演讲时说的那样，将铁幕从波罗的海的什切青覆盖到亚得里亚海边的里雅斯特。[2]

斯大林对如何管理新的领土并没有统一明确的计划。毕竟它们不是来自一个整体，文化和历史背景各不相同，在有些方面甚至还是对立的。它们之间最主要的共同点是在 1944 年到 1945 年被苏军占领。苏联将占领区视为一个巨大的整体，计划推行苏联模式的共产主义制度。但这不是一蹴而就的，在每个国家花费的时间也不相同。斯大林首先考虑的是苏联的安全。他并不认为这些国家都适合苏联式的一党制，在某些地方共产党可以与左翼政党在"人民阵线"中共存数年甚至数十年，为日后的共产主义政权奠定基础。他在 1945 年中期对铁托说："今天，即使在英国的君主立宪政体下，也可以实现社会主义。在任何地方都不需要再搞革命了。"[3]

新领土上的居民往往对苏联充满仇恨，这是两次世界大战后的历史遗留问题。在 20 世纪 20 年代和 30 年代，除了捷克斯洛伐克，没有一个国家实现了独立自主。其中大多数（包括匈牙利、罗马尼亚和波兰）都曾被右翼的专制政权统治。对斯大林来说，胜利的好处就是能在这些地方建立起绝对不会对苏联构成威胁的政权。但这并不一定意味着他们必须被"苏联化"——正如当时一位观察家所说的那样，"以某种方式阉割就可以了"。苏联希望在东欧建立一个"友好国家"缓冲区，以此取代两次世界大战之间为了孤立苏联而建起的"封锁线"。不久之后，随着与美英两国的关系恶化，冷战开始了。斯大林认为，要让共产主义政权完全依赖苏联并服从克里姆林宫——实质就是要在西部边境经营一条"殖民"地带。

一些中欧国家在战争期间成为苏联的敌人，例如匈牙利就曾加入了希特勒入侵苏联的队伍，罗马尼亚也是如此。而其他一些国家，如捷克斯洛伐克和波兰则成了名义上的盟友。如果不这样做的话，这些在纳粹侵略期间遭受不同程度迫害的国家，即使被苏联"解放了"，恐怕还要受到老对手的欺负。与德国一样，匈牙利也支付了巨额战争赔款。战后的头几年里，该国大约三分之一的国民收入和部分黄金储备都交给了苏联，一些工厂干脆被整个搬走。这导致匈牙利经历了战后异常艰难的 18 个月，通货膨胀率一度达到 14 000 000 000 000 %。有鉴于此，1944 年底，苏联在"解放"保加利亚时，所作所为就有所收敛。

罗马尼亚的迈克尔国王在武力威胁下退了位。保加利亚则建立了共产主义政权。后者与苏联有文化上的密切联系，所以是最早欢迎苏联的国家。他们在舆论宣传中称，早在 19 世纪 70 年代，俄国人就从奥斯曼帝国那里将保加利亚人解救了出来，现在他们又一次解放了保加利亚。许多保加利亚人都赞同这一观点。在其他国家，苏联更有耐心。就像在德国东部那样，他们在牢牢控制秘密警察队伍和国家安全部门等重要机构的同时，尽量让政府看起来民主。值得一提的是，苏联还控制了所有联盟国家的内政部。那可是一个权力非常大的部门，可以管理警察部队、任命法官、提供身份证明、办理出入境证件以及颁发出版和新闻报道的许可证。

斯大林告诫那些新领土上的共产党官员，要小心谨慎、见机行事。他给东欧各国的共产党都下达了指示。在给波兰的哥穆尔卡的信中，他写道："通往社会主义的道路是曲折的。要沉得住气，不要投机取巧。"他向匈牙利共产党领袖拉科西表达过类似的看法，告诫他要逐步推进政治工作："作风不要太强硬，以免造成不良影响。不过事情一旦有了进展，就要继续前进。你要尽可能多地让人才为我们所用。"拉科西没有辜负斯大林的期望，活学活用了"萨拉米香肠战术"*。后来，在谈到共产党是如何悄无声息地夺取了政权时，拉科西直言不讳地

---

* 萨拉米香肠战术，也称切香肠式战术、渐进战术，主要方式是在行动自由的限度内，利用一切可以利用的优势，迅速达到一个中间目标。然后再采取下一个行动，直至达到最终目标。——译者注

说（更确切地说他是在自吹自擂）："一开始是怀柔政策，然后再一步步推进。例如，起先我们只要求对银行实行'政府控制'，然后我们再循序渐进地把最大的三家银行彻底地国有化。这种精准有效的方法使我们打败了反动派。"[4]

事实上，是苏联的军队让他们得到了想要的东西。拉科西的左膀右臂、匈牙利未来的"文化沙皇"雷瓦伊·约瑟夫坦诚地说："不论在议会上还是政府里，我们都是少数派。但我们也掌握着领导权。我们控制着警察队伍，军队也一直为我们提供帮助。"[5]

\* \* \*

在一些新的领地上，斯大林同意进行自由民主的选举，至少在共产党开始失去这些地方之前是如此。他希望能够以此避免与西方盟友发生冲突。"二战"刚结束时，他坚信共产党会得到那些摆脱了法西斯统治的人的支持，能在"资产阶级民主"方面有所成就。但他既低估了那些人对苏联的敌意，又高估了共产党的支持率。新领地上的本地官员了解实情，却无法告诉苏联领导人真相。根据拉科西的统计，1945 年，匈牙利的共产主义者不到 4000 人；安娜·波克尔则称在罗马尼亚生活的可靠的党员和同志还不到 1000 人。除了捷克斯洛伐克，在所有允许选举的新领地上，共产党的成绩都不理想。1945 年 11 月，匈牙利举行第一次自由选举之前，拉科西告诉斯大林，共产党和社会主义者总共可以赢得 60% ~ 70% 的选票，这样就可以组建一个"人民阵线"联合政府。但结果他们各自只赢得了约 17% 的选票，而中右翼的小党派则赢得了多数选票。苏联不想冒着被再次羞辱的风险，所以他们采取了简单但是有效的办法——贿赂、恐吓、威胁，最后，还有暴力。

一些共产党人并没能获得斯大林的信任，比如那些在德国占领期间在各自国家进行地下活动的人。斯大林觉得他们可能是敌人的特务，也可能有想要独立的意图。他只重用所谓的"莫斯科人"，并把他们派去管理东欧各地的共产党，甚至控制政府。这些人大多在莫斯科流亡多年，苦等祖国胜利解放。他们中的大多数已经成为苏联公民。在斯大林的精心选拔下，这些对苏联和斯大林绝对忠诚的人被派到苏联的新领土上，成为实权派。从此，他们才算是真正"背叛了"故土。他们的孩子在苏联接受教育，苏联保护他们、信任他们，还委派给他们重要的工作。所以，这些人多是布尔什维克坚定的拥护者。

他们中的许多人曾因共产主义信仰入狱。战后，当他们回到祖国，已经算不得是回家了，他们已经成为"外国势力"的代表。不论身处莫斯科的领袖将他们派到哪里，他们都会满怀热情地投入工作。然而移民在苏联的生活却是危险的。如果为共产国际工作的外国人与一些可疑的外国人经常接触，那么就很难得到苏联的信任。许多在莫斯科流亡的外国人都住在破旧的勒克斯酒店，他们时刻提防彼此——同时还要留意着背后。有数百人死于暗杀，其中包括被奉为布尔什维克英雄的人物，如匈牙利共产党的创始人库恩·贝拉。身份和名气也无法让他免于被扣上"托洛茨基派"的大帽子。

那时候苏联人的生活总是伴随着各种口号，每当口号的主题发生变化，有人就要为此遭殃。曾有人这样描述：

> 苏联人的生活很艰难，且充满恐惧……人们在任何地方都不安全，尤其是在苏联。即便是忠诚的共产党员也并不会因此而幸免于难。人们知道，自己就算没有犯错也可能会被革职、逮捕或是审判。人们也知道，永恒的真理是不存在的——苏联从来没有过这种东西。苏联人知道真理会有许多副面孔，大家唯一关心的是当时的真理应该是什么。他们知道真理只掌握在领袖手中。所以，哪怕昨天的真理到今天就变成了谎言，他也不会感到意外。[6]

捷克斯洛伐克是中欧唯一普遍支持共产主义的国家。作为一个工业国，它的经济状况比邻国奥地利要好得多。在两次世界大战期间，在财富积累方面，比利时和荷兰也要屈居其后。在20世纪二三十年代的选举中，共产党获得了三分之一的选票。1946年5月，该国进行了战后首次选举，在这次自由公正的选举中，共产党获得了将近40%的选票，作为第一大政党，它还与自由党和社会党结成了联盟。共产党能取得这样的成绩与该国的亲苏背景有关，同时也与反德浪潮有关。毕竟，是苏联帮助捷克斯洛伐克赶走了德国人。

爱德华·贝奈斯在流亡英国期间，与苏联签署了一项外交条约，使苏联人获得了主导战后捷克斯洛伐克外交的权力。这对斯大林来说很重要。战争末期，贝奈斯写信给莫洛托夫，承诺"在重大问题方面，我们会尽量让苏联满意；在外交事务上，两国的政策从现在开始应该保持一致"。贝奈斯不是傻子，也不是一个懦夫，他的出发点非常实际——苏联实力雄厚，他希望与之保持密切联系。而且他也深知，苏联比西方更值得信任。因为早在1938年的慕尼黑会议上，就是英国和法国这两个西方国家一边高喊着自由，一边出卖了捷克斯洛伐克。在中欧的流亡政府里，贝奈斯是唯一战后重返故土并夺回政权的。在东西方之间的分歧不断扩大的时候，他反复提到双方之间的"第三条道路"。在很长一段时间里，斯大林没有干涉捷克斯洛伐克人，并给予他们充分的自由，甚至把捷克斯洛伐克作为"好朋友和好邻居的榜样"。[7]

然而，另一个邻国却不愿意向苏联俯首称臣。波兰成为苏联在新领地上的巨大挑战。

1815年，滑铁卢战役结束后，英国政府曾向沙皇亚历山大一世询问，拿破仑战败后波兰的命运将会如何。沙皇告诉英国在维也纳会议上的全权代表惠灵顿公爵："波兰的未来就是为我们所有。"这种想法延续到了130年后斯大林执政时期。不过那时候，许多波兰人——包括其领导人，都寄希望于西方盟国，认为他们能让波兰人在经历了过去6年的恐怖统治之后，获得独立和自由。毕竟在战争期间，六分之一的波兰人（约为500万，其中300万是犹太人）惨遭屠杀。他们希望这种事情永远不会再发生。

苏联要建立与西方国家的缓冲区，波兰就是其中最关键的部分。它与苏联的共同边界比其他任何欧洲国家都要长，同时波兰人对苏联的仇恨又是最强烈的。波兰是历史上欧洲侵略者进军俄国的必经之路，所以斯大林决定一劳永逸地关闭这个潜在的敌人通道。在战争后期，苏联反复表明自己的立场：波兰应该在苏联的势力范围内，波兰政府应该听命于苏联，其东部边界地区也应并入苏联。1939 年希特勒和斯大林私下签订的协议中就谈到了新边境问题。美国和英国的领导人都试图阻止斯大林，但他不为所动。

雅尔塔会议上当谈到波兰问题时，丘吉尔摆出一个乐于伸出援手的姿态："英国参加战争是为了让波兰获得自由和主权，我们要为波兰拔出抵抗希特勒的利剑。"斯大林的话则要直白得多："对我们来说，保卫波兰不仅是荣誉问题，还是一个事关生死的安全问题。"说到这里，他从座位上站起来，绕着会议室走了一圈，然后就拿破仑和希特勒的军队如何穿过波兰进军俄国谈了自己的看法。他说："波兰一直是攻击俄国的走廊。在过去的 30 年里，我们的敌人两次从这里入侵。"莫洛托夫也曾多次强调，波兰是"最后一道防线，也是弱势所在。我们不能失去波兰，否则我们的弱点就掌握在别人的手里"。[8]

像贝奈斯一样，战争时期，波兰政府的领导人也都流亡在外。然而，与捷克斯洛伐克人不同的是，战后波兰的官员都不是由波兰人民自由选举出来的，因为波兰人完全不想跟苏联打交道。这种厌恶似乎是与生俱来的，但后来发生的一些事件让他们更有了怨恨的理由。在希特勒和斯大林签订互不侵犯条约后，波兰被一分为二。数千名波兰人被投入苏联监狱或是被杀。4 年后，当波兰流亡政府在华沙起义反抗德国统治时，驻扎在附近的苏联军队不仅没有施以援手，还禁止英国和美国的空军飞越他们的领空向波兰空投武器和弹药，以至于起义军遭到巨大打击。

苏联曾多次表示反对华沙起义。莫洛托夫警告波兰人，苏联"将与发生在华沙的纯粹冒险事件撇清关系"。斯大林则表示这场起义是由"一小撮追求权力的罪犯"领导的。那的确不是斯大林想要的结果。毕竟波兰人不仅反对德国，也反对共产主义。一旦他们针对德国的起义成功了，那么最终他们也会努力摆脱苏联的控制。

流亡在国外的波兰人并不好对付。德国入侵苏联后，波兰流亡政府的领导人米科拉伊奇克对助手说："唯一能解决波兰与苏联问题的，是苏联同美英之间开战，而且后者还要站在波兰这一边。"[9]

罗斯福支持波兰独立，但对波兰流亡政府的行事方式很不满意。在苏联提出的边界变更方案被拒绝后，他告诉美国驻苏联大使埃夫里尔·哈里曼：

> 我不了解生活在本土的波兰人，但我却非常清楚身在伦敦的波兰流亡政府领导人的想法。这些人大多都是贵族出身，希望借助美国和英国的帮助，恢复他们在战争之前的地位、财产以及社会制度。他们不相信苏联，而且跟我一样不喜欢共产主义。他们把波兰的未来寄希望于英国和美国，并希望我们为了保护波兰而与苏联作战。但我们为什么要按照他们的想法去做呢？

罗斯福认为波兰拒绝妥协是不明智的。1944 年秋天，米科拉伊奇克到访华盛顿，罗斯福对他说："苏联人是波兰人的 5 倍。英国和美国都无意与他们开战。"[10]

丘吉尔一直公开支持波兰流亡政府，但私下里他不止一次地说："我受够了血腥的波兰人。"1944 年 10 月 13 日，华沙起义失败后，他会见了米科拉伊奇克，告诉他应该接受苏联更改波兰东部边境的意见，同意划分"寇松线"。而且同盟国也劝说苏联做出了巨大的让步，愿意把德国西边的土地补偿给波兰。[11]

丘吉尔觉得这是一场公平的交易。在地理和军事现实面前，波兰应该理智地与苏联达成一些合理的协议。但波兰领导人拒绝了。原本心态平和的丘吉尔顿时火冒三丈。他说："我们与苏联的关系比以往任何时候都好，我不想破坏这种关系……除非你接受新边界，否则你的好日子就到头了。苏联人会让你无家可归。你简直是在自掘坟墓。"[12]

苏联对待波兰流亡政府的态度就是置之不理。莫洛托夫直白地说："我们没理由费尽力气解放波兰后，再把它交给一个对苏联有敌意的执政团体。"斯大林也没有处理在伦敦的流亡政府，而是把已经解放的波兰东部城市卢布林的政府打造成能与流亡政府抗衡的对手。卢布林有很多苏联的"自己人"，比如那些曾经流亡莫斯科的波兰共产党人和一些德国占领期幸存下来的地下党，所以卢布林委员会那时是公认的波兰合法政府。

不管在雅尔塔会议上，还是后来的一段时间里，盟国之间都围绕波兰问题进行过多次谈判。后来苏联向英国和美国做出了保证，即欧洲所有国家，不论东方还是西方——特别是波兰——都将举行自由独立的选举。斯大林在解放欧洲的宣言上签字，保证推行民主政策。莫洛托夫对此很惊讶，他问斯大林："确定要这么做吗？这可能对我们造成不良的影响。"斯大林则回答："签吧，别担心。稍后我们可以用自己的方式解决那些问题。当务之急是组成联合政府。"[13] 随后，盟国之间针对如何解决波兰的实际问题展开了讨论。西方盟国同意建立一个由卢布林人和伦敦流亡者共同组成的联合政府，随后美国总统和英国首相又为哪些人应该出任部长这类细节问题进行磋商。在斯大林看来，美国之所以对波兰感兴趣，是因为美国选民中有不少是波兰裔。

1944 年底，米科拉伊奇克访问莫斯科。斯大林安抚盟友说："不要担心。我们知道共产主义不适合波兰人。因为他们过于个人主义和民族主义。所以波兰未来的经济必须依靠私营企业。它也必将成为一个资本主义国家。"米科拉伊奇克完全不相信斯大林的话。在随后讨论波兰选举的会谈中，斯大林说："战后我们不能让那些激进分子参与政治。"据这位波兰领导人后来所说，他当场指出在民主制度下，不能规定谁可以参与政治，谁又不可以参与政治。可在斯大林看来，他简直就是在痴人说梦。[14]

斯大林很讨厌西方领导人的"伪善"，他们天花乱坠地对苏联进行说教，像是要保证弱小国家的独立和民主之类。斯大林毫不客气地指出，美国和英国在战争期间就签署了《大西洋宪章》，里面包括了人们可以自由选择他们希望的政府形式的条款，但丘吉尔却坚持称这些条款不适用于大英帝国的殖民地，其中就包括印度这个一直在争取自由的国家。美国也是如此，他们阻止其他国家干涉美国事务，但又不允许其他人对日本未来的发展有任何发言权。所以在斯大林看来，其他盟国也不能过多干涉波兰问题。

埃夫里尔·哈里曼担任美国驻苏联大使期间与斯大林见过多次。他告诉杜鲁门，苏联领导人的意识形态已经不可改变，而且他们也无法理解别国的政策。"在对待解放波兰的问题上，斯大林永远都无法跟我们思想同步，因为彼此的原则不同。他是一个现实主义者，我们的信仰对他来说太抽象了。"在后来的一封电报中，他写道："在一些词语的解释上，苏联和我们就很不一样。比如当我们谈到在邻国建立'友好政府'时，他们所想的与我们所想的就完全不同。"[15]

克里姆林宫里的现实主义者写信给美国总统，同时也把同样内容的信送到了英国：

> 很显然，你们不愿意让我们在波兰建立一个对苏联友好的政府，也不让我们拒绝那个充满敌意的政府。但是不要忘记，波兰的解放，是苏联人在那片土地上用鲜血和生命换来的。我不知道希腊和比利时是否已经建起合法的政府，因为在进行这些谈判的时候，苏联没有参与，也没有提出任何意见或建议，因为我知道希腊和比利时对英国的安全来说是多么重要。所以我不能理解，为什么在讨论波兰问题时，你们就不能从安全的角度考虑苏联的利益。不得不说这是很不合理的，明明是苏联率先对波兰采取行动，明明它对苏联最为重要，但美国和英国的政府偏偏要千方百计地阻碍我们。[16]

英国和美国知道苏联在这件事上是不会让步的，于是不再干涉波兰问题。"我们已经尽力了。"丘吉尔承认。从现实角度出发，他们不愿意破坏与苏联的联盟。在雅尔塔会议期间和之后的几个月里，他们都需要让苏联继续与德国作战。那时候，柏林还没有沦陷，美国的当务之急是得到苏联的承诺——欧洲战场的战争结束后苏联会加入对日作战。毕竟在雅尔塔会议期间，人们对原子弹的破坏性以及是否会起作用还没有把握。而且，在接下来的 5 个月时间里，也没有进行过核试验。那时候的美国人想要赢得这场战争，唯有寄希望于饱经战火洗礼的苏联——他们必须结盟。

最希望与斯大林达成协议的是美国的军事指挥官们，他们太期待苏联人能够加入对日作战。在雅尔塔会议召开前不久，罗斯福收到了一份参谋长联席会议的请示："苏联作为对日作战的盟友，可以让这场战争更快结束，同时大大降低我们的伤亡和物资损失……但是，如果苏联的态度消极，那么打赢太平洋战争的困难将会无法估量。"美国和英国的想法很简单——苏联人战死多少就意味着美国人和英国人能活下来多少。这与他们推迟诺曼底登陆日期的想法如出一辙。最终，斯大林同意在欧洲战争结束后的 3 个月内对日本宣战。这是一项非常重要的承诺，这意味着大批苏联雄师将从欧洲转移到东亚。[17]

波兰人感到被出卖了。米科拉伊奇克分别向丘吉尔、罗斯福和杜鲁门提出抗议。波兰本土军队领袖瓦迪斯劳·安德斯也指责丘吉尔："你的做法相当于签署了对我们执行死刑的命令。"意指西方盟国把波兰卖给了苏联。随着冷战的发展，"打败了德国的盟军领导人出卖了东欧"这一观点在历史学家和许多西方政客中得到了认同，并从 20 世纪 70 年代持续到苏联解体后很长的一段时间。"雅尔塔"这个词也成了"背叛"和"绥靖共产主义"的同义词。然而如今看来，当时的参与者们很难有更好的替代方案。要知道，那些人在政治上的决策大多都是正确的，而且他们也不是什么无能之辈。形势如此，他们也是别无选择。何况，波兰和其他国家也都没能提出其他合理或有效的方案。[18]

罗斯福去世前几天，美国战后首位驻波兰大使亚瑟·布利斯·莱恩向他进言，指出美国的所作所为是"背叛"波兰的表现。罗斯福不耐烦地回答："你想要什么？难道你想为了波兰与苏联开战吗？"1946 年夏天，有人指责杜鲁门罔顾波兰人的死活，这位总统则觉得波兰人的要求有些过分："我估计……他们是想让我们发动一场战争，以此保住波兰的自由。把波兰置于这种境地的是它的地理位置，而不是同盟国。"艾奇逊在许多场合也表达了相同的看法。[19]

从西方盟国的角度来看，这是最好的选择。出席雅尔塔会议的英国代表团成员、冷战时期驻苏联大使弗兰克·罗伯茨爵士始终坚信，雅尔塔协议是西方最好的选择：

> 我们的确可以说："不，坚决不同意。"但是这并不能妨碍苏联人继续走下去……也许有人会说，至少事情不会发展到这么严重的地步。没错，我们的确可以让一些波兰人回去参加竞选，也可以只承认波兰流亡政府，然后说苏联所做的都是错的。但这么做除了让我们觉得自己没向斯大林屈服外，根本没有任何好处。[20]

斯大林和沙皇对波兰人的看法是一样的——他们都觉得波兰人一直在密谋对付正直善良的俄国人。这一点从小说、诗歌、戏剧、音乐等文艺作品中就能看得出来，歌剧《鲍里斯·戈都诺夫》就是典型的代表。剧中的波兰国王身边围绕的要么是与东正教对立的阴险腐败又诡计多端的天主教牧师，要么就是一心想要扩大自己土地和势力的波兰贵族。

一直以来，俄国人都把波兰人看作麻烦的根源。莫洛托夫曾说："波兰人一刻都不消停。他们简直不可理喻，非常讨厌。"[21]

葛令卡创作的《伊万·苏珊宁》(又名《沙皇的一生》)是斯大林最喜欢的歌剧之一。故事发生在 1613 年波兰入侵俄国期间。俄国贵族苏珊宁主动提出带领外国军队由一条隐秘路线进入俄国。当他把侵略者带至一处森林后，凭借一人之力几乎杀死了所有的敌人。虽然意识到被蒙骗了的波兰军人最后杀死了这位俄国的"英雄"，但他们的侵略行为终究还是被阻止了。斯大林在莫斯科大剧院的包厢里多次看过这部歌剧，而且似乎特别喜欢波兰人在森林里被杀的桥段。[22]

一些对抗苏联的波兰人付出了不小的代价。当关于波兰问题的谈判尚在进行的时候，苏联已经向世界证明控制这个国家的权力到底掌握在谁的手中。16 名波兰家乡军的军官在华沙被苏联军队抓获，并被带到莫斯科受审。主犯利奥波德·奥库里斯基是安德斯将军的副官，也是 1944 年华沙起义的领导人之一。这些人被指控组织武装抵抗苏联军队——事实上他们只是计划这么做，但还没有付诸行动。奥库里斯基被判入狱 10 年，其他 12 人被判入狱 5 年至 8 年不等，另有 3 人被无罪释放——按照苏联的标准，这绝对是从轻发落。

战争一结束，波兰家乡军就被解散了。多数波兰人都觉得继续与苏联作战是愚蠢的。不过游击队小范围的武装抵抗还是持续了一段时间。苏联方面没有掉以轻心，他们在对待反对势力方面一直都很谨慎。而"自由和独立"组织（WiN）则是最让他们紧张的一个。其领导者是波兰家乡军的前军官扬·泽佩基。尽管局势动荡，但 WiN 却主张和平，号召民众以非暴力抗议的方式来获得民主权利。有一段时间，他们还出版了一份名为《波兰独立报》的报纸，直到 1946 年秋天泽佩基被捕，这份报纸才停刊。因为经受不住严刑拷打，泽佩基泄露了支持者和成员的名单，导致 WiN 只能转为地下活动。[23]

波兰人被苏联警告该如何行事。战后联合政府的领导人之一、波兰共产党总书记瓦迪斯瓦夫·哥穆尔卡，因缘巧合之下与反对派分子见了面，结果就接到了斯大林的提醒："你应该注意影响，否则会伤害波兰人民的感情。我们的路线是不会改变的……只要掌握了权利，就绝对不要放手。"[24]

\* \* \*

富尔顿演说所产生的热烈反响，让丘吉尔备受鼓舞。如他所愿，他再次成为政坛焦点。要知道，在刚输掉 1945 年选举的那段日子里，他一直很沮丧，71 岁的他担心政治生涯可能就此结束。不过他尽可能地掩饰自己的落寞——是他告诉朋友亚历山大勋爵（他是驻意大利的英国军队指挥官），余生将与绘画为伴："真是太好了，我终于能摆脱政治了……我都懒得看报纸，基本上就是扫一眼而已。"尽管没有发生任何实质性的事件，但保守党内部已经有人希望把丘吉尔从党魁的位置赶下去了。1945 年圣诞节前，丘吉尔也认真考虑了辞职的事情。他写信给温莎公爵爱德华八世（后者从国王的位置上退下来后，仍然与丘吉尔保持良好的互动）："领导反对派是很艰难的，我越来越怀疑这游戏是否值得。"与此同时，私人医生莫兰勋爵也十分担心他的身体状况，建议他最好离开英国去休养。[25]

1946 年的前 3 个月，丘吉尔是在美国度过的。其中的大部分时间，他都待在佛罗里达州的度假别墅里一边享受阳光，一边作画。那幢房子正是他的崇拜者之一加拿大富翁弗兰克·克拉克的产业。动身去美国之前，丘吉尔收到密苏里州富尔顿城威斯敏斯特学院院长弗兰克·麦克艾弗博士的邀请函，希望他能做一个关于"世界形势"的演说。通常这样的邀请，尤其是来自偏远地区的一个不知名的学术机构的邀请，都会被他婉言谢绝。但是这封邀请函的底部却有一段有趣的附言："这是我老家一所很棒的学校，希望您能莅临。我将向他们隆重介绍您。致以最亲切的问候。哈里·杜鲁门。"[26]

丘吉尔意识到这是自己重返世界舞台的机会，他要借此机会告诫人们要以强硬的态度对待苏联，就像 20 世纪 30 年代他对待纳粹德国那样。他告诉杜鲁门，自己原计划冬天去佛罗里达州疗养，原本不打算做任何公共演说。"不过如今你建议我访问你的家乡，并要将我介绍给家乡的人们，这使我有了一种责任感。如果能够在你的支持下进行演讲，我将感到很荣幸。"就这样，丘吉尔接受了演说的邀请，而他给出的理由则是出于对杜鲁门的尊重。[27]

事后，杜鲁门对外表示自己并没有提前知道演说的内容，但这绝对不是事实。1946 年 2 月 11 日，在华盛顿的一次晚宴上，两人详细讨论了这次演说的内容。他们还一起乘火车从华盛顿到富尔顿，在一整夜的旅程中，杜鲁门总统仔细阅读了演说的草稿。据丘吉尔说，杜鲁门对演说稿十分满意，认为其内容令人钦佩，而且一定会引起轰动。在火车上，他俩还和总统的那些来自密苏里州的密友一起打扑克。虽然前首相丘吉尔并不喜欢这种娱乐，甚至还输了 75 美元，但是后来，他告诉英国驻美大使哈利法克斯勋爵："这是非常值得的。"[28]

丘吉尔去富尔顿是为了登上头条，他成功了。听众原本只是现场的 350 名威斯敏斯特学院的学生，结果却吸引了美国知名的媒体纷纷前来小镇报道此事，这让丘吉尔的演说最终传遍了美国。结束演说时，他告诉麦克艾弗，他希望自己"开启了一些足以创造历史的思考"。在返回华盛顿的途中，他对助手们说这是他职业生涯中"最重要的一次演说"。这话在当时听上去可能有些夸张，但它的确对接下来的 40 年产生了深远的影响。

众所周知这就是著名的"铁幕演说"，但丘吉尔却把它定义为"和平的力量"。他当然知道尽管篇幅不长，但关于苏联和东欧的那段讲话势必将成为人们关注的重点。演说的大部分内容都在谈论那些说英语的国家之间的"兄弟般的联系"。他多次提到"特殊关系"，号召"大英帝国"和美国要更紧密地团结起来，以创造持久的和平。他没有特别提及当时美国国会正在商讨关于向英国提供贷款的事，但想要表达的态度已经蕴藏在演说之中了。他还谈到了共享军事基地、制造可互换的武器，并且还可以共同建立一些机构——最终实现公民身份互认。作为世界上第一个公开对战时"三巨头"同盟破裂发表强硬言论且地位举足轻重的政治家，他的言论迅速登上了报纸的头版。

苏联第一时间进行了回应。《真理报》在头版用三个专栏的位置刊登了一篇社论，抨击丘吉尔是"战争贩子"。几天后，斯大林又罕见地接受了"采访"，通过报纸指责铁幕演说是"吹响了向苏联宣战的号角"。他说，丘吉尔显然认为只有讲英语的国家才是重要的，应该统治世界上其他国家。"这是一种语言上的种族主义……简直如同希特勒之流。"[29]

演说刚结束的那几个星期，杜鲁门在公开场合对丘吉尔的言论不置可否。因为他想先看国内的反应，然后再表态。此外，他还命令副国务卿迪安·艾奇逊不要参加富尔顿当地为丘吉尔举行的招待会，以免让人们觉得政府认可了这位前首相的观点。私下里，他亲自写信给斯大林，建议他也到美国做一个类似的演说，他将亲自为斯大林进行宣传，就像他之前为丘吉尔宣传的那样。谁都知道斯大林根本不会接受这样的邀请。总的来说，铁幕演说受到了美国左翼和右翼的广泛认可，美国对苏联的态度逐渐变得强硬起来。战时，美国媒体常常把斯大林称为"仁慈的乔叔叔"，彼时这类言论已经消失不见。到了4月，大多数美国报纸都发表了支持丘吉尔的文章，杜鲁门总统这才公开谈及丘吉尔的那次演说。

反对的声音也是有的。前副总统、时任商务部长的亨利·华莱士表示，这是一个帝国死忠分子对前盟友的攻击。诺贝尔奖得主赛珍珠在演讲后的那个晚上说："这是一场灾难，将我们的命运引向危险的方向……我们今晚比昨晚更接近战争了。"前总统罗斯福的遗孀埃莉诺·罗斯福说，这是对刚刚成立的联合国组织以及已故丈夫对战后世界愿景的直接攻击。[30]

演说在英国国内也反响热烈，丘吉尔因此再次成为政治舞台上的主角。工党首相克莱门特·艾德礼事先就得知了演说要点，他私下对丘吉尔说："我相信这会带来诸多好处。"不过在公开场合，艾德礼则拒绝发表评论，只是说丘吉尔"以个人身份在外国发表了讲话"。但英国外交大臣欧内斯特·贝文私下告诉记者，他认为这场演说"精彩极了"。

对丘吉尔最强烈的批评几乎都来自他所在的政党。影子外交大臣安东尼·艾登警告丘吉尔不要企图"进行一场脱离美国的反俄运动"。保守党成员索尔兹伯里勋爵则表示，丘吉尔有可能因为疏远左派而破坏两党共同反对苏联的政策。他说："这次演说更证明了丘吉尔应该从领导位置上退下来。没有了党派做后盾，他既可以随心所欲地发表个人看法，又不会牵连到英国。"不过保守党内部没有进行任何罢免丘吉尔的行动。相反，他的人气还上涨了。[31]

铁幕演说后来被视为冷战的"第一枪"。丘吉尔越发把自己描绘成一个有远见人，他认为自己对斯大林的看法一直都是正确的，就像他在 30 年代对希特勒的看法一样。然而，丘吉尔并非如他自己所说的一贯正确。自相矛盾、言行不一在他身上也多有体现。说起来，任何从政超过 50 年的政治家都不可避免地要为命运所困。对待同一件事，他会说出两种不同的见解，因为前后矛盾，人们完全可以用他以前说过的话来反驳他现在的观点和想法。

斯大林格勒战役期间，丘吉尔曾告诉艾登，战后不能让苏联控制波罗的海诸国和波兰东部。"苏联人跟希特勒一样，都在搞侵略。如果我们违背波罗的海各国人民的意愿，把他们移交给苏联，这不仅破坏了我们进行这场战争所依据的一切原则，也将使我们的事业蒙受耻辱。"1944 年 5 月，他又告诉外交大臣："我担心巨大的不幸会降临世界……苏联人沉醉在胜利的喜悦中，他们什么都做得出。"[32]

然而仅仅 5 个月后，在所谓的"比例协议"中，丘吉尔却同意了战后对欧洲进行分割，悄无声息地决定了 6 个国家的命运。他戏剧性地描述了那一幕。1944 年 10 月 9 日晚，两位领导人在克里姆林宫斯大林的办公室进行会晤：

商议大事的时机已经成熟，我便说："来解决一下我们在巴尔干半岛的问题吧。你的军队占领了罗马尼亚和保加利亚。我们在那里没有什么优势。所以我们不要在小事上伤了感情。从英国和苏联的利益出发，罗马尼亚 90% 的地盘归你，我们在希腊拥有 90% 的话语权，然后我们平分南斯拉夫。你意下如何？"丘吉尔拿起一张纸，写下了他的建议。接着匈牙利又被平分了。斯大林把目光投向这张纸，拿起他的蓝铅笔，在上面打了一个大大的钩，然后把它递了回来……短短的时间里，一切就都敲定了。这之后是一段长时间的沉默。写了铅笔字的纸被放在桌子中央。最后我说："我们这样漫不经心地处理了涉及千百万人的大事，是不是有点太儿戏了？不如我们把纸烧掉吧。""不，你留着吧！"斯大林说。

丘吉尔称这是一个"任性的协议"。他把这件事告诉罗斯福时，总统也只能接受这个既成的事实。丘吉尔认为这笔交易很划算，因为希腊将继续留在西方的"势力范围"。[33]

那次会晤之后，丘吉尔在给妻子克莱米的信中写道："我和斯大林谈得很愉快……我越看越喜欢他。如今，他们尊重我们，我相信他们真诚地希望与我们合作。我们相处得很好，哪怕每周与斯大林共进晚餐一次，我都不会嫌烦。"雅尔塔协议签订后他对内阁说："可怜的内维尔·张伯伦误信了希特勒。但我对斯大林的看法绝对不会错。"他还曾热情地对一名助手说："与斯大林的对话，才是人与人之间的交谈方式。"1945 年 11 月 7 日，他对下议院说："我们都很庆幸斯大林仍然牢牢地掌握着领导权……除了对这位伟人充满尊重之情，我再无其他的感觉。他是苏联的圣父，是国家命运的主宰。"[34]

比例协议就像 4 个月后的雅尔塔协议一样，直接揭示了战后的现实：欧洲的分裂无可避免，苏联军队拥有绝对的控制权。在这件事情上，丘吉尔不是无辜的旁观者，也不是无足轻重的参与者。可以说，制造从什切青到里雅斯特的铁幕，他"功不可没"。[35]

从富尔顿回到英国后，丘吉尔又恢复了对政治的热情。他看起来青春焕发、活力无限。面对人们对他未来的猜测，他坚定地给出了答案："我将会一直领导保守党，直到我满意地看到他们能够找准前进的道路，并做出更好的谋划。"丘吉尔一生的挚友布伦丹·布莱肯面对保守党议员们的打探，总会这样幽默地回答："温斯顿决心继续领导党派，直到他成为地球首相或者天堂国防部长。"

丘吉尔恢复了状态。他告诉医生莫兰勋爵："不久前我甚至开始为退休和优雅地死去而做准备。但是现在我要留下来把他们都揪出来。我要让他们付出痛苦的代价。""他们"指的不是苏联政治局，而是他的议会同僚。[36]

# 1946：
现代世界的形成

第十六章

战争迷雾

3月4日是个星期一，丘吉尔和杜鲁门离开华盛顿，前往富尔顿。同日，美国驻伊朗北部城市大不里士的领事罗伯特·罗素给美国国务院发了一封密电。内容主要是贾法尔·皮谢瓦里在苏联的支持下于1945年12月成为反叛政府的领导，牢牢控制着该地区。大不里士如今就像是一个卫星国的首都，周边"军队调动异常频繁"。

按照1941年协约国和伊朗之间的约定，苏联军队应该像英国从伊朗南部撤军一样，在3月2日之前离开伊朗。但现在约有3万名苏联士兵留了下来。与此同时，斯大林还在为争取石油开采权而向伊朗施压。

罗素并不知道苏联和伊朗正在就石油进行谈判，便认为苏联是想入侵伊朗，然后进攻土耳其。他在报告中提到，前一天晚上，满载苏联士兵的150辆卡车越过了阿塞拜疆苏维埃社会主义共和国的边境抵达大不里士。同时一个拥有16辆M4中型坦克的机械化师正南下向德黑兰进军。罗素资历很高，深受上级信任。[1]第二天，他又向国内发了一封充满细节的电报：又有100辆载着补给物资的卡车和22辆苏联制造的T–34坦克朝着相同方向挺进，还有两个步兵团的目标则是库尔德地区。他说："苏联援军正在日夜不停地集聚到大不里士附近。所有迹象表明……苏联正在酝酿大规模的军事行动。"他的报告是根据伊朗方面提供的情报编写的，但后来的研究表明，这些情报要么是假的，要么就是被严重夸大了——事实上，多数苏联军队正在撤离德黑兰，准备回国。但罗素并没有核实真相就向上级汇报了，结果导致美国立即开展了大规模的军事戒备，冷战时期常见的外交危机也自此开始。[2]

罗素随后提交的一份紧急报告令华盛顿方面更加不安——不过它的内容仍

旧不可靠。报告中说，伊万·巴格拉米扬将军已经抵达大不里士，接替了经验不足的官员，成为该地区的苏联军队的指挥官。巴格拉米扬是一名战功赫赫的军人，他擅长坦克战，是库尔斯克战役中的英雄，也是苏军最后挺进德国时的指挥官。但当时巴格拉米扬根本不在阿塞拜疆，他正指挥着苏联在波罗的海沿岸的驻军。然而这条假消息还是在美苏冲突的势头上加了一把火。[3]

杜鲁门从富尔顿回到华盛顿就看到了罗素的电报。最新一份文件的日期是3月6日，它将大不里士描述为"武装营地"，街道上到处都是军事装备。总统召见了俄罗斯问题专家哈里曼，他是个不折不扣的"鹰派"，始终视苏联为敌人。总统让他做好准备去伦敦担任驻英国大使。哈里曼有点不情愿，但杜鲁门表示自己需要一个值得信任的人。"这非常重要，我们可能很快就会因为伊朗问题与苏联开战。"[4]

美国在中东的军事力量并不强，总统对此心知肚明，而且当时西方大国在中东最得意的乃是英国。杜鲁门决定要做点什么以展示自己的实力。如果苏联在伊朗只是"想要震慑一下对方"，那么他也可以吓唬吓唬他们。如果事情不是那样，那么"最好现在就搞清楚……他们意欲何为"。他派出了美国最先进、装备最精良的战舰"密苏里号"前往地中海东部，对外宣称此行目的是将几周前在华盛顿去世的土耳其驻美大使穆罕默德·穆尼尔·埃尔特贡的遗体运回伊斯坦布尔。很明显，任何船只都能够完成这项普通的外交任务，总统选择战舰就是为了向莫斯科方面示威。美国海军提议派遣拥有航空母舰的第八舰队前往土耳其，但杜鲁门觉得暂时还不需要那么做。

同一天晚上6点左右，有人将一幅阿塞拜疆和伊朗的大地图呈到乐战好斗的南方人、美国国务卿詹姆斯·伯恩斯的面前，据说上面的箭头标明了苏联军队的驻地和将要前往的地方。伯恩斯曾是罗斯福的密友，被后者亲切地称为"我的总统助理"。1944年总统大选时，他有一半的希望能够成为副总统，但后来罗斯福改变主意选择了杜鲁门，这让他非常气愤。即便如此，他对新总统还是十分忠诚的。杜鲁门入主白宫后立即任命他为国务卿。根据美国宪法，在没有副总统的情况下，如果杜鲁门在任上去世，伯恩斯将继任总统。

时年 66 岁的伯恩斯，是华盛顿政坛的骨干和民主党政治交易的操作者，他曾致力于在战后将美苏联盟的作用最大化。但由于当时反共产主义情绪日益高涨，与苏联走得近的他，因此受到了媒体和国会的批评。杜鲁门在给他的一封信中甚至提出了警告："停止向苏联示好！"他对苏联的态度就发生了 180度大转弯。他说，那天晚上自己看到了确凿的证据，表明苏联人在政治颠覆的基础上还搞军事侵略，到了反抗他们的时候了。他宣布："现在我们要给他们双重打击。"[5]

据一位英国内阁大臣称，身在伦敦的外交大臣欧内斯特·贝文"情绪非常激动，声称苏联在向德黑兰进军，这是战争的信号，而美国也将向地中海派遣一支舰队"。伊朗驻美大使、国王的密友阿利亚给德黑兰方面发了一封电报，警告当局："看来第三次世界大战的第一枪将在伊朗打响。"[6]

莫斯科的政治高层对华盛顿和伦敦方面的紧张情绪感到困惑。两周前，在巴黎举行的三国外长会议上，伯恩斯与莫洛托夫、莫洛托夫的副手安德烈·维辛斯基和法国外交部长乔治·皮杜尔在莫里斯酒店共进晚餐。莫洛托夫满不在乎地告诉伯恩斯，苏联没按时撤军"只不过是一件小事，不会影响美苏关系"。伯恩斯并不完全相信莫洛托夫的话，他表示两国都签署了《联合国宪章》，保证小国的权利不受大国的侵犯，两国都应该遵守这一法律文件。

苏联根本不想在伊朗发动战争，他们对皮谢瓦里和阿塞拜疆分裂分子的支持方式也不过激，这只是一种为了获得油田开采权以及在伊朗拥有更大影响力的策略而已。但他们也并不打算示弱。斯大林对莫洛托夫说："面对这些西方人，我们决不能服软。"因此，苏联面对误解没有进行过多解释。[7]

当杜鲁门为可能到来的美苏冲突做准备时，斯大林刚刚结束了与伊朗总理艾哈迈德·盖瓦姆的会谈。此人出身伊朗历史悠久的贵族家庭，当年 1 月中旬开始执政。他在莫斯科的两周时间里，试图与苏联达成一项协议，目的是让苏军撤出伊朗的东阿塞拜疆省并结束皮谢瓦里的反叛政府。然而因为没有向苏联做出妥协，他于 3 月 4 日星期一回到德黑兰，并没有达成任何协议。那一年，他 69 岁，举止优雅，世故老练，从政经验丰富（半个世纪前他的父亲曾担任伊朗总理，他则在 30 年代出任伊朗政府要职）。盖瓦姆千方百计想在敌对大国之间为伊朗开辟一条独立的道路。他痛恨英国和美国对伊朗的控制，也排斥苏联的干涉。但是如果必须做出选择的话，他宁愿选择美国人。国王也同意他的看法。[8]

盖瓦姆确信苏联不想全面入侵伊朗或土耳其。他告诉过美国大使华莱士·默瑞："他们的目标是石油。"但华盛顿方面似乎忽略了这一点。在有关苏联的行动报告中，没有一篇提到他们实际上是想要获得石油开采特许权。美国国务院对此也只字不提。"苏联在为获取北方的石油开采权进行谈判"，或者"美国正在伊朗南部进行类似的协商"等信息都不曾在关于伊朗的汇报性文件里出现过。不过，丘吉尔和罗斯福——后来是艾德礼和杜鲁门，两国首脑经常讨论未来西方国家的石油供应问题。他们意见非常一致，即不允许苏联获得任何来自波斯湾的石油。3 月 6 日晚些时候，伯恩斯向苏联外交部发出了一份正式的外交照会，要求苏方解释为什么苏军违反条约滞留伊朗。但他没有收到答复。[9]

\* \* \*

一时间，西方国家的报纸上尽是关于伊朗危机的报道。然而就在一周前，盟军之间会爆发战争还是难以想象的事情，毕竟之前正是他们互相配合才击败了德国。而且在第二次世界大战的大部分时间里，美英两国的媒体都在进行亲苏宣传。现在，同样的报纸却告诉人们，如果苏联不停止侵略伊朗，那么双方之间的冲突是不可避免的。右翼新闻杂志《时代》周刊过去经常宣传共产主义在苏联只是"表象"，还盛赞斯大林是拯救国家的大好人。几天之后，报纸的话锋一转，慈祥的"乔大叔"俨然成了丘吉尔口中在欧洲制造铁幕还要侵吞中东的暴君。当年 8 月，《纽约时报》言之凿凿地称，据当地记者报道，"苏联军队距德黑兰不到 25 英里"——但这个"当地"消息完全是虚假的，当时《纽约时报》没有在那里派驻任何记者，一切都是道听途说。当时大多数苏军都驻扎在大不里士附近，只有几辆苏联坦克和小队在通往东阿塞拜疆省和伊朗库尔德地区的道路上巡逻。但是这条假消息却在德黑兰引起了恐慌。默瑞向华盛顿报告："数百名富人把财产堆放在车上仓皇逃离，人群堵塞了通往南部的道路。"[10]

尽管拒绝透露军队离开东阿塞拜疆省和大不里士的时间，但苏联也明确表示没有向伊朗首都进军的计划。在局势日趋紧张之时，美国士兵和外交官提供了一些可靠的信息。诺曼·施瓦茨科普夫将军指挥着一支队伍，旨在保护美国驻伊朗的内政顾问们。他向华盛顿报告："目前没有任何迹象表明苏联要入侵。"美国参谋长联席会议主席艾森豪威尔则告诉杜鲁门，他确信苏联"没有准备打仗"，他也确信苏联不会进攻伊朗。美国驻苏大使乔治·凯南在发给美国国务院的电报中向杜鲁门保证，眼下绝对不会有军事冲突发生，他说："（斯大林）没有在这方面进行任何动员，苏联人不会没有考虑好后果就鲁莽行事。他们可能会进行试探或者使用恐吓手段……但为了避免与西方盟友决裂，他们不会踩踏红线。"英国的哈利法克斯勋爵也建议美方保持冷静克制。他对外交部长贝文说："没必要因为伊朗事务就向苏联采取军事行动。"[11]

伊朗既不想把石油交给苏联，又想让他们尽快撤军。盖瓦姆明白英国和美国都不会在短时间内派兵支援，于是他询问美国大使，美方准备如何帮助伊朗走出困境。默瑞表示，美国大概率不会提供军事上的帮助，但会在外交方面对苏联施压。他还建议伊朗把这个问题提交给联合国安理会审议。美国、英国和其他西方盟友将支持伊朗。在几十年后的今天来看，这似乎没什么稀奇的，但在当时却意义重大。这将是联合国作为维护世界和平的卫士所面临的第一个考验。

富兰克林·罗斯福生前没能亲眼看到联合国发挥作用。但不可否认，这位"联合国之父"有着卓越的、发展的眼光。为建立起这一组织，他不仅与质疑者们进行了艰苦的谈判，并与美国的竞争对手——特别是斯大林统治下的苏联，达成协议。罗斯福认为，联合国不是建立在理想主义信念的基础上——某些反对者称之为"全球胡话"——而是从实际角度出发的。一直以来，无论是庞大的帝国还是权力集团都无法维系世界和平，国与国的纷争总会以战乱收场。"势力范围"和"势力均衡"都是维系旧世界的办法，1914年和1939年的大灾难也是由此而起。罗斯福认为，主要大国可以共同解决争端，美国、苏联、英国和中国应扮演维护和平的"世界警察"角色。斯大林对这一构想并不是百分百支持。但杜鲁门在仔细斟酌之后认为,除非苏联真的想要再来一次战争,否则不会在联合国刚成立时就破坏它的规矩。正如总统的一名助手所说:"如果他们迟早要这么做,不如早点让我们知道。"

3月8日,伯恩斯又向苏联发出一份正式照会。文字内容是他的助手阿尔杰·希斯于匆忙之中写下的,按外交标准来看,其内容非常简单,措辞却十分严厉。而这也是自战争结束以来两国政府之间最不友好的官方交流。声明中称,美国无法对伊朗的紧张局势无动于衷。"美国诚挚地希望,苏联能够立即从伊朗撤军,以此加快推动建立和平稳定关系的进程,筑牢国际信任关系。"照会中并没有直接表达威胁之意,而且正如伯恩斯的副手迪安·艾奇逊所建议的那样,如果苏联想避免兵戎相见,那么这份文件就给他们指明了"一条体面的出路"。[12]

伊朗将苏联撤军问题提交给了联合国安理会,成为下一次会议的重要议题。苏联立即称这是"不友好的敌对行为,可能会导致不幸的结果"。盖瓦姆回应称,苏联军队没有在规定的3月2日最后期限内撤离,这本身就是"非法的"。但事实上,苏军正在为撤离做准备。被一些相对友好的政府称为"恶霸",这可不是他们想要的结果。莫洛托夫后来说:"我们不再试探伊朗,可即便如此我们也没有得到支持。"[13]

安全理事会会议定于3月26日举行。24日,苏联的《消息报》报道称,苏联"从3月2日开始"的撤军将持续数周时间。同一天,斯大林罕见地接受了西方记者,即美联社的艾迪·吉尔默的采访。斯大林态度温和,表示"真的没有战争的危险",伊朗的紧张局势是"某些政治团体的无中生有"。

斯大林希望在纽约召开的安理会会议能够延期,但最终会议还是在位于布朗克斯区亨特学院的临时联合国总部如期举行。电视和广播等媒体对会议进行了现场直播。苏联代表安德烈·葛罗米柯表示,如无意外,苏联军队将在5~6周内撤出伊朗,他希望联合国不要再讨论这件事了。但伯恩斯要求继续将其作为会议议题,直到"最后1名苏联士兵离开伊朗"。伯恩斯还对此发表了一番演讲:"有40个国家在这里没有代表。他们还指望当祖国安全受到威胁的时候,安理会可以向他们敞开大门,让他们诉说心中的不满……除非联合国能够采取强硬措施，否则它将在无能和低效中夭折。"[14]

盛怒之下，葛罗米柯拿起他的文件，一边用俄语咒骂，一边离开了会议大厅——后来这位苏联外交家又在不同场合否决了 34 项协议，人送外号"否决先生"。虽然没有发生真枪实弹的战争，但伊朗危机的影响却是十分深远的。罗伯特·罗素在这次事件中扮演了很重要的角色，他后来评论："虽然没有发射一枪一弹，但是阿塞拜疆之争的后果与邦克山战役、布尔朗战役以及第一次马恩河战役不分上下。"当时，一位英国驻伊朗的外交官还以另一种方式对这件事进行了解读："这是标准石油公司和壳牌石油公司努力保障石油勘探权的结果，他们把波斯湾的苏联人从热战盟友变成了冷战对手。"最让斯大林恼火的是，他从未得到的油田却让美国拿走了。在苏联撤军的几个月后，美国便和伊朗签订协议，取得了第一份石油开采权。[15]

苏联军队、政府顾问和间谍离开大不里士后，东阿塞拜疆省"自治"政府也倒台了。皮谢瓦里收到了斯大林写来的一封信。这位忠诚的同志非但没有得到支持和同情，反而被现实上了一节"政治课"。曾经鼓励皮谢瓦里搞革命的斯大林现在对他说："你们国家不具备革命的条件……如果我们的军队驻扎在那里，将会动摇欧洲和亚洲自由主义政策的根基……西方国家会趁机在世界各地控制他们想要的地方。所以我们决定从伊朗撤军……然后发动让我们的解放政策更合理和有效的运动，这样才能从英美手中夺得更多筹码。"他告诉皮谢瓦里和他的阿塞拜疆民主党要"缓和立场"，支持德黑兰政府。[16]

当最后一名苏联士兵越过边境回到苏联时，伊朗军队立即开始了残酷的镇压革命的行动。数十名民主党官员和支持者遭到逮捕、审查和杀害。斯大林命令他们不要抵抗，迅速撤退。但只有少数人逃脱了国王的血腥复仇，皮谢瓦里就是其中之一。成王败寇，他设法逃到了阿塞拜疆苏维埃共和国的巴库，后来在 1947 年 2 月死于一场神秘的车祸。尽管没有死于谋杀的证据，但有人认为这次"交通事故"很可能是苏联国家安全部的"杰作"。

# 1946：

现代世界的形成

第十七章

日落印度

3月23日，三名英国内阁高级官员带领一个使团离开伦敦前往德里。近两个世纪以来，印度一直是"大英帝国王冠上的明珠"，但这一行人此次赴印的任务却并没有那么光彩。工党议员兼使团首席助理怀亚特说："这次是要将一个王国拱手送人，结果发现接盘者的反应跟预期的完全不同，着实让人感到挫败。"[1]

　　当英国内阁使团抵达德里时，大英帝国对印度的统治显然就要走到尽头。英国不再以虚假的利他主义为借口，也没有提前进行周密的计划，他们非常疲惫，只想尽快从印度撤军。总督韦弗尔对国王说："一切都交给你们的政府了，我们无力采取什么有效的行动。事实上，我们是在非常艰难的情况下撤军的。"[2]

　　战后，印度面临的问题的关键不在于英国人是否会离开，而是他们要如何离开。印度在英国统治之下，尽管发展得不太好，但至少它还是一个完整的国家。英国要是撒手不管，印度教徒和穆斯林之间难以调和的分歧是否最终会导致国家分裂？独立后的印度会变成什么样，成为人们讨论的焦点。

　　英国内阁使团在印度的斡旋工作持续了3个月，试图说服印度各民族领导人就国家的未来达成一致，但结果不甚令人满意。使团团长兼印度事务大臣佩西克·劳伦斯在工作进行到一半时宣布，这是维持印度统一的"最后机会"。他已经尽力了，却难以力挽狂澜。哪怕是比他和其他两位同事更智慧的人，也无法为这件事找到更好的解决办法（使团另外两位领导分别是贸易委员会主席也是未来的财政大臣斯坦福特·克里普斯爵士和英国海军大臣阿尔伯特·亚历山大）。

　　在许多政治观察家看来，英国派去与印度政府谈判的人选是恰当的。殖民统治者们习惯性地派出精力充沛又做事果断的人去处理印度事宜，这些人对自己肩负的"文明使命"充满信心。时年 74 岁的佩西克·劳伦斯是一位伊顿公学毕业的工党老牌政治家，为人正派，和蔼可亲，只是老态难掩。他交友广泛，朋友们喜欢戏称他为"可怜的劳伦斯"。众所周知，他一直坚定地支持妇女获得选举权。他曾因跟随艾米琳·潘克特斯参与示威活动而被逮捕，还一度绝食抗议。由此可以看出，他做事的本意都是好的，但头脑算不上清楚。正如总督所说："佩西克·劳伦斯爵士对自己到德里的意义，认识得还不够清晰。他只是知道自己是来移交权力、给印度自由的。至于到底该把权力移交给谁，他从来没有好好考虑过。"[3]

内阁使团抵达印度之前，该国刚进行完一系列选举。由于国土面积广大且人口众多，给组织计票工作带来了许多困难，以至于选举过程持续了 3 个月。当时有超过 4000 万人参加了投票，约占印度总人口的 10%，这也是印度迄今为止举行的规模最大的选举。但它也有不足的地方，比如选民名单没有及时更新、选举权利受到限制，而且在某些地区明显存在操纵选票的现象。曾是印度政坛领军人物的阿扎德说："这算不得是真正意义上的自由选举。"尽管民意调查可能做得并不彻底，但人们还是普遍认为这次选举的结果能够反映民众的心意。这次选举是为了在全国范围内选出完全由印度人组成的省级政府。但随着竞选活动的推进，它逐渐变成了另一种目的的全民公投——是否应该让穆斯林获得"纯净之地"，建立一个独立的国家，即巴基斯坦。绝大多数穆斯林投了赞成票。[4]

作为印度最大的政党，国民大会党一直致力于将印度从英国的统治下解放出来。该政党成立于 1885 年，当时的成员都是贵族、亲西方的律师或商界人士等上流社会的精英。在英国统治时期，国大党通过文明的施压手段，为印度人争取了不少权利。自 20 世纪 20 年代以来，莫罕达斯·甘地将国大党发展成为一个拥有 400 万党员和众多支持者的民族主义政党，通过"非暴力不合作"的革命策略争取国家的自由和独立。这种做法恰恰命中了英国人的软肋。国大党的一位活动家这样评价甘地："他不仅是最著名的印度人，也是印度国内除佛陀以外最受爱戴的对象。人们称他为'圣雄'，认为他拥有伟大的灵魂。"

甘地将唯心主义与争取印度现实利益有机结合在一起，这激怒了统治印度的英国官员。20世纪30年代，一位英籍印度事务大臣评价道："他可能道德的确高尚，也许是个圣人……不过我也非常肯定，他是我遇到过的绅士里最精明、最讲政治、最善于算计的一位。"如果是别的统治者，也许会暗杀甘地。英国却选择囚禁他，这反而提高了甘地的声望。

1946年，国大党针对的主要对象不再是英国，而是穆斯林联盟。这个组织原本也是由印度上层阶级组成的友好团体，旨在为印度穆斯林寻求有限范围内的特权。然而，在穆罕默德·阿里·真纳的领导下，该联盟迅速发展成为拥有200多万党员的政党，党派宗旨也越来越趋于宗教化和分裂主义。真纳原本也是国大党的成员，起初国大党里也有不少穆斯林，尽管宗教信仰不同，但"结束英国统治"这一共同目标还是把穆斯林和印度教徒凝聚在一起。然而国大党在甘地的宗教激励下，渐渐发展成为一种集体信奉印度教的团体，这无疑让穆斯林成员感到不悦。当时印度有4亿人口，穆斯林占了五分之一还多，这些人对自己在"印度斯坦"的未来感到担忧。尽管国大党声称要为所有印度人代言，并呼吁要建立一个统一的、多元的国家，但穆斯林联盟还是在1940年提出要建立一个独立的伊斯兰家园。让形势变得更复杂的是，在印度的北部和西部还有数百万锡克教教徒横亘于这两大宗族之间，导致双方更加疏远。

在选举中，国大党赢得了全国近90%的议席，掌管了除一个省级政府外的所有地方。与此同时，穆斯林联盟也在信奉伊斯兰教的地区获得了压倒性胜利。正如真纳告诉追随者的那样，人们只投票给支持自己宗教信仰的党派组织。"这是摆在你们面前的唯一选择，也是唯一的问题。"竞选期间他反复这样强调。随着竞选工作的推进，双方的言辞变得越来越尖锐，分歧也越来越大，根源自然是不同的宗教信仰。国大党在宗教节日上发表竞选演说，还在竞选传单上印刷印度教神像，以此鼓励穿藏红花色衣服的人支持自己（印度教的标志颜色为藏红花色）。此外他们还将屠杀圣牛等令印度教信徒憎恶的行为融入反穆斯林联盟的演说。穆斯林联盟也不甘示弱，利用伊斯兰教戒律达到了同样的目的。在投票站，有政治活动人士一手拿着《古兰经》，另一手拿着印度教教义或印度教神像，然后询问选民的意向，并催促他们投票。

像穆拉那·沙比尔·艾哈迈德·乌斯马尼这种走温和路线的德高望重的宗教领袖，也敦促追随者们支持穆斯林联盟："人们应该从民族利益的角度来考虑问题，如果投票给联盟的对手，那么就是让末日提前来临。"少数支持国大党的穆斯林被讽刺成"半鱼半鸟"的异类——名义上是穆斯林，行动上却和印度教徒没什么两样。国大党领导人瓦拉巴伊·帕特尔曾在竞选活动中说："巴基斯坦不会在英国政府的控制之下。如果要实现巴基斯坦建国目标，印度教徒和穆斯林就会有一场内战。"而穆斯林联盟的一位重要领导人利雅卡特·阿里·汗则正面回应道："穆斯林不害怕内战。"[5]

英国人想要体面地退出印度，想让全世界承认他们对这个国家长达两个世纪的统治是成功的，就要维持印度的统一。正如维多利亚时代的帝国主义者麦考利在 19 世纪 50 年代所说的那样，在英国的引导下，"印度有能力建立更好的政府之时，也就是英国最骄傲之时"。[6]

4 月 11 日，英国首相秘密通知抵达印度已经两周的内阁使团——可以把印巴分治作为解决问题的最终手段。佩西克·劳伦斯和他的两个同事在印度北部度过了最热的季节，其间他们一直试图达成一个可以维持统一的协议。但是如果矛盾确实无法调和，那么最终就得允许建立一个单独的伊斯兰国家。印度公务员系统中最高级的官员彭德尔·穆恩爵士在年初告诉艾德礼："现在很清楚，必须公平公正地解决巴基斯坦问题。再也不能逃避了。"[7]

穆斯林和印度教徒之间的暴力冲突在印度各地蔓延。起初还只是一些彼此孤立的事件，渐渐地，暴乱和有组织的党派争斗越来越严重——在孟买、在联合省、在孟加拉等地，这类冲突层出不穷。原本，甘地的"非暴力不合作"运动在推动印度独立方面起到了非常大的作用——让几近破产的英国人彻底屈服。但面对国内问题，它的作用已经微乎其微了。

在艾哈迈达巴德市发生的事情似乎已经预示了最终结局。选举结束后不久，圣雄甘地派了一群工人去稳定该市不断加剧的紧张局势。然而在制止暴行的过程中，有两名工人被杀。他们的伙伴绝望地写信给甘地寻求帮助："我们国大党的同志什里·瓦桑·拉奥和什里·拉贾·巴里牺牲了……他们追求理想，结果却被暴徒用刀砍死。他们的壮举值得赞扬。然而，没有人有勇气追随他们的脚步。人们彼此缺乏信任，否则就不会发生暴乱了；哪怕确实有矛盾，也不会发展到这样的规模和形式。"[8]

在当时的印度，最安全的当属英国人。即使暴力冲突不断发生，殖民者也可以在城中自由安全地行动。英国报纸编辑德斯蒙德·杨对亲身经历的一件事情颇感困惑："一天下午，为了让我妻子过马路，一场街头斗殴甚至被推迟了。"[9]

＊ ＊ ＊

1938年秋，印度最具影响力的政治文化杂志《现代》发表了一篇文章，猛烈抨击印度最受尊敬的民族主义领袖之一、国大党主席贾瓦哈拉尔·尼赫鲁。文章以《没有恺撒》为标题，痛斥他傲慢自大的态度以及将自己标榜为"神一般人物"的做法。

　　他的面具下隐藏着什么？是个人欲望还是对权力的追求？像贾瓦哈拉尔这样的人，尽管拥有干一番大事业的非凡能力，但却是民主社会的威胁。他自诩为民主主义者和社会主义者，我们姑且不质疑它的真实性，但是所有心理学家都明白，行为最终都要服从内心，他总能找到一种逻辑为自己的欲望进行辩护。所以，只要贾瓦哈拉尔找到说服自己的理由，他就可能慢慢地抛弃民主制度，最终成为一个独裁者。他的自负是可怕的，因此必须反对这样的人。我们不需要一个印度的恺撒。

这篇署名为"古印度政治哲学家考底利耶"的文章引发了尼赫鲁支持者的强烈不满。但后来人们惊讶地发现，这个"考底利耶"居然是尼赫鲁本人，这份杂志的出版者就是他的好朋友"比比"南都。由此可见，尼赫鲁是一个喜欢搞恶作剧、追求刺激并拥有敏锐政治嗅觉的人。然而玩笑归玩笑，这篇文章从某种程度上也能够反映出作者内心的真实想法。[10]

　　不谈性格上的缺点，尼赫鲁绝对是国大党的务实派领袖。当时他已经56岁，但外表仍然很英俊——一些化妆品甚至以他的名字命名，比如"尼赫鲁牌润肤油"和"尼赫鲁牌护发素"，其他政客鲜少受到这样的追捧。几乎所有认识他的人都被他的笑容和幽默感所吸引，相比之下他偶尔表现出来的让人恼火的贵族做派也就算不得什么了。作为克什米尔地区最高种姓的后裔，他曾在哈罗公学和剑桥大学三一学院接受教育，这些经历对他产生了巨大的影响。甚至在他生命的最后时光，人们还能偶尔听到他唱起在哈罗读书时学会的俚曲——"杰瑞，你这个笨蛋小傻瓜"。

　　他原本对印度平民的生活状况一无所知，直到1912年获得律师资格，并从伦敦返回印度后，他才第一次意识到了印度的贫穷和肮脏。他指责英国是导致同胞"落后"的罪魁祸首。那时候，他被一种非意识形态的社会主义和圣雄甘地的品格所打动。甘地也非常认可他的才华，并亲自任命他为国大党的领导。为了报答知遇之恩，尼赫鲁称甘地为"养父"。他还具有非凡的勇气。在20年代和30年代的印度独立运动中，他曾多次遭到英国人的迫害，甚至亲眼看到母亲被警察用棍子打得鲜血直流。他一生中总共被监禁了近10年，其中有近两年是在"二战"期间。尽管如此，英国人还是很尊重他。小说家尼亚塔拉·萨加尔说："值得庆幸的是，印度领导人尼赫鲁的做派宛如一位英国绅士。"

　　尼赫鲁在政治上精明干练，拥有战略家思维，但他在生活中往往表现得很任性，甚至可以说是容易被情绪冲昏头脑。对女人们来说，他极具吸引力。26岁时，他与世交之女、年仅十几岁的卡玛拉结婚。婚后两人长期分居。1936年，卡玛拉在瑞士死于肺结核。"我对她关心不够。"他事后承认。他有很多情人，其中最有名的也最具传奇色彩的是埃德温娜·蒙巴顿夫人。此外，他的绯闻对象还有社会活动家摩黎陀罗·萨拉巴伊和著名女演员德维卡·拉尼。他还跟国大党的主要支持者萨罗吉尼·奈都的女儿帕德玛雅·奈都交往过一段时间。蒙巴顿夫人的女儿帕梅拉·希克斯后来谈到尼赫鲁时说："女人很难不被他吸引。"[11]

公众也被尼赫鲁征服了。他是一位高明的演说家，随着独立日的临近，他的声望也在不断提高。几乎没有人质疑或挑战这位自由印度的领导人。然而人们眼中有魅力又幽默的领袖也有冷漠的一面。熟识尼赫鲁的作家尼拉德·乔杜里曾说："他不喜欢溜须拍马的人，也不喜欢印度人虔诚恭敬的样子……他只有面对英语口音与自己相似的人时，才会展现自己的绅士做派。而面对说印地语或孟加拉语的人，他的行为举止就像英国人对待'本地人'一样……我不知道他是如何忍受普通国大党成员的蹩脚英语的。"12

到 1946 年，尼赫鲁对现实有些失望，因为甘地渐渐把神秘主义、素食主义和禁欲的重要性作为言论的重点——尼赫鲁觉得这些对自己未来将要领导的印度来说无关紧要。他没有像某些国大党成员那样公开表示甘地已经老了，但他写道："养父这样做只是治标不治本。"当然，甘地的言论并不是困扰尼赫鲁的最大问题——那时候甘地的权力和影响力已经削弱了，他要面对的是与穆罕默德·阿里·真纳和他代表的穆斯林民族主义之间最关键的一场斗争。13

\* \* \*

真纳缺乏尼赫鲁那样的人格魅力和绅士举止。他很容易因为别人的轻慢态度而生气动怒。但他也是聪明、精干、老练的——甚至很懂得见机行事。1946年时真纳已经 69 岁了，他个头很高，但身材消瘦且佝偻。彼时他还不知道自己已经患上了肺癌，余生已不足 3 年。很少有人能说自己建立了一个国家，但巴基斯坦能够成为世界上人口排名第六的国家，这在很大程度上要归功于他。

真纳出生在卡拉奇的一个富贵人家——如果要说与贵族尼赫鲁有什么不一样——那就是他被家人送到伦敦的林肯律师学院学习法律。回到印度后，他成立了一家律师事务所，在解决商业纠纷方面非常知名。每年他都能拿到 2.5 万英镑的报酬，这在当时可是一笔巨款。律师事务所的同事非常钦佩他的业务能力："真纳是非常出色的辩护律师。他做事很有自己的一套，他对待案件就像对待艺术品一样。"14

人们口中"冷酷无情"、只对法律和政治感兴趣的真纳，在 30 出头的时候爱上了孟买最美丽的姑娘鲁蒂，她是帕西富商丁肖·马诺克吉·珀蒂爵士的女儿。鲁蒂遇到真纳时才 16 岁，爵士禁止两人见面。虽然女方父亲一直不看好这段姻缘，但两个人还是在女孩成年后结婚了。

这桩婚姻震惊了帕西人和穆斯林。那时候的真纳只是一个刚刚崭露头角的国大党成员和年轻的穆斯林政治家。他坚持认为，只有穆斯林和印度教徒团结在一起才能赶走英国人。但在世人眼中，他不是虔诚的穆斯林，没有好好遵守伊斯兰教的戒律。他爱穿西服和高筒靴，据说他足有 200 多套西服，一条丝绸领带从来不会系第二次。他偶尔还会喝啤酒和威士忌。妻子鲁蒂则穿着巴黎或伦敦最时髦的服装，魅力十足。她对妇女权利有"进步"的看法，并在真纳位于马拉巴尔的别墅里开了一家时尚沙龙。她皈依了伊斯兰教，但这纯粹是做做样子。有一次，真纳外出参加竞选活动，鲁蒂乘着一辆劳斯莱斯来到现场。走下汽车时，衣着华丽的她提着一个午餐盒，然后特别大声地说："看，真纳，我带了美味的午餐！是火腿三明治。"

20 世纪 30 年代后期，这对夫妇之间有了隔阂。鲁蒂搬到了孟买泰姬酒店的一间套房，后来又去了巴黎。20 多岁时，她的身体出现了问题，最终于 1929 年去世。真纳是个很克制的人，很少表露自己的感情，但他在鲁蒂的葬礼上失声痛哭。从那时起，他对生活、印度以及印度政治不再抱有幻想。他开始反对甘地的"非暴力不合作"运动和印度教的唯心主义，他认为这在很多方面都与穆斯林的理念背道而驰。

真纳搬到了伦敦，又在法律界发了财。他还玩票似的以工党成员的身份参加过议会选举，但没能成功。一位资深的工党议员对真纳的落选并不感到意外。他说："在英国，很少有人愿意让这样一个纨绔子弟来代表自己。"[15]

20 世纪 30 年代末，真纳返回印度，与妹妹法蒂玛以及十多岁的女儿迪娜一起住在孟买的别墅里。从那时起，他开始为穆斯林的利益四处奔走。这期间，女儿走上了母亲的老路——爱上了比自己大 20 岁的帕西人内维尔·瓦迪亚。真纳非常愤怒，他试图干涉这段恋情。但迪娜不顾父亲的反对，坚持嫁给了瓦迪亚。从此父女俩几乎没再见过面。

1933 年，巴哈瓦尔布尔行政长官的前家庭教师，后来成为剑桥大学学者的乔杜里·拉赫马特·阿里在一本小众的册子里首次提出了"巴基斯坦"的概念。（巴基斯坦 Pakistan 这个词来源于旁遮普 Punjab、阿富汗 Afghanistan、克什米尔 Kashmir、信德 Sind 和俾路支 Baluchistan 这几个地名的组合。）有议会成员觉得这是个幼稚的方案，不切合实际，行不通。真纳起初也反对这种想法，但后来他不仅改变了主意，还把余生都奉献给了巴基斯坦建国事业。从 1940 年穆斯林联盟通过《拉合尔宣言》，要求建立一个独立的国家开始，真纳就从未在这一目标上退缩过。尽管在很长一段时间里，他并没有明确指出巴基斯坦应该在哪里，其边界又该如何划定。

反对者常常指责真纳的坏脾气，认为这是国大党和穆斯林联盟无法达成一致的主要原因。他们还认为要是换一个人取代真纳，结果就会大不一样。真纳已故妻子的老朋友沃卡达斯则认为他受到了国大党领导层的欺压："他的自尊、骄傲和个人感情都受到了伤害，这让他感到痛苦，以至于对周围很多事物都产生了怀疑。在坚定不移地追求建立巴基斯坦的过程中，真纳就像当辩护律师时那样勤勤恳恳。"直到 1946 年，他还准备为统一印度而努力。他将划定巴基斯坦范围当作穆斯林争取权益的筹码。但后来，他发现国大党领导人根本不想跟他达成一致，因此接受了巴基斯坦应该拥有国家地位、与印度分而治之的现实。[16]

也是在这个时候，对于那些利用宗教来达到政治目的的人，真纳给出了犀利的评价。这恰恰反映了他内心的想法。他说："你的种姓或信仰与国家事务毫无关系……随着时间的推移，关于谁是多数谁是少数的争论都会消失。事实上，我想说的是，正是这种无谓的争论阻碍了印度走向自由和独立的进程。否则，我们早就是自由的人民了。"[17]

几周以来，佩西克·劳伦斯努力使双方达成协议，但印度总督韦弗尔在日记中写道："他与强硬的印度政客谈不拢……他不适合搞这个。"真纳对他的态度更糟糕。这位穆斯林联盟的领导人对不切实际的理想主义毫无兴趣，而佩西克·劳伦斯又不太善于用换位思考去解决问题。"真纳耐着性子听他讲了 10 分钟，但关于世界福利的陈词滥调压根不能引起真纳的共鸣……我们没有取得任何进展。"在会议室外，真纳和尼赫鲁即使面对面，也一句话都没说。6 月 29 日，英国内阁使团返回伦敦，寸功未建。他们离开后，韦弗尔写信给内阁称："这个国家的大麻烦已经来了。"[18]

韦弗尔是一位受人尊敬的将军，其人非常具有反省精神。由他编撰的《别人的鲜花》这本书是最有趣的英语诗歌选集之一。他表示："25 年前英国对印度做了错误的决定。如果'一战'时英国能给予印度像澳大利亚、加拿大、新西兰和南非等'白人的领地'那样的自治权利，那么维持印度统一就是有希望的。"20 世纪 30 年代初，甘地和其他国大党领导人前往伦敦磋商，英国方面向他们保证，印度很快将获得某种程度的自治——但却迟迟没有落实。1939 年，韦弗尔的前任林利思戈勋爵在没有征得印度人同意的情况下，便自作主张"代表"印度向德国宣战，这使得印度民族主义者对他的信任彻底消失。而同样的问题落到澳大利亚和加拿大的头上时，英国政府则事先征求了这两个国家的意见。就在这种不平等待遇之下，英国人竟然希望能有 100 万印度人去和德国人打仗。

尼赫鲁对法西斯主义和纳粹的厌恶并不亚于英国的政治精英们。他说："作为被殖民的国家，印度很难为波兰的自由而战。如果英国真的为了民主而斗争，就应该结束对印度的殖民，让我们建立独立自主的国家。那么自由独立的印度人将会非常乐意与他国合作，共同抵御侵略者。"[19]

英国的掌权者们更认同寇松侯爵的话。这位在世纪之交担任印度总督的贵族曾宣称："其他的都不重要，只要我们统治印度，我们就是世界上最强大的力量。但如果我们失去了它，我们则会沦为一个三流国家。"温斯顿·丘吉尔对此深信不疑，且他的整个政治生涯都在为维持英国对印度的统治而斗争。然而，丘吉尔可能也和其他人一样，反而推动了英国在印度统治的终结。

从丘吉尔担任首相开始，他从未打算放弃印度这颗"大英帝国王冠上的明珠"。他对战时内阁说，即使自己在印度民族主义者的逼迫下做出了一些让步，也无须切实履行在无奈之下做出的承诺。[20]

丘吉尔认为，不论是英国离开印度还是让印度拥有自治权都是"极大的错误"。这种想法早在 19 世纪 90 年代，他还是一名初级骑兵军官时就已经根植于内心深处了。战争期间负责印度事务的大臣里奥·艾默里曾说："温斯顿对印度的态度就像乔治三世对美国殖民地的态度……除了 40 年前他就已经认定了的英国政府，他本能地、强烈地反对任何其他政府对印度进行统治。"[21]

1942 年，国大党发起针对英国政府的"退出印度"非暴力反抗运动。丘吉尔把印度领导人看作战争时期的"叛徒"，下令镇压该运动。这是自 1857 年印度兵变以来英国采取的最严厉的报复行为。当时超过 6 万人被捕（包括甘地和尼赫鲁），350 人被杀。真纳不支持罢工，也没有参加"退出印度"运动。在这方面，也许他看得更加透彻。真纳觉得："就算英国赢得了战争，各方面也都必将遭受重创，他们离开印度是必然的结局。"

众所周知，丘吉尔讨厌甘地，称他非常擅长"冒充苦行僧来煽动群众"，对他毫不留情。甘地被囚禁在阿迦汗一处富丽堂皇的宫殿，但那里本质上就是一所监狱。甘地绝食抗议，健康状况因此恶化。丘吉尔便要求在甘地的饮用水中添加葡萄糖。后来下属通知他圣雄甘地"生命垂危"（陷入了长时间的无意识状态），这位首相并不为所动，说甘地是"一个老骗子"和"流氓"，坚决拒绝释放他。他在给老朋友南非总理史末资的信中写道："我不认为甘地真的想死。他上周肯定比我吃得还好。如果我们被这'一哭二闹三上吊'的把戏给唬住了，那就太愚蠢了。"想想丘吉尔与圣雄甘地的腰围差距，这话也是够可笑了。更让人难以理解的是，丘吉尔居然还认为自己的所作所为是在夯实英国人在印度的统治基础。[22]

在内阁会议上，每每提到印度问题，丘吉尔就勃然大怒。有一次，他甚至大吼道："我讨厌印度人。他们就是信奉野蛮宗教的野蛮人。"艾默里曾经与首相关系很好，可由于丘吉尔对印度的极端态度，导致二人分道扬镳。"丘吉尔对待印度问题的态度很反常……甚至连很简单的话都听不懂。一提到印度，他就会岔开话题，然后漫无边际地讲下去……如果是一个不知道他身份的人，一定会认为他是个糊涂又有趣、听不懂别人在说什么的老头子……人们怀疑他在印度问题上是否保持了清醒——因为他的行为举止和思维方式与战争期间表现出来的沉稳理智完全不同。"[23]

并不是只有艾默里一个人这样想。英国外交部常任秘书卡多根爵士形容丘吉尔在处理印度问题时是在"胡言乱语"。1943 年和 1944 年是孟加拉的饥荒情况最严重的时期，当时有 150 万～200 万印度人死于饥饿。丘吉尔最欣赏的将军阿兰·布鲁克震惊地发现，"首相一边想把印度作为英国的军事基地，一边又对印度人毫无怜悯之情，甚至可以说是幸灾乐祸"。[24]

战争结束后，英国维持在印度统治的唯一方法就是搞大规模镇压。然而英国那时在印度只有区区 6 万驻军，显然这条路行不通。新工党政府承诺英国将离开印度——他们是认真的。但如何快速而体面地离开则让人们犯了难。那时候的英国人已经厌烦了对殖民统治的美化和日不落帝国的豪言壮语，身心俱疲，听不见任何前进的号角。正如工党财政大臣休·道尔顿在 1946 年底所说的那样："我坚信，关心印度问题的英国人连全国人数的十万分之一都不到，人们唯一盼望的就是不要被印度连累。大家只关注食品价格这类问题。"[25]

# 1946:
## 现代世界的形成

第十八章

## 难民

菲奥雷洛·拉瓜迪亚担任了三届纽约市市长，在那之前，他还当过 10 年国会议员。他是美国民众最熟悉的人之一。现在他已经离职 3 个月，远离了公众视线的日子让他很不开心。尽管已经 63 岁了，但他仍然精力充沛，并迫切希望做一些有意义的事情。3 月 31 日，杜鲁门总统任命拉瓜迪亚为联合国善后救济总署（UNRRA）的主管。虽然他更希望能够在国内从事一项相对有前途和影响力的工作，但他还是没有错过这个机会。他告诉自己的支持者，这也许是当前最重要的事业之一。他说得没错。一场前所未有的全球性难民危机正在发生，拉瓜迪亚正是奉命解决这场危机的人。接受任命后不久，他像过去那样满怀热情地向记者宣传这项工作的意义："去图书馆找一本《圣经·新约》，它会告诉你联合国善后救济总署是干什么的。"[1]

　　联合国善后救济总署在战争结束之前就成立了。从事人道主义救援工作的人们在盟军阵地后方建起营地和医院，为绝望的民众提供食物。在日复一日的忙碌中，他们已经意识到一场规模空前的巨大危机正在袭来。在战后欧洲动荡混乱的时期，善后救济总署的确凭着无私的精神和专业的态度，拯救了大量生命。战争结束后很长一段时间里，人们都搞不清楚究竟有多少人需要救助——实在是多得数不清。联合国的官员估计，需要救助的难民人数可能有 700 万。到了 1949 年初，联合国善后救济总署的使命完成之时，统计出的难民人数则高达 1150 万。1946 年春天，欧洲的难民和"流离失所者"约有 400 万——这里的难民指的是彻底无家可归的人，"流离失所者"至少有家可回。当然，这不过是字面意义上的差别。试想一下，一个奥斯威辛集中营的幸存者或一名家园被摧毁的奴工当真还有"家"吗？

1946 年，所谓的流离失所者包括集中营中幸存下来的犹太人、来自十几个国家的战俘以及被纳粹运到德国的奴隶劳工。据统计，希特勒上台后至 1944 年底，德国取得的所有成就，包括整个工业产出，主要依赖强迫劳动。大约 18% 的劳动力是奴工。这些人主要来自苏联（170 万）、波兰（70 万）和东欧其他国家。还有 50 万是法国人，来自挪威、荷兰和比利时的劳工也有好几千人。客观来讲，那些来自西欧的人算不得是被"强制"劳动，不过他们的雇佣合同往往也是在枪口下签署的。战后，保障他们的温饱、保护他们的安全以及送他们回家成了艰巨的任务。联合国善后救济总署虽然倾尽全力，却还总感觉力不从心。因此，他们急需一个像拉瓜迪亚这样既有天赋又有激情的人。

拉瓜迪亚在联合国善后救济总署的前任是赫伯特·雷曼，这个人是雷曼银行的继承者，也是富兰克林·罗斯福的好朋友。1932 年罗斯福当选总统后，雷曼成为纽约州州长。据他的一位下属称，雷曼将美国标准的福利政策与正统的金融制度相结合，制定了一项仅在纽约州推行的"迷你新政"。除此之外，他还是一个大慈善家，热衷参与各种与犹太人有关的慈善活动，这也是罗斯福重用他的原因之一。总统对雷曼的能力和人品都十分认可，同时他也表示："我很想看到那些该死的法西斯分子向犹太人低头求饶。"[2]

一位朋友评价雷曼："非常友善、让人感觉很舒服。他坐在椅子上的时候，就像一只摇晃着腿的小熊。他诚实又勇敢，就是有些慢性子……魄力不足。"相比之下，其他人的评价就没那么客气了。英国官员认为他是"无能的"。在一份给外交大臣欧内斯特·贝文的报告中，有人评价雷曼是"一位缺乏勇气和常识的领导"。副国务卿艾奇逊倒是很喜欢雷曼，但对他的工作能力也不看好。艾奇逊说："雷曼州长从来不明白自己应该做什么。连一些最简单的工作都完成得不好。"[3]

充满活力和激情的拉瓜迪亚与雷曼截然不同。他既是支持罗斯福新政的共和党人，同时也是一位批判"坦慕尼协会"腐败作风的传奇社会活动家。身高不过一米六，身材肥胖、貌不惊人的他在竞选演说中却表现得魅力十足，拥有了大批追随者。他的成功史完美诠释了美国梦，也正是这些经历让他能够更加深刻地体会难民的处境。拉瓜迪亚的父亲是意大利籍音乐家，母亲则有犹太血统。他们一家一直在美国西部和中西部的多个军事基地中辗转生活。十几岁时，他随父母回到欧洲，在奥匈帝国的港口城市里亚斯特定居。拉瓜迪亚极具语言天赋，他精通意大利语、德语、匈牙利语、塞尔维亚－克罗地亚语、意第绪语、罗马尼亚语和英语。

17 岁时，拉瓜迪亚得到了人生第一份工作——在美国驻里亚斯特领事馆做翻译。6 年后，也就是 1906 年，他回到美国攻读法学，同时在埃利斯岛靠做翻译赚取生活费。毕业后，他在曼哈顿下东区的一个贫民社区开设了一家律师事务所。怀揣着伟大的政治抱负，拉瓜迪亚加入了共和党，准备在政治界大展拳脚。那时候纽约州的州政府和大城市的市政府都由贪腐严重的民主党控制。但这并没有阻碍拉瓜迪亚的个人发展，在第一次世界大战期间，他升任纽约州总检察长。

拉瓜迪亚聪明睿智，对于肃清纽约的政治环境始终抱有一颗赤子之心。1934—1945 年这段时间，他成为这座城市现代史上最有影响力的市长之一。不过人无完人，也有人觉得他粗鲁霸道、难以共事。就连他忠实的支持者——埃夫里尔·哈里曼都曾批评他"大吼大叫、张牙舞爪、歇斯底里……不负责任"。但公众都很喜欢他，甚至到了爱戴的程度——特别是当人们见识到他的勇气和真诚时。不过同行却不喜欢他。传记作者罗伯特·卡罗曾说："他容易招人猜忌……他坚决地施行'熔炉政治'，挥舞着血腥的旗帜，滔滔不绝地向民众宣扬移民社区中各种族间的怨恨、偏见和不安全因素……他毫不掩饰对权力的野心。他傲慢、好斗、脾气暴躁，让人难以接近。"[4]

拉瓜迪亚是坚定的反法西斯主义者。战争期间，他被任命为民防工程负责人，这个不太起眼的职务让他有些失望。身为共和党人的他得到了罗斯福的支持，成为纽约州州长，但总统并没有给予他期待的更高的职位。杜鲁门继任总统后，发现了拉瓜迪亚身上的优点，但新总统却打算在 1945 年的纽约州州长竞选中支持民主党人。看清一切的拉瓜迪亚认为如果没有跨党派的支持，自己必然会失败，于是落寞地选择主动退休。

不管拉瓜迪亚最初如何看待联合国善后救济总署的工作，但当杜鲁门把这个任务交给他后，他很快就投入所有精力，不吝施展自己在舆论宣传上的非凡才能。这恰恰是联合国最需要的。他不辞辛劳地在难民营巡视，鼓励救援人员，向负责拍照的记者们展示出最好的形象。1946年7月底，他被拍到在米兰与伟大的指挥家托斯卡尼尼在一起。在国内，他深谙政治上的硬性"推销"之道。面对选民们对海外支出过度的担忧，拉瓜迪亚表示美国人有责任在一场前所未有的灾难中提供人道主义救助。人们相信了他的话。当被问及能为难民们做些什么时，他回答道："提供高速运转的船只，而非执行缓慢的承诺。"5

\* \* \*

援助总是与政治挂钩，1946年发生的事情也是如此。而且问题越严重、付出的代价越高，政客们介入得就越多。1944年初，罗斯福和丘吉尔联手成立了联合国善后救济总署，当时启动资金高达100亿美元。美国掏了四分之三的钱，其余则是英国和加拿大捐的。美国在"一战"后建立的美国救济署（ARA）身上获得了不少失败的教训。不过从某种程度上来说，运营不成功并非机构本身的问题。1919年肆虐的流感疫情使ARA不堪重负，当时仅在欧洲就有1200多万人死亡，亚洲的情况更加严重。其实自从1918年之后，ARA的援助行为就开始变得不及时，而且带有太多附加条件。掺杂其中的国内政治纠葛更是让援助计划寸步难行。那时候，美国的一些州拒绝为外国提供任何资金援助，有的甚至拒绝与同盟国进行救援合作。就这样，美国失去了好不容易在"一战"中获得的国际声望。

这一次美国不会重蹈覆辙。救济难民是盟军在战后的重点工作之一，美国决心要与其他国家合作促成此事。不过罗斯福很清楚这很可能会是一个无底洞。1943年底，难民问题专家和国务院官员在一份报告里发出警告："即便美国向救助对象提供所有的救援物资，我们也不适合再扮演'慷慨女士'的角色来出风头了。相比之下，成立一个正规的国际组织将会更加有意义。"6

然而，现实要比想象中复杂许多。曾经在"二战"期间做过一段时间公务员的小说家兼哲学家艾瑞斯·默多克，在特种兵男友弗兰克·汤普森牺牲于巴尔干之后，就怀揣着全部热情加入了联合国善后救济总署。可理想在现实面前根本不堪一击。失望之下，艾瑞斯向公众揭露了该组织内部的混乱状况。

按照艾瑞斯·默多克的说法，伦敦办事处"到处都是无能的英国公务员（比如我），还有一些想法奇特、不懂英语、沟通能力差的外国人……这样当然会把事情搞得一团糟……不少心地善良、想要在这里做一番事业的人最终只能在平庸和混乱里随波逐流"。她还从人际关系里预见到了国际紧张局势——联合国善后救济总署"不是由'戴着礼帽'的英国人管理的……他们的行为举止还算绅士。来自密尔沃基、辛辛那提和纽黑文的美国佬给了摇摇欲坠的欧洲致命的一击"。[7]

更麻烦的是，联合国善后救济总署的工作量比预期的要大得多。他们原本计划派遣 250 组人员到德国等地分别救助约 770 万名难民。结果在 3 个月内，实际派出的救援小组数量就已经达到 450 个。有些难民营的条件很差，救援人员不得不在那里耽搁很长一段时间。英国军方高级官员多诺万在给上级的信中写道：

> 当难民们得知战争已经结束、自己从此获得自由的时候，他们的心情十分激动，并对未来充满希望。然而现实却并非如此……他们的居住环境很差，因为总是需要用废旧材料修修补补，所以看上去总是脏兮兮的。水、电和卫生条件也相当糟糕。这种情况在当时是不可避免的。他们的境遇已经比许多德国人要好了。但在某些方面，不少难民的生活质量还不如纳粹统治时期。[8]

而且食物短缺现象严重。凯瑟琳·胡姆是巴伐利亚难民营的负责人，她在给朋友的信中讲述了难民们争抢食物的惨状：

> 当红十字会的包裹送达难民营的时候，发生了一件让人难以置信的事情。仅仅是一些肉酱和沙丁鱼罐头就差点引发一场骚乱……更别提会让人

发疯的袋装立顿茶、速溶咖啡和巧克力棒了。但事实就是如此。这就像法兰克福的废墟一样，属于欧洲毁灭的一部分——只不过毁灭的是人类灵魂。目睹这一切，我的痛苦难以言表。[9]

军队和政客之间、士兵和救援人员之间的关系一直很紧张。起初，搭建营地和为难民提供食物的工作都是由英美两国军队承担的。就在短短几周前，这些人还在战场上厮杀，现在却要在毫无经验的情况下扮演和平时期的新角色。士兵们很难在短时间内改变行事作风，很快就有人批评他们把救济工作搞得像一场军事行动——生硬、不够人性化。

为此杜鲁门总统专门给艾森豪威尔将军写信，表示自己听到了外界对军方的批评，问他这些指控是否真实，同时也想得到一份关于难民营生活条件的报告。艾森豪威尔对这些指责很不满，不过并未在回信中表露太多情绪。他承认："某种程度上，我们做得的确不够。但我要指出的是，全军都面临从作战调整到大规模遣返难民的复杂问题。中间还牵扯到棘手的救济工作。"[10]

1946 年底以前，大部分难民营都是由军队管理的，直到联合国善后救济总署有了足够的工作人员，才全盘接手这一工作。军队没有接受过救援培训，士兵不知道该如何对待难民，而习惯于在战场上发号施令的军官对此更是一窍不通。一位难民营的负责人总结说："军方只是把这项工作当成后勤问题，而不是人道主义问题。"弗朗西斯卡·威尔逊是一名在巴伐利亚难民营工作的英国籍护士，她表示自己在忍无可忍的情况下曾对一名军官发脾气，原因是那名军官在没有提前通知大家做准备的情况下，大声呵斥孩子们，命令他们从一个营地转移到另一个营地。她生气地对军官说："我讨厌军人！你为什么不去找人打一架？你为什么要来干涉这些老百姓的生活？你根本就是把他们当成敌人。你觉得可以像转移战争中的连队和炮台一样转移这些母亲、婴儿和病人吗？要是这样的话，你不如回到战场上去。"[11]

还有一名护士完全无法理解美军军官在难民营制定的那些行为守则：乱扔垃圾或随意悬挂衣服的人都要受到纪律处分；拒绝劳动的人会被逮捕，连那些集中营的幸存者和曾在纳粹手下做奴隶的人都不例外。他们还强制妇女接受性病检查。军队采取强制手段管理难民营，一旦有人不遵守规定，就会受到惩罚。这位护士抱怨道："军队在救助方面表现得实在不怎么样。"军队对联合国善后救济总署的团队同样不屑一顾，陆军元帅蒙哥马利宣称，联合国善后救济总署"工作能力很低下"。[12]

许多美国军人和政客反对付出大笔费用去建造难民营，尤其是当时媒体还针对救济工作中的管理不善、浪费以及腐败进行了大量报道。国会中的一些共产主义者认为："这是某些政治团体策划的国际骗局。"[13]

1946 年夏天，英国心理学家针对来自东欧的难民进行了一项调查，结果发现许多人（也许是大多数人）非但没感到自由快乐，反而觉得"痛苦和抑郁"。他们对军队和联合国善后救济总署的工作人员不仅没有怀抱感激之情，反而变得越来越不安，态度冷漠，没有主动性，对所有的权威都产生了极大的怀疑。其实很多工作人员都是真诚地想要帮助他们，但后者并不领情。这种反应似乎很常见，军方和救济组织还给它起了个名字——"解放综合征"。[14]

波兰小说家塔杜兹·诺瓦科夫斯基曾在难民营里生活了一年多时间。离开那里后，他表示将永远感激那些帮助过自己和其他难民的人。但在他的代表作《圣徒营》中，他并没有美化那段经历。在故事的高潮部分，他借主人公之口说道："人们根本不团结，这是最让人痛苦的。只能有福同享，却不会有难同当。友爱从来不是源于失败，只有分享胜利成果才能成就相亲相爱的感情。即便共同经历了战火的洗礼，也未必能产生真正的同袍情谊。人们常说经历苦难会让情怀变得更加高尚，但现实根本不是那样的。人们并不会因为共同经历过痛苦就自动变得团结一心。"[15]

那个年代，人们还不了解所谓的"创伤后应激综合征"，但不可否认的是，当时很多人确实正在遭受这种心理疾病的折磨。在英国占领区工作的荷兰人马塔·卡曼在难民中隐约察觉到了一种情况：

很多人难以找到理想和现实的平衡点。当他们得知被解放后，不免就会幻想回到战前那种幸福的生活，仿佛战争带来的苦难都能够随着解放而烟消云散——自此以后，所有的人都是善良的，所有的妻子都是温柔的，所有的婆婆都是慈祥的，所有的丈夫都是忠诚的，所有的家庭都是幸福的。这个世界没有失业、没有贫穷，也没有任何不幸。然而，理想有多丰满，现实就有多骨感。人们发现自己根本无法去往幸福的天堂。身边的一切还是那么糟糕、那么肮脏，甚至可能比战时还要差。长时间的无所事事让难民们进行了更多思考，也让他们认清了现实——根本没有什么美好的生活。很多人只能通过酗酒或乱性来逃避现实。这不难理解。[16]

高出生率让难民营的后勤工作遭遇了大麻烦。到 1946 年中期，美国占领区的难民营里平均每个月都有 750 名婴儿出生。难民营里 18~45 岁的犹太妇女中，有三分之一已经生育或怀孕。许多援助工作者——通常来自宗教组织——对难民营里发生的淫乱之事感到十分震惊。即便在贝尔根－贝尔森这个曾经的纳粹魔窟里也是同样的景象。

志愿者弗朗西斯卡·威尔逊在日记中记录了难民营中发生的种种，其中就有妇女们"肆无忌惮地放纵自己"的内容。一位在联合国善后救济总署工作的法国医生认为，难民们之所以会这样，很重要的一点是因为无聊——除此之外，还能做什么呢？然而他也表示："不少女性难民的道德标准非常低……性行为之异常程度已经达到了骇人听闻的地步。"但这些都是情有可原的。这些年轻的女性，尤其是在集中营里幸存下来的，"经历过地狱般的生活后，她们非常渴求被爱，并害怕被人遗忘，所以会不择手段来填补内心的欲望"。[17]

还有一种更原始的生物学解释，就是为了"种族生存"。难民营里的大多数犹太人其实并非来自集中营——幸运者毕竟太少了。但无论如何，他们虽然逃过了纳粹的魔掌，却也失去了亲人。所以他们渴望创造新的血缘关系，渴望拥有自己的后代。正如一位研究联合国善后救济总署工作的历史学家所言："性不仅是一种获得快乐的方式……也是对抗种族灭绝的行为。"[18]

# 1946：
## 现代世界的形成

第十九章

## 审判与错误

巴黎歌剧院附近的马图林街上有两座幸免于战火的古典风格建筑，那里后来成为战争罪犯及危害国家安全罪嫌疑人中央登记处（CROWCASS）的所在地。西方盟军肃清德国纳粹的机要部门就在 53 号楼的 1 层。那里有一个雅致的房间，室内安放着一台大机器，类似汽车发动机和打印机排字装置的混合体。其实它是一台 IBM 公司生产的穿孔卡片整理计算机，是当时同类产品中最先进、最精密的。美国联邦调查局和一些政府部门及大公司都有这种设备，以提升行政管理的效率。在 CROWCASS，它被用来核对疑似纳粹成员的照片、指纹及其他个人信息。

　　这台机器是美英两国"纳粹清除者"的骄傲和快乐的源泉。利用这台机器，他们能够很快从纳粹党员的名单中锁定战犯的信息，工作效率大大提升。不过由于法国电力供应不稳定，经常停电，这台机器难以维持长期稳定的运转，未免有些美中不足。

　　即便有了机器的协助，纳粹清除者的工作量还是很大。1945 年 5 月战争结束时，纳粹党有 800 万党员，占德国人口的 10% 还要多。一开始，人们（尤其是美国人）强烈要求严惩罪恶滔天的战犯，他们认为这就是占领德国的目的之一。

　　起初，同盟国远征军最高指挥部（SHAEF）接到的命令很明确：纳粹党成员及其支持者——包括从纳粹那里"获利"的人、在亲纳粹公司工作的人、容克地主阶级里的军国主义分子以及在 1933 年纳粹掌权后支持他们的人，只能从事最低贱的体力劳动。相比之下，英国人没有那么理想主义，也不太愿意在铲除纳粹这件事上花费太多精力和金钱。不过他们也赞成先开展清除纳粹的行动，再指导德国建立一个真正民主的国家，从而实现复兴。这是德国投降时同盟国就计划好了的事情。

但他们很快就意识到这项任务的艰巨性和复杂性。如果把纳粹党员全部从原工作岗位开除，那么除了采矿业之外，其他行业也将遭受严重打击。数量庞大的纳粹党员遍布德国社会的各个领域。其中很大一部分是中产阶级和专业技术人才：在波恩，112 名医生中有 102 人是纳粹党员；在被炸弹摧毁的科隆，废物及污水处理方面的 21 名专家中有 18 人属于该党。在当时作为入职条件之一，绝大多数中学教师也加入了纳粹党。就连柏林爱乐乐团的 100 名音乐家里都有 80 个纳粹党员。

盟军面临的新问题是如何找到身家清白又有本事的人。正如接替艾森豪威尔成为新任美国占领区最高军事指挥官的卢修斯·克莱所说："我们的当务之急是找到与纳粹没有关联且能力非凡的德国人。"因为在当时的特殊环境下，能够在政府任职的非纳粹党人往往具有更强的工作能力。经常跟德国打交道的英国外交部资深官员奥尼尔说："最初制定的规则太过苛刻，简直愚蠢至极。"[1]

对战后的德国来说，卢修斯·克莱是至关重要的人之一。出生在佐治亚州玛丽埃塔市的他，身材高大，神完气足，并且很讲究仪表。手下的主要顾问墨菲说他是一名"政治型将领，能够敏锐地察觉到华盛顿方面的意图"。从西点军校毕业后，卢修斯·克莱在工程兵部队工作了 17 年，战争期间并没有取得什么惊天动地的成就。一位助手回忆："他几乎没有什么实战经验。"然而他却是一名天生的领导者。这种才能在他 49 岁时加入艾森豪威尔的同盟国远征军最高指挥部时就显现出来了。他从一开始就说，自己真正要做的不是管理一支军队，而是宣传西方的民主理想。他认为食物才是自由的基础："共产主义国家的人每天能够摄入 1500 卡路里的热量，而西方人每天只有 1000 卡路里——这怎么会有能力跟人家一争高低呢？"[2]

卢修斯·克莱对自己的办公条件非常满意，他在法兰克福的办公室之前属于艾森豪威尔。办公室位于一座宏伟建筑中，曾经是德国化工巨头 IG 法本公司的总部所在地——被纳粹用来毒杀犹太人的齐克隆 B 正是这家企业生产的。

这栋建筑完好无损地矗立在法兰克福市的中心，周围则是被美国轰炸后留下的废墟。艾森豪威尔的秘书凯·萨默斯比在描述这座建筑时说："它就像一座小型城市。环境非常幽雅……建造时用了大量大理石。里面还有喷泉和室内花园，螺旋形的楼梯非常气派，更不用提那豪华的办公室了。将军的办公室简直能装下好几个网球场。"[3]

相比之下，英占区总部的条件就逊色太多了——他们就在巴特恩豪森那些单调乏味的兵营里办公。1946 年夏天，前空军司令兼皇家空军元帅肖尔托·道格拉斯男爵接替蒙哥马利成为英占区管理委员会的负责人。爵士非常喜欢德国音乐——"二战"以前他还在巴赫合唱团里有过一席之地。上任之初，他就对外宣称自己的使命是"尽快让德国人恢复正常的生活"。英占区管理委员会作为英国政府的一个部门，全面负责德国境内英国占领区的民政工作。然而人们每每提到它，都认为它的工作搞得一塌糊涂。该部门在汉堡、柏林和汉诺威都设有分支机构，工作人员总数一度达到 2.5 万之多，分布在德国各地。其总部设在伦敦，由兰开斯特公爵郡大臣约翰·海因德领导。此人曾经做过铁路工人和工会委员，因此人们将他的办公室戏称为"海因德总部"。据他本人说，自己之所以被选中是因为通过函授方式学过德语。但这种说法显然太谦虚了，周围很多人都对他怀有崇拜之情。艾德礼称赞海因德聪明能干——他很少这样肯定别人。维克多·戈兰茨说："他是英国公共生活中最有人情味的人了。"[4]

盟军最初打算揽下肃清纳粹分子的全部工作。要求美占区和英占区内所有未到退休年龄的成年人（约 1300 万）填写调查登记表，并提交给占领区的行政部门。如果人们不这么做，就不能获得配给卡，也找不到任何工作。有些人因此进了监狱。登记表的最上面用粗体字写着这样一条警告："提供虚假信息者将被追究法律责任。"

美国人"一刀切"地要求所有人都填写登记表，结果搞出了许多闹剧。被关在集中营里好多年的人需要填写，知名的反纳粹人士也要填写——比如著名的儿童读物《埃米尔和侦探们》的作者艾里希，他因为反对纳粹而导致作品遭到封杀。即便如此，他也得填那张登记表。这实在太荒谬了。同样，让纳粹头子赫尔曼·戈林的妻子艾米填写这个表格也毫无意义。那时，赫尔曼正在纽伦堡等候审判，艾米也被关在施特劳宾的一处监狱里。结果，她也得在一名美国狱警的监督下填写调查登记表。

> 其中一个问题是："你是否有亲朋好友在第三帝国担任要职？""是的，我的丈夫。"我写道。"他担任什么职务？""他不是在党卫军，而是在冲锋队。他是帝国元帅、盖世太保首领、德国空军司令……"我试着回忆丈夫的其他头衔，但最后还是叹了口气。"你叹什么气？"美国人问。"我不记得他所有的头衔了。""那就直接写赫尔曼·戈林吧。他的信息我们已经掌握得足够多了。"[5]

他们是为了保住工作才加入纳粹党，还是为了贪图眼前利益而成为"跟风者"？占领军希望通过这些调查表去确认每一个德国人对第三帝国的忠诚度。其中一个重要的衡量标准是纳粹党员的党龄。1933 年之前就加入的人会被"罪加一等"。但这本身并不合理。虽然通过这些调查能够获取一定信息，但是也会掩盖某些真相。因为很多应该为受到迫害的犹太人和奴工负责的人本身却不是纳粹党员。因此，在德国被占领的头 9 个月，有 11.5 万人被拘留，37 万名纳粹党员失去了工作。

填写完毕的登记表被送到巴黎的 CROWCASS，在那里，所有信息都会被录入 IBM 计算机。曾经因为在短时间内就录入了 4 万份表格，系统一度陷入瘫痪。到 1946 年 3 月，需要处理的登记信息已有 700 万条之多，其中有一半人被确认为纳粹分子。要想把收到的登记表全部录入进去，要花两年多的时间。盟军根本无法应付。

4 月 1 日，同盟国远征军最高指挥部颁布了一项全新的"去纳粹主义和军国主义法案"，该法案是由美国律师负责起草的："为了保证建立一个能与世界各国和平相处的民主德国，必须让军国主义的支持者、谋求私利和违反人道主义的罪人远离政治、经济和文化生活，他们还要为自己的罪行付出代价。"新

的去纳粹化法庭随之建立。这是一个由盟军组建，德国法学家和官员负责运作
的审判组织。英国占领区首席法律顾问拉斯伯恩对此进行了解释："德国人的
烂摊子应该由他们自己去收拾。这才能让他们吸取教训。"虽说去纳粹化法庭让
同盟国得以从繁重的审判工作中抽身，但其伸张正义的价值也就不存在了。[6]

\* \* \*

去纳粹化工作进行了一年以后，在德国出现了一个流传甚广的笑话。一个
人走进警察局自首。"我是纳粹。"他说。警官责怪他："几个月以前你为什么
不来自首呢？现在都什么时候了！""哦，几个月前我还不是纳粹呢。"

人们对调查登记表和去纳粹化法庭嗤之以鼻。那些反对希特勒政权的德
国知名人士担心"纳粹主义死灰复燃"。当年 4 月，同盟国远征军最高指挥部
委托盖洛普民意测验中心进行了一项调查，发现 49% 的德国人认为"纳粹主
义本身是好的，只是实施的方式不对"。他们指责纳粹的主要理由是战败给德
国人带来了灾难。超过三分之二的人不愿为那些打着纳粹旗号犯下的罪过承担
责任。新成立的基督教民主联盟的核心人物、德国最受尊敬和拥戴的政治家之
一康拉德·阿登纳，在去纳粹化法庭成立几周后就公开反对在这方面有进一步
的行动。他认为无须兴师动众、耗费时间专门搞那些去纳粹化的活动，时间一
长，纳粹思想自然就会弱化和消失。他说："人们主观上都不想承担那么沉重
的责任。不去过分强调历史罪责，会更容易让德国人卸下枷锁、承认过错。"
而让德国人直视纳粹的罪行、强迫他们观看集中营主题的电影，以及让孩子们
了解祖国在战争中犯下的恐怖罪行，不仅不会促使他们悔悟，反而还可能引发
一系列民族主义的不良反应。[7]

阿登纳是为了解决国家实际问题而奋斗的政治家，他思考的那些问题同样
也困扰着一些哲学家。其中一位就是卡尔·雅斯贝尔斯，他是研究克尔凯郭尔
和存在主义的专家，其想法与阿登纳不谋而合。雅斯贝尔斯的妻子格特鲁德正
是犹太人。在纳粹统治时期，她被迫躲藏起来，雅斯贝尔斯也不能继续在海德

堡大学任教，其著作被禁止出版。多亏他名声在外，否则一定会被送进集中营。

1946 年，雅斯贝尔斯出版了极具影响力的《德国的罪行问题》，这本小书在同胞中引发了强烈共鸣。书籍出版后，他还进行了一系列相关演讲。在接下来的二三十年里，每当人们谴责德国人没能像盟军希望的那样为自己的民族感到内疚，反而"集体失忆"的时候，都会提到这本书。

雅斯贝尔斯在书中传递出了这样一种思想：德国人并不邪恶，也不应该自怨自艾。"对纳粹统治时期数百万德国人的心理和行为进行简单的总结和概括必然是不合理的，其结论肯定也不客观。不能把他们简单地用黑色和白色进行区分，因为更多的人是介于两者之间的灰色。"但盟军占领德国也没什么错，他说："他们的存在提醒我们不要变得傲慢，并让我们学会谦虚。"不过他觉得德国人还有更迫在眉睫的、值得担忧的事情：

> 人们不想再听要为过去悔悟的劝告，也不关心历史的评判。他们只想不再痛苦……所有德国人都有责任正视德国的过错以及它造成的后果。可是，将德国变成监狱的是纳粹，这是他们的罪过。但在外人看来，所有的德国人都不能摆脱干系。可是那个时候的德国人还能怎么样呢？他们有别的选择吗？[8]

战争过去一年之后，他在海德堡的一次演讲中更加深入地阐述了这个观点：

> 有成千上万反抗纳粹的德国人自杀或被杀。他们中的大多数并不为人知。我们虽然幸存下来，也不过是苟且偷生。当我们的犹太朋友被带走时，我们没有走上街头抗议，也没有悲痛呐喊，因为这样做的话我们一样会遭到迫害。我们选择了软弱地活下去，就算我们死了也不能改变什么。可如今，活着反而成了我们的罪过。[9]

雅斯贝尔斯的学生中最有名的是汉娜·艾伦特，她认为德国的去纳粹化法庭是脱离了哲学规律的审判工具。身为犹太人，阿伦特在 20 世纪 30 年代以及战争中的大部分时间都流亡于美国，曾写过《极权主义的起源》一书。她强烈反对"集体犯罪"这一概念："归根结底，如果所有人都有罪，那么就不会有人得到公正的判决。"[10]

* * *

渐渐地，调查登记表的内容变得越来越琐碎，也越来越官僚主义。到 1946 年初，表格的内容已经塞满了 12 页纸，共包含 133 个问题。其中一些问题压根就与纳粹无关——比如你的健康状况如何，盟军的轰炸是否影响了你的睡眠质量之类。还有一个很特别的问题，虽然与纳粹有关，却让人讨厌至极——你在 1932 年的大选中到底投票给了谁？还有一些问题是人们难以给出确切答案的，比如战前银行账户的详细信息等。这样的调查登记表让德国人十分崩溃。"这简直就是在逼着记性不好的人做伪证！"露丝·安德列斯－弗雷德里希在日记中哀叹道。

还有一个被很多人视为"陷阱"的问题，偏偏美国人觉得可以通过它判断德国人的态度——那就是问受访者是否曾经希望德国赢得战争。这简直可笑至极，对德国人来说根本无法简单地用"是"或"不是"来回答。可想而知，1945 年 5 月以后，德国人承认自己曾希望祖国赢得战争必然是"大逆不道"的。但在 1939 年或 1940 年呢？

去纳粹化法庭受到嘲笑和质疑是必然的。因为他们的主要工作就是判定某些纳粹分子其实品行良好，然后给他们贴上"良民"的标签——以此告诉公众，这些人"比白色还要白，所有的棕色（纳粹）污点都被洗掉了"。这种事情是无法避免的。因为打从一开始，他们就找不到从未向纳粹屈服过的法官或律师来担此重任。当时德国 90% 的律师都是纳粹党员。拿汉堡这个城市来说，战争结束时，这里的法官要么是纳粹党员，要么是其附属组织的成员。所以这个问题根本无法解决。这样一来，就要由纳粹出身的法官来审判纳粹的罪行。而被告中也不乏一些法学家，他们犯的错就是在希特勒上台后，将犹太教徒和基督教徒发生性关系这种事情判为"有罪"。在美国占领区，没有一个法官在战后真正被撤职。

大多数警察也曾是纳粹党员，他们本不应该插手这些案件，但现实却恰恰相反。当时，英国占领军给社会民主党领导人库尔特·舒马赫安排了一个五人警卫队，并向他保证已经清除了警察队伍里的纳粹分子。但 1946 年 5 月 15 日那天舒马赫愤怒地给英国官员发了一封信，称自己在无意中听到警卫员在聊天，他们中居然有四个都进过党卫军。而且他还惊讶地得知英国刚刚任命了臭名昭著的党卫军中尉阿道夫·舒茨为英占区的警察头头。但盟军管理委员会也向英国外交部提交了一份报告，报告中称："很明显，如果要将警察队伍彻底去纳粹化，那么德国就没有警察了。根据德国目前的实际情况来看，当务之急是要拥有一支可靠的警察队伍。想实现这个目标，就得先让警察们获得某种程度上的安全感，毕竟我们还是需要他们充当政府的工具。"在这个过程中，许多高级别官员都保住了职位，其中就有莱茵兰 – 普法尔茨州的警察局长威廉·豪塞尔，他在白俄罗斯担任党卫军军官的时候，可没少干肮脏事儿。[11]

没有一家德国机构能被彻底"清洗"，所有的地方都是灰色地带。超过四分之三的大学教授都曾是纳粹党员，有些人起初的确因此失去了工作，但很快又恢复了职位。汉斯·普鲁斯博士是德国顶级学府埃尔朗根 – 纽伦堡大学的神学系主任，作为一名狂热的纳粹分子，他在 20 世纪 30 年代组织烧毁了大学图书馆中收藏的犹太人和马克思主义者的著作。1945 年夏天，普鲁斯被解雇，但第二年他又重返大学讲台。据统计，德国约有三分之二的老师曾是纳粹党员，在那些优质中学里，这个比例还要更高。"二战"结束后三四个月的时间里，数千人因为纳粹党员的身份被解雇。然而到了 1946 年，已经有 90% 的人恢复了工作。英国诗人史蒂芬·斯宾德当时还在政府部门工作，他知道实情。那一年他正好被派往英国占领区考察教育情况。在访问汉堡的一所学校时，他问学生们都在学什么课程。"拉丁文和生物学。"孩子们回答。"没有别的了吗？"他问。"是的，没有其他的了，先生。因为教历史、地理、英语和数学的老师都被解雇了。"[12]

许多神职人员——不论教派，也曾是纳粹党员。在众多德国公务员被解雇以后，符腾堡的路德宗主教特奥菲尔·沃姆在布道时说："对大多数被解雇的人而言，他们本已承受了太多苦难，他们也是受害者……很多人入党都是出于从众心理，他们本身并不认同这个政权。"谈及这些的时候，沃姆很有可能联想到了亲身经历。他于 1933 年加入纳粹党，当时他就表示这么做是"诚心诚意地想要复兴教派"。后来他加入反对希特勒的阵营，最终被赶出了自己的主教辖区。美国占领区的宗教事务部向卢修斯·克莱报告，美占区里一共有 351 名神职人员，只有 3 人被解雇。1946 年夏天，绰号"棕色康纳德"的弗赖堡的天主教大主教康纳德·格路博给追随者们写信，将希特勒的崛起归咎于"世俗主义"，成功地为自己在过去十几年中狂热支持纳粹的行为开脱。

去纳粹化法庭一开始的量刑就不重，后来更是从宽从轻，只有 10% 的案件进行过公开审理。在数十万起案件中，法庭只根据书面陈述就对被告进行审判，罚过款后这些被告人便可以被"重新归类"到罪责较轻的类别中。有许多臭名昭著的纳粹分子在缴纳了 50 德国马克的罚款后就自由了。然而这个额度只不过相当于战前三个星期的平均工资而已，战后连一包香烟都买不起。这些起不到任何惩戒作用的处罚令整个制度蒙羞。在 1946 年 4 月 20 日—12 月 20 日这段时间里，去纳粹化法庭审理的 41,782 起案件中，只有 116 起被判定为值得提起诉讼的重大罪行。一名驻海德堡的美国官员向克莱将军报告，如果这些事情由美国出面处理，那么超过 80% 的被告会遭到更严厉的处罚。[13]

一些德国政客还要千方百计地破坏这些法庭。在巴伐利亚州，首席行政长官安东·普费弗虽然是著名的反纳粹人士，但他认为整个法庭审判体系不过是"胜利者的正义"，因此从一开始就想要推翻它。他表示，在纳粹党的诞生地巴伐利亚州，只有 3 万名纳粹党员，其中犯下严重罪行的人屈指可数，大多数都是无罪的。在第一波反纳粹浪潮中，巴伐利亚州有数百名公务员和其他官员被美国人解雇。上有政策下有对策，普费弗对其中 75% 的人进行了重新"分类"，有的官复原职，有的换了个岗位重新开展工作。

基于这种情况，德国黑市上开始出现"良民证"的交易。许多臭名昭著的纳粹分子从反纳粹者那里购买信件，好让"没有污点"的工人阶级来证明自己的"清白"。还有纳粹分子付钱给幸存的犹太人，让其证明自己曾为犹太人提供藏身之处或帮助他们免于遭到迫害。再有就是贿赂法官来帮自己洗脱罪名。美国获取的一份情报显示，这种事情在巴伐利亚州屡见不鲜："纳粹分子会花钱购买能够证明自己参加过反纳粹活动的材料……截获的信件表明，德国基督教社会联盟（CSU）给很多纳粹分子行过这样的方便。"[14]

多数德国人都很讨厌那些搞去纳粹化工作的人，盟国想要找到合适的专业技术人员变得越发困难。一位美国官员从纽伦堡附近的施泰纳克发回报告，称当地的法庭是美国占领区中最无用的一个：

> 检察官是一个目不识丁的农民。实际上是一名年轻的法律系学生在负责法庭的具体事务。因为检察官和厅长都没有能力提出指控或下达裁决，所以这些都得由这个年轻人独自完成。结果他发现自己正处在一个尴尬的境地——他要先做起诉书，然后再下达推翻那份起诉书的判决书。这搞得他几乎要精神分裂了。[15]

去纳粹化法庭的工作人员还经常受到威胁。在海德堡附近的施韦青根，当地的法庭庭长就收到过一封恐吓信，信中警告他为这样的机构工作是"严重的犯罪"——"日后你一定会遭到报应的。你应该为家人好好考虑一下。"马尔堡的庭长因此辞职，他说自己"感到害怕"。

在英美两国的占领区，因纳粹身份被解雇的公务员中有83%在3年内恢复了工作。当时英国占领区的官员兼学者诺尔·安南说："大批狂热的纳粹分子认为他们目前应该低调行事，等风头过去就能重回政坛。"[16]

\* \* \*

1933年到1944年底担任罗斯福政府国务卿的科德尔·赫尔一直对"战争罪审判"持反对意见。离任之前他还说："应该把希特勒、东条英机以及他们的帮凶直接送上断头台。等到第二天的太阳升起，这些人便会成为历史。"丘吉尔也反对公审，他认为这些罪恶滔天的战犯应该被直接处决，无须兴师动众地搞审判。他说："最好是把他们排成一列，然后开枪扫射他们。"英国外交部负责人卡多根爵士也在一份材料中指出，无须审判海因里希·希姆莱这样的纳粹头子，因为"他们的罪行已经严重到超出法律规定的范围了"。然而在战争的最后几个月，丘吉尔改变了主意。因为杜鲁门、艾德礼——特别是斯大林，都希望进行大规模的公审。[17]

在多数德国人以及全世界关注东欧变革的数百万人看来，由于苏联法官的存在，1945 年 11 月在纽伦堡进行的战争罪审判工作被搞得一团糟。斯大林原本想要告诉世界，苏联可以与西方盟国一样对战犯进行司法裁决，偏偏事与愿违，苏联法官的加入被西方视为对"胜利者正义"的粗暴诠释。乔治·凯南认为，纽伦堡国际军事法庭最开始审判的 24 名被告都是纳粹高层，虽然该轮审判持续到 1946 年下半年才宣告结束，但取得的成果并不理想。因为审判传达出来的唯一信息就是，这些人的所作所为在纳粹当政时期是正当的，在"改朝换代"之后，这些行为才成了不可原谅的死罪。[18]

在那个时代，除了美国，其他国家都没有"人权法"；也没有国际法或者能够承担这项审判工作的国际法庭。法律中顶多有一些语意模糊的、关于种族灭绝或"反人类罪"的概念。在那种情况下，纽伦堡的法官们只好编写新的法律，也因此开创了国际人权法律体系的先河。不过这些法律最初都是由美国、英国、苏联和法国的法官负责起草，用来"绞死"德国领导人的。

这在全球法学界引发了众怒，许多人表示强烈抗议，认为这种审判机制非常危险。美国首席大法官哈兰·斯通对此也深感震惊，并将其称为"纽伦堡高级死刑派对"。他说，他不在乎美国首席检察官罗伯特·杰克逊和英国首席检察官哈特利·肖克罗斯会如何处置纳粹分子，因为那些人都该死。但是，如果把这种审判机制放到"符合普通法的程序标准或自然正义"的正常法院去施行，那就其心可诛。后来他被任命为国际军事法庭的美国代表，但他拒绝了这份工作，并表示自己"不想以任何方式祝福国际军事法庭或美国最高法院"。

一位参加过庭审的律师后来说，在盟国领导人看来，审判不仅关乎正义和法律，也关乎对德国人的思想教育。德国广播电台每天都会播出庭审的相关内容，学校和电影院也会放映这类影片。只是效果并不明显。同盟国远征军最高指挥部在庭审的第一周进行了一项民意调查，发现还有不到 10% 的德国人认为，把戈林、里宾特洛甫以及跟希特勒有过密切交往的人放到这种法庭进行审判是不公平的。到 1946 年夏，纽伦堡审判已进行了 6 个月，持有这种看法的人的比例已经增至 40%。

不过杜鲁门和艾德礼都认为，这么做的目的不仅是要处决几十名罪恶滔天的战犯，还有一项重要的使命就是收集纳粹实施暴行的证据——谋杀犹太人、虐待奴工、侮辱斯拉夫人——并将其记录在案，好让包括德国人在内的所有人都能够了解历史、牢记历史。

英国人认为在 1945 年秋纽伦堡审判开始之前，他们对某些案件的审理已经出现漏洞。那时他们对被告提出的指控不是反人类罪，而是谋杀罪——显然这是很难搜集到证据的。英国的辩护律师认为被告只是"服从上级命令"而已。这样的辩护理由成功让 30 名被告中的 14 人洗脱了罪名，5 人被判短期监禁，只有 11 人被绞死。艾德礼对此非常愤怒，他认为这样审理案件会让盟军看起来很愚蠢。1945 年底，他向内阁抱怨，在发起有效起诉上面，检察官们"缺乏动力和钻研精神"。[19]

1946 年初，为了减少案件的审理量，英国首席检察官哈特利·肖克罗斯提出了一个"加速战争罪审判计划"："数以万计的德国人要为数百万人的死亡负责。我们可以设定一个最低指标，即至少起诉英占区内 10% 的被告，大概有2000 人。那么在 1946 年 4 月 30 日之前我们就能办完 500 件案子。"艾德礼接受了这个提议，但并不完全认可："这肯定会导致大量罪犯逍遥法外。"他的担心并不是多余的，改变审理方式后，到截止日期那天，被审判的德国人只占到肖克罗斯预期目标的三分之二。[20]

抓捕和惩罚所有战犯是一项艰巨的任务——即便只抓"大鱼"而放过"小鱼"。原因之一是缺乏专业的法律人士，原因之二是当时德国和欧洲大部分地区的社会都处在动荡之中，难民和流离失所者高达数百万人，导致审理工作困难重重。即便如此，还有检察官仍对自己所做的工作感到满意。这也没什么值得批评的地方，相较于追捕纳粹分子，养活人民和重建国家当然更重要。在这种情况下，有人能够逃脱法律的制裁并不奇怪。造成这种结果的原因并不是相关人员的工作没做到位，而是政治上有意为之。

数千名纳粹出身的科学家、工程师、实业家、间谍和银行家本应该被判入狱，结果却逍遥法外，原因是同盟国觉得他们还有用。这使得去纳粹化行动彻底烂尾，也深深影响了德国地方法庭在其他类型案件审理上的态度——如果盟军的法官和法庭都可以在审理涉纳粹案件时敷衍了事，那么德国人为什么还要严厉地对待那些罪行更轻的同胞呢？德国人反复追问盟军官员这个问题，但他们从未得到令人信服的答案。

美国陆军在去纳粹化行动期间还办了一件能够迅速提升自身科技水平的事情——他们逮捕了大约 400 名科学家和专业技术人员。那些被认为有用的人，不管他们的政治信仰或人权记录如何，都会被带出德国。紧接着这些第三帝国的顶尖技术人才就会像战利品一样被英美两国瓜分。他们这么做还有另一个目的，就是防止这些科学家及其科技成果落入苏联人之手。

苏联也把一些德国科学家强行留在苏联或占领区多年，不过他们得到的往往只是二流人才。最知名的科学家都去了美国，他们通过为美国设计火箭、卫星和导弹而获得了很好的生活条件。这些人中有的是著名的党卫军成员，比如沃纳·冯·布劳恩、瓦尔特·多恩贝格尔和库尔特·德布斯。德布斯后来还成为美国宇航局肯尼迪航天中心的第一任主任。

如果把这些人比作商品，那么他们肯定价值连城。美国国务院的一份报告中毫无忌惮地写道："他们未来在科学上的成就将会超过他们在战争中犯下的罪行。"甚至像阿瑟·鲁道夫这种当时还不太有名的人也得到了保护。他从1931 年就加入了纳粹党，是个资深党员。他后来被称为"土星系列运载火箭之父"，正是"土星 5 号"把美国宇航员送上了月球。他曾引以为豪的一件事就是当实验室外还挂着 57 具奴工的尸体时，他仍然能够若无其事地搞研究。一开始负责审讯他的工作人员曾给出这样的警告："他是百分之百的纳粹分子，一个十分危险的家伙，应该被关进监狱。"[21]

美国最大的收获之一是得到了赫伯特·瓦格纳教授和他手里的"宝贝"，他是个管理者，而不是研究人员。他被安排躲在巴伐利亚州阿尔卑斯山的一个地下掩体里，在那里，他向美国的专家们展示了其他任何西方国家都没有的最先进、最复杂的电子设备、通信设备和摄影设备的设计图。美英两国从德国获得的技术成果为他们带来了可观的商业财富。美国经济学家估计，其价值绝不亚于苏联在占领区内搞到的财物。

大多数商业巨头都没有受到惩罚——即便是那些确实该为纳粹暴行负责的人。阿尔弗雷德·克虏伯是德国钢铁工程集团的负责人，该集团曾为纳粹生产了大量军火。数千名犹太人和奴工被迫为他工作，劳累致死者不计其数。结果他只为此坐了4年牢。冯·施尼茨勒是IG法本公司的管理者之一，他的公司在波兰大肆掠夺资源，生产的毒气更是杀害了数百万人。跟克虏伯一样，他也使用了大批奴工。他是在家中被捕的，当时他穿着心爱的苏格兰花呢套装和英格兰粗革皮鞋，和美丽的妻子莉莉一起坐在客厅里小憩，壁炉上方还挂着一幅巨大的雷诺阿作品。他像接待客人一样平静地给美国士兵们倒了白兰地（不过对方并没有领情），还说道："很高兴这场让人不愉快的战争终于结束了。"在审判中，冯·施尼茨勒承认IG法本公司"对希特勒的行为负有主要责任"。让人觉得不可思议的是，他居然幸运地免于绞刑，在监狱里待了两年后，他又重返德国工业界并担任要职。[22]

还有一些纳粹分子在相当短的时间里就恢复了名誉，仿佛他们过去的所作所为从未发生过一样。1946年，康拉德·阿登纳的私人办公室开始由汉斯·马莉亚·格朗克管理。此人在1933年以一个青年精英律师的身份起草了《纽伦堡种族法》，这成了纳粹迫害犹太人的法律依据。希特勒的内政部长威廉·弗里克曾在副元首鲁道夫·赫斯的面前称赞格朗克，认为他"绝对是我们部门最有才华和能力的官员之一"。格朗克从一开始就知道犹太人要被驱逐到德国东部，也知道纳粹要在集中营里谋杀他们。他在纳粹的种族灭绝计划中扮演了关键角色，但却从未被起诉，也没被贴上重犯的标签。阿登纳在担任科隆市长时，就对格朗克委以重任；后来联邦德国成立，阿登纳成为首任总理，仍然重用了他。

阿登纳的另一位私人助理赫伯特·布兰肯霍恩曾经当过外交官，美国参战前，他是德国驻美国大使馆的一等秘书。接替科德尔·赫尔成为美国国务卿的爱德华·斯泰提涅斯，曾写信给同盟国远征军最高指挥部的政治顾问罗伯特·墨菲，提醒他："种族主义是布兰肯霍恩最喜欢的话题之一。他是一名狂热的纳粹分子，也是党卫军成员。他不值得信任。"阿登纳成为联邦德国总理后，布兰肯霍恩摇身一变成了他的首席外交事务顾问。阿登纳身边还有一位名叫阿尔弗莱德·哈特曼的财务助理，此人曾在 19 世纪 30 年代末与格朗克在内政部共事，负责监督没收犹太人财产的工作。"二战"期间，他还管理过德国最大的铝厂，那里 80% 的工人都是奴工。1946 年，德国难民管理部门的领导是鲁道夫·森泰科，他曾是一名党卫军高级军官，在战争期间负责推动"雅利安化"和安置移民。

\* \* \*

正如瓦尔特·乌布利希所说，苏联人试图让苏占区"看起来民主"。但习惯是很难改变的，而且他们也没有完全控制该地。当他们试图秘密夺取政权时，显得笨手笨脚，面具也掉了下来。

斯大林喜欢用"萨拉米香肠战术"令他的新领地苏维埃化，其中一个典型策略就是先在每个国家建立"反法西斯战线"或"进步联盟"，然后再慢慢推行共产主义。苏联鼓励民主党派与共产党合并，这样他们就可以在自由选举中获得更多支持。其真实目的是为共产党赢得吞并其他党派的机会，最终掌握国家大权。这种策略在苏联占领区确实取得了不错的效果，民主党派被迫"联合"，但这也导致德国人更加憎恶苏联。

一开始，乌布利希坚信共产党会在自由选举中有出色的表现，还把这种想法报告给了斯大林。谁都不知道他的这种自信到底从何而来。身边一些敢说真话的人告诉他，德国共产党在本国人眼里与苏联政党并无二致，是拿不到什么选票的，结果很可能是自取其辱。但他却不以为意。乌布利希厌恶社会民主党——私下称他们为"社会法西斯"，并将左派分裂和希特勒崛起的责任归咎到他们身上。不过他也明白，目前他们还有利用价值。原本他以为社会民主党会欣然同意与共产党合并，但很快就意识到自己想得太简单了。

德国西部的社会民主党领导人库尔特·舒马赫是一个狂热的反共分子，而德国东部的社会民主党领袖奥托·格罗提渥相对更左派一些，但是他起初也反对两党合并。面对乌布利希提出的要创建一个新的联合政党的建议，格罗提渥直接表示社会民主党与马克思主义诞生于同一时代，是一个拥有悠久且光辉历史的政党，它有"独立的权利"。在1945年底的一次演讲中，他向社会民主党的忠实支持者列举了10条不应合并的理由。他说："我们的党员对共产党兄弟的极度不信任已经难以避免。"他口中的"兄弟"实际指的是共产党的领导人。艾里希·格尼夫克是社会民主党的二把手，他回忆了1946年初两党高级官员进行会谈时的情景："乌布利希没有正眼看我们任何人，冷酷的目光只是从每个人身上一扫而过。他的笑脸就像戴了面具一样，人们根本无法从他的眼睛里寻找到一丝真诚的笑意。我们难以压抑烦躁的情绪，为了尽快结束这场让人坐立难安的谈判，只好同意了他的观点。"[23]

1946年3月，格罗提渥改变了主意，急于促成两党合并，与几周前强烈反对的态度形成了鲜明对比。不过他暗示是由于自己的安全受到了威胁。他私下告诉一名英占区的官员，自己被苏联人用刺刀胁迫过，因此承受着巨大的压力。他还表示，德国东部有数千名社会民主党成员遭到了恐吓，并被告知"社会民主党的基层已经瓦解"，所以再继续跟苏联对抗就没什么意义了。[24]

当年4月，两党在柏林市中心的海军上将剧院召开了令人瞩目的会议，并在会上通过了党派合并的提案。不过社会民主党的党员们并没有心平气和地接受这个事实。当格罗提渥站起来表示支持统一时，他的发言被"傀儡""走狗"和"我们不会任人宰割"的抗议声淹没了。社会民主党出身的柏林市议员安德里亚斯·费舍尔在日记中记录了当时混乱的状态："抗议情绪越来越高涨，人们显得异常激动和愤怒。讲话者的声音被党员们的抗议声所掩盖——'叛徒……欺诈……下台'。有人高唱'前进，兄弟们，向着光明和自由'，其他人不由自主地跟着唱起来。这是 13 年来，我们第一次奋起反抗，捍卫尊严。每个人的脸庞都因骄傲和兴奋而闪闪发亮。"然而第二天，德国共产党的报纸《新德国》却对社会主义统一党的成立进行了高度赞扬："在这个团结的政党里……分裂主义是没有容身之地的。"也许就像安德里亚斯·费舍尔所说的那样："它确实不是一党专政的国家，只是没有其他政党的生存空间而已。"[25]

在西柏林，社会民主党打算针对两党合并问题进行无记名投票，但实际控制该地区的苏联人却不同意。在普伦茨劳贝格和弗雷德里希斯海因这两个工人阶级的聚集区，社会民主党无视禁令开设了投票站。结果不少工作人员遭到了苏联士兵的殴打，不仅投票站被关了，就连投票箱都被拿走了。据统计，德国西部 32,547 名社会民主党成员中，有 29,610 人反对合并，投赞成票的只有2937 人。然而这并不能阻止统一党的成立。虽然这是自 1933 年以来德国进行的第一次自由选举，但没有几个德国人对此抱有幻想。在 5 个月后的柏林市政选举中，社会民主党与统一党分开竞选。最终社会民主党获得了 43% 的选票，赢得了 130 个席位中的 63 个。新成立的统一党在选举中惨遭滑铁卢，最终只赢得了 19% 的选票和 26 个席位。现在看来，这是 1989 年柏林墙倒塌、苏联解体前德国东部进行的最后一次自由选举。

斯大林觉得不应该忽略德国的原纳粹党成员，因为"他们有 800 万，还没算上家人和朋友。这个数字非常庞大"。他一度想要让纳粹们转投"国家民主党"，然后再从法兰克福或古拉格释放一些前纳粹头目，让他们来领导这个新组织。乌布利希和其他德国共产党高层对此感到震惊，完全不想参与这个计划，便向斯大林谎称"那些人都被处决了"。斯大林皱了皱眉头，表示遗憾。[26]

# 1946：
现代世界的形成

第二十章

## 希腊的悲剧

1944 年 10 月的一个深夜，丘吉尔和斯大林在克里姆林宫达成了一个决定希腊未来国运的"比例协议"，丘吉尔将其称为"闹着玩儿的文件"。根据这份协议，战后，西方将会控制希腊 90% 的领土，斯大林也可以在巴尔干半岛、罗马尼亚和保加利亚等地为所欲为。斯大林认为，大国瓜分陆地是理所应当的事情。丘吉尔也觉得这种做法符合欧洲划分"势力范围"的传统观念。

然而在 1946 年 3 月，欧洲胜利日过后还不到一年，战争就再次在欧洲爆发。希腊开始了为期 3 年的激烈内战。在一个相对较小的国家，这种争夺权力的局部斗争，实际上已经升级为一场背后不同支持者之间的战争。对西方国家来说，希腊就像一个实验室，用来测试"是否能够阻止共产主义在欧洲蔓延"。

现在看来，哪一方能够赢得希腊内战是显而易见的。苏联抛弃了希腊共产党和左派盟友，让其自生自灭，等到他们终于伸出援手的时候，已经回天乏力了。而英国和美国则先后资助了由中间派、自由主义者和保皇派组成的亲西方政府，以此对抗苏联。

不过在一开始，共产党落败的迹象并不明显。1944 年秋天，当德国从希腊撤军时，这个国家的城市外围的大部分地区都在武装抵抗组织"安达提斯"的控制之下，他们曾顽强抵抗过侵略者。他们之中力量最强的是民族解放阵线（EAM）及其手下武装希腊人民解放军（ELAS）。据说，在希腊 770 万的总人口中，EAM 成员就占了 180 万。不过后来被证实这个数字的"水分"很大，真实人数从来没有超过 70 万。名义上，他们是意大利支持下的联合抵抗德国侵略的组织；实际上，这两个团体都由希腊共产党控制。希腊的生活与欧洲其他地区一样水深火热——约有 50 万希腊人死于战争和饥荒。希腊的第二大党派是全国共和联盟，自 1941 年德国入侵以来，英国为该组织提供资助和顾问。

希腊的不同党派之间互相看不顺眼。早在"二战"开始之前，希腊的政治环境就非常恶劣，1936 年梅塔克萨斯通过军事政变上台后其行为更是变本加厉。他取缔了包括保守政党在内的所有政党，还大肆搜捕和枪杀了数千名左翼人士。"二战"期间，希腊各地的游击队组成了一个不太稳定的联盟，在英国将军的统一指挥下对抗法西斯。这些游击队之间难免会发生一些小摩擦，但并没有升级为战争。英国人在 1944 年 10 月初抵达雅典，彼时这座城市已经在抵抗组织的控制之下了。民族解放阵线和共产党明显占了上风。英国召回了在战争期间流亡到埃及的希腊内阁——该内阁由保守派成员帕潘德里欧领导，这伙人最终在民族解放阵线的支持下成立了全国联合政府。丘吉尔还公开表示支持恢复希腊君主专制。

不过联合政府却不这样想。民族解放阵线根本不相信同盟者，而且他们中的一些人与梅塔克萨斯政权还有着密切的联系。联合政府的成员里甚至还有一个臭名昭著的通敌者，此人在希腊被占领时曾带领一个极右反共组织"敢死队"。最重要的是，民族解放阵线反对国王乔治二世的回归。作为战前独裁统治的象征，这位国王在整个战争期间都住在伦敦梅菲尔区布朗酒店的套房里。丘吉尔原本打算把这些武装抵抗组织作为恢复希腊军事力量的基础，但是民族解放阵线拒绝向英国移交武器，除非从埃及回来的"保皇派"部队也这么做。而"君主专制主义者"也不想与左翼合作，在希腊的一些地区，极右势力疯狂围捕反对者。

英国军方对希腊人民解放军普遍评价不高。按一位高级军官的说法，这就是一群散兵游勇，"为了打仗而打仗"。英国人认为与左翼势力开战是早晚的事情。丘吉尔觉得这是一场随时可能爆发的危机，并指示驻希腊的盟军司令罗纳德·斯科比中将注意提防共产党发动政变，"要尽一切力量粉碎希腊共产党"。作家乔治·西奥塔卡斯在日记中写道："只需要一根火柴，就能让希腊像一桶汽油一样燃烧起来。"

事实上，民族解放阵线和共产党根本没有发动起义的打算，但前者在 1944

年 11 月改变了主意。民族解放阵线秘书长撒纳西斯·哈德吉斯说:"我们不能一脚踏两船,必须做出自己的选择。"他们认为联合政府根本就是外国殖民者打造的傀儡政府,这与德国统治时期并没有什么差别,因此选择了退出,并在国内组织开展大罢工。人们常说内战的火焰是在警察开枪的瞬间被点燃的——12 月 4 日在宪法广场上,有数十名左翼示威者被打死。但从另一个角度看,从属民族解放阵线的希腊人民解放军早在惨案发生几个小时之前就包围了警察局,而这正是他们起义行动的一部分。[1]

英国立即加入战局,按照丘吉尔的指示,出兵镇压"共产主义武装叛乱"。英国军队和希腊人民解放军在雅典街头展开了激烈的交火,而就在几周前,他们还为了解放希腊并肩抵抗纳粹。丘吉尔告诉斯科比中将,要尽一切可能平定"一场地方叛乱"。英军重炮轰击了希腊人民解放军控制的城区和"红色"郊区,并对包括城市居民区在内的"反对派"阵地进行了空袭。有数十名平民在交火中丧生——他们原本以为德国人吃了败仗之后就不会再发生战争了。

残酷的内战就此开启。其间,帕潘德里欧政府在英国的帮助下逮捕了大约 15,000 名左翼人士,并将其中近三分之二的人关进了位于埃及和巴勒斯坦地区的监狱。安达提斯则将数千名被他称为"保皇派"或"反动派"的中产阶级分别关押在雅典和塞萨洛尼基的根据地或深山之中,以此作为报复。数百人遭到严刑拷打甚至杀害。

在英国国内,无论是左翼还是右翼,都强烈反对丘吉尔对希腊采取的政策。其他国家的反应各不相同——刚刚解放的法国被吓坏了,罗斯福压根没让美国搅进这场"帝国主义干涉行动",苏联方面则不置可否。1945 年 1 月,希腊共产党和民族解放阵线的官员突然到访莫斯科,目的是寻求帮助。不过斯大林和莫洛托夫都没有接见他们,而是让低一级的官员转告他们应该与"得到认可的"希腊政府进行协商。在内战最激烈的时候,英国军官向苏联驻希腊代表团团长格里高利·波波夫中校询问对希腊共产党的行动有什么看法。波波夫耸了耸肩,回答:"他们没有征求莫斯科方面的意见,也没有听取我们的建议。"[2]

经历了将近两个月的战斗,双方都有些支持不下去了。1945 年 2 月,在英国的斡旋下，战火暂时熄灭。帕潘德里欧政府同意在第二年的大选中为民族解放战线提供一些席位。不过后者对此并不满足，他们暗中还在酝酿更大的计划。根据停火协议，希腊人民解放军要解除武装，并交出他们的武器。他们的确这么做了，只是做得并不彻底。希腊共产党向基层下发了密令，让他们藏好武器装备，以备不时之需。[3]

\* \* \*

到了1945年秋，和平协议就变成了一纸空文。帕潘德里欧违背承诺，拒绝释放被关押的共产党员和人民解放军成员。他说："这样无异于打开了罪恶之门，让犯罪学院的一流毕业生去建设共产主义团伙。"他的副手说得更加直白："我们怀疑希腊共产党的诚意，担心他们会再次发动叛乱，威胁到我们的政权。"因此，他们杀害了一些著名的左翼人士。作为报复，希腊人民解放军在其牢牢控制的伯罗奔尼撒半岛地区也处决了一批反共分子，然后共产党退出了希腊联合政府。[4]

正是在这一点上，左派犯了最大的错误。民族解放战线计划抵制原定在1946年3月底举行的选举。希腊共产党也公开质疑选举的真实性和自由性。他们可能确实掌握了一些证据，但重点不在于此。斯大林不建议他们这么做，说这是"考虑不周之举"和"错误"，会导致失败。但是希腊共产党对此置之不理。[5]

此时，希腊共产党的领导人是在德国达豪集中营待过4年的尼克斯·扎恰里迪斯，他是个精力充沛、魅力非凡的人。他对希腊共产党和希腊人民解放军充满信心，认为他们能够靠自己的力量夺取政权。他不想向任何一方妥协——苏联也不例外。斯大林两次建议他重新考虑这件事，并参加希腊选举。但这位想要成为希腊独裁者的人鲁莽地拒绝了斯大林。他觉得即便共产党参加选举，肯定也是铩羽而归，他不想成为"失败者"。但斯大林从始至终都认为希腊共产党应该像法国或意大利的政党那样运作，也就是以建立联盟的形式，为"后来的革命"和"走资产阶级民主的道路"奠定基础。还有最重要的一点是，斯大林不希望希腊共产党在苏联和西方盟国之间制造麻烦。[6]他对一位密友说："我不赞成在希腊开战。希腊共产党和民族解放战线的人不应该从帕潘德里欧政府辞职。他们的欲望超出了能力范围。"[7]

希腊共产党果不其然输掉了竞选。然而，即便那是一场被操纵的选举，他们也应该好好把握，向民众证明自己的实力，就像法国和意大利的共产党人所做的那样，在政府里获得合法的位置。即使右翼分子想要压制他们，也要费些力气。但希腊共产党没有这么做。结果右翼在政府中赢得了绝对的权力，随后就开始逮捕共产党和民族解放阵线的成员。新任希腊总理康斯坦丁诺斯·察尔扎里斯的助手说："这次我们不会再给他们机会，而是要先发制人。"就这样，游击队被逼回曾与德国人周旋的山区。[8]

艾德礼上台后延续了丘吉尔的政策，继续支持希腊右翼政府，但英国为此付出了沉重的代价。当时，英国每年给希腊政府的钱超过 4000 万英镑，这还不包括通过联合国善后救济总署为希腊难民提供的资金。1943—1944 年，大约有 25 万希腊人死于饥荒。英国不堪重负，因此艾德礼和外交大臣贝文怂恿美国也加入自己的阵营。他们的愿望在 1946 年夏天得以实现。然而在那之前，英国已经背上了冷战带来的新负担。大量文件淹没了艾德礼，外交部频繁向他发出警告——如果希腊变成了共产主义国家，苏联会首先对土耳其采取行动，然后想方设法控制中东的石油。贝文是狂热的反苏分子，他告诉艾德礼，如果事情真的这样发展下去，英国的工业地位将受到苏联的威胁："我们的航运……我们赖以生存的工业，都会受到严重的影响。"[9]

\* \* \*

万般无奈之下，希腊共产党人只能寄希望于苏联，他们派了一名代表向莫洛托夫求援，希望能够在苏联的帮助下进行反击，最终夺取政权。莫洛托夫断然拒绝了他的请求。他说："在目前的情况下，我们不能为了朋友的利益就干涉希腊内政。"最后，他象征性地给了一些资金，然后对他们口头鼓励一番——这根本起不到什么作用。斯大林对此更是不屑一顾，而且他也不允许巴尔干半岛上的其他国家去帮助希腊共产党，因为这可能会与西方国家产生摩擦。他向保加利亚领导人格奥尔基·季米特洛夫解释："希腊共产党人指望苏军支援他们。但我们不能那样做。希腊人在这件事上表现得太愚蠢了。"[10]

丘吉尔始终认为在遵守"比例协议"方面，苏联信守了承诺："斯大林很有诚信，遵守了我们的协议……我们在雅典与共产党人作战的几个月里，《真理报》和《消息报》没有表现出任何谴责的态度。"1946 年 5 月，丘吉尔告诉加拿大总理麦肯齐·金，因为斯大林遵守协议规定，才让英国可以"有时间和精力去解决希腊的问题。这期间必然会导致大量共产主义者的伤亡，斯大林对此心知肚明。但在一个月的时间里，斯大林都未曾过问，沉默就是对我们最好的支持"。[11]

那时，南斯拉夫政府真心想要帮助希腊共产党，铁托元帅向希腊人民解放军提供了大量的武器和资金，一方面是为了帮助同志们走出困境，另一方面也是为了坚持一条独立的路线——他称之为"通往社会主义的国家路线"——但斯大林对此并不认同。铁托在 20 世纪 30 年代流亡莫斯科多年，因此在许多方面都借鉴了苏联的经验。他在自己国家建立了强大的秘密警察队伍，其领导人是作风强悍的安特·兰科维奇，这支队伍"解决"过成千上万名对手。

斯大林对贝利亚和莫洛托夫说，自己很不信任这位南斯拉夫的"独裁者"。他认为铁托过于自负，而且"野心勃勃、过于激进"。南斯拉夫在解放过程中，虽然从苏联和英国那里都得到了金钱和武器，但却没有依靠苏联的军队，这在东欧可是独一份。所以铁托对莫斯科方面的颐指气使感到很不满意。他告诉亲信，他觉得自己有朝一日一定会回到克里姆林宫。成为最有权势的共产党领导人是他的梦想，而巴尔干半岛会成为他的强大的权力根据地。在战后的几个月里，南斯拉夫对里雅斯特提出了主权要求，成千上万的游击队员包围了这座城市，但英国坚持认为里雅斯特必须在意大利的管辖之下。铁托继续提出抗议，并威胁要全面入侵。后来苏联命令他放弃里雅斯特，他勉强同意了，但无法掩饰沮丧之情。他说，他不想成为"大国政治中的小插曲"。与此同时，斯大林则认为铁托太自负了。

眼下，斯大林又指示南斯拉夫停止对希腊的援助。他对贝尔格莱德的两名高级官员米洛凡·吉拉斯和爱德华·卡德勒吉说："希腊那些搞起义的家伙根本就不会成功。你们难道认为英国和美国这两个世界上最强大的国家，能够允许你们插手他们在地中海上的交通线吗？简直是痴心妄想。所以希腊的起义必须停止，而且应该现在就停止。"[12]

铁托根本无视苏联的阻挠。他不仅继续给希腊共产党运送补给，还增加了补给的数量。此举造成的后果非常严重，也成为导致苏联－南斯拉夫联盟分裂的导火线，接下来的几年里，分裂主义在东欧蔓延，斯大林则在"社会主义阵营"中开始大规模的"清洗"。在东欧，所谓的"铁托党"会像20世纪30年代苏联的"托洛茨基分子"一样遭到迫害和谋杀。在希腊，战争一直持续到1949年，共造成10多万人死亡，约100万人无家可归，该地区逐渐演变为东西方冷战冲突的前线。

# 1946:
## 现代世界的形成

第二十一章

## 幸免于难的人

厄尔·哈里森在家乡费城素以为人古板、行事教条而闻名。他身材消瘦，满头红发，方下巴令他的神情显得特别严肃。战争结束时，这位46岁的律师被任命为宾夕法尼亚大学法学院的院长。他是一个虔诚的卫理公会教徒，滴酒不沾。与此同时，他还是一个共和党人，曾在"二战"期间担任移民和归化局的专员。他当公务员的时候很能干，但因为平日里都表现得谦虚谨慎，所以一直都默默无闻。然而人到中年以后，他突然发现自己在宣传和组织方面很有才能。他不是军人，不是思想家，更不是政治家。但是厄尔·哈里森在推动以色列建国方面的贡献可不比任何大人物少。

20世纪30年代，他花费了大量的时间和心血与基督教慈善机构合作，以筹集资金帮助那些在欧洲受到迫害的犹太人。战后，杜鲁门总统派遣哈里森与救助团体和医疗小组一道，去德国和奥地利等地调查犹太难民和集中营幸存者的生存状况。他向国内发回的爆炸性报告，以及后来他带领调查组查到的真相，都让美国政府深感震惊，但也正是这些信息促使美国转变态度去支持建立犹太国家。在这方面，美国和英国之间没能达成一致，"特殊关系"开始变得紧张。这些让人震惊的消息还令美国政府对由凯恩斯主持的贷款项目的态度变得十分谨慎，以至于这些项目经过了很长时间的讨论才最终敲定。

哈里森曾在1945年初秋的时候说："如今的一切都说明，我们对待犹太人的方式比纳粹好不了多少，唯一的不同就是我们没有对犹太人进行种族灭绝。"他说自己参观了贝尔森集中营，彼时那里已经被改造成了一家在英国军队管理下的医院，不过里面的医生和护士都是德国人。据说，当他到达那里的时候，毒气室和火葬场已经被摧毁了。哈里森报告中所写的大多都是事实，但也有一些经不起推敲的地方——比如前面提到的贝尔森集中营，事实上那里根本没有毒气室。虽然确实有数千人在那里死于饥饿、虐待和疾病，但它并不是一个以种族灭绝为目的而建立的集中营。不过，情感上的震撼往往会让人忽略这些细节。他在报告中还提到："有刺的铁丝网将许多犹太人（难民）围在里面。他们住在各种各样的营地里，其中一些因拥挤肮脏的环境而臭名远扬。那里的人们整日无所事事，看不到希望。他们偷偷摸摸地与外界交流，希望能够获得一些令自己振奋起来的消息。"[1]

哈里森主张美国应该承认犹太民族——这是美国官方文件中首次明确提出这一问题。"首先，犹太人的地位应该获得承认。"（其实英国早在 1917 年就在《贝尔福宣言》中提到过犹太复国主义者的理想，虽然语意模糊，却也承诺要专门给犹太人建立一个"民族家园"。）哈里森随后提出了一个建议："立即把 10 万犹太人移民到巴勒斯坦。"这个建议不仅给杜鲁门制造了一个政治难题，也让英国人陷入两难境地——"一战"后，国际联盟委托英国管理巴勒斯坦。不知道哈里森从哪里得出了"10 万"这个数字。虽说他与难民营里的一些犹太领袖和美国国内的相关人士探讨过类似问题，但他从未考虑到巴勒斯坦是否有能力"立即"吸收这 10 万人。而且他也没有跟管理德国英占区或巴勒斯坦的英国官员谈过此事，更不用说争取阿拉伯人的意见了——然而阿拉伯人却占了巴勒斯坦人口的四分之三，果不其然他们表示了强烈反对。可是哈里森的建议偏偏被美国政府采纳了，"10 万"这个数字也成为衡量支持犹太复国主义事业的一个标准。[2]

杜鲁门说，他流着泪读完了哈里森的报告。不过他又表示，自己最终的决定绝非感情用事。美国国务院普遍反对犹太复国主义和犹太人移民的行为。官员们向总统谏言："如果美国日后想要在中东拥有更大的影响力（这是美国在战后非常明确的目标），就应该支持阿拉伯人。因为他们比犹太人强大，人数也多，同时又不够团结，这样的群体更容易控制。"相对于政府官员的反对态度，那时候美国公众普遍支持犹太复国事业，不过还没有达到后来那种狂热的程度。[3]

＊　＊　＊

杜鲁门在日记中难掩对犹太人的偏爱，每每提到他们都用诸如"犹太书记员""聪明的希伯来人"这类代称，他常说的一句话就是"罗森博格（犹太大姓）可不会那样做事"。虽说杜鲁门算不上犹太复国主义的狂热支持者，但他在将犹太人移民到巴勒斯坦这件事上的态度一直显得温和且积极。早年，当他还是一名参议员的时候，他是反对在巴勒斯坦附近建立犹太国家的。时过境迁，如今他接受了哈里森的建议，并承诺美国会在帮助犹太人方面做出积极的贡献。一方面，他觉得这是正义的行为，他曾对沙特阿拉伯国王说："我觉得有责任去帮助那些可怜的幸存者。"另一方面，他也有政治上的考量。"我必须回应成千上万渴望犹太复国的人，"他说，"而我的选民里可没有成千上万的阿拉伯人。"原来，当时杜鲁门正面临着 1946 年 11 月的中期选举。纽约州和宾夕法尼亚州的选民对于选谁来做下一任总统还处于摇摆状态，对杜鲁门来说，这些地区里犹太人的选票十分重要。所以犹太人要建国不仅是欧洲和巴勒斯坦的问题，也是美国的问题。[4]

总统与民众在这个问题上的立场是相同的，不仅出于理想主义目的和"乐于助人的美德"，也掺杂了不少现实意义。美国的犹太人过去对复国这件事并不热衷，直到 20 世纪 30 年代中期才有所改变。那时正是纳粹横行欧洲的时期，一些有名望的犹太人率先加入了复兴犹太民族的行列。值得一提的是，到 1946 年，美国拥有世界上最大的犹太社区，全国犹太裔人口达到 450 万之多，而且他们大部分都生活在城市里——仅纽约就有 175 万人。

为了帮助犹太人复国，美国投入了大量资金，并通过联合分配委员会等大型慈善机构在巴勒斯坦购买土地，帮助受迫害的犹太人移民到那里。但讽刺的是，生活在美国的犹太人却根本不愿意用美国公民的身份换取在新国家生活的机会。1936—1946 年，只有 494 名美国籍犹太人选择移民去巴勒斯坦，这是世界上有犹太人聚居的地区中（包括苏联在内）移民比例最小的。毕竟，美国的犹太复国主义并不是在压迫中诞生的；相反，它萌芽于美国对犹太一族的资金支持。美国为建立犹太国家投入了大量资金，但那边的吸引力却不够大。

许多非犹太裔美国人也呼吁犹太人大规模移民到巴勒斯坦，这在一定程度上是出于自私心理。美国在 19 世纪晚期和 1904—1914 年这 10 年间出现过两次大规模的移民浪潮。经济大萧条后，美国收紧了移民政策，移民条件变得十分苛刻。这种情况一直延续到了"二战"以后也没有改变。政府认为要等到士兵退役并找到工作后才能修改移民法案。因此 1933—1945 年间获准进入美国的移民仅有 36.5 万，其中有 25 万被判定为难民，这是近一个世纪以来的历史最低值。而且，尽管遭受了纳粹的残酷迫害，但在这十几年中移民到美国的犹太人总数仅有 16 万。而相比之下，人口仅为美国的五分之一并经常因对巴勒斯坦的政策而遭到嘲笑的英国却庇护了 20 万犹太人。[5]

彼时，年轻的牛津大学哲学教授理查德·克罗斯曼已经是一名工党议员，并开始了他终生为之奋斗的犹太复国事业。当 1946 年初访问美国时，他惊讶地发现：

> 美国人民支持犹太人移民到巴勒斯坦，是因为不想让更多的犹太人在美国定居。他们通过呼吁建立一个犹太国家，就能达到很多目的：可以借此攻击英国的帝国主义和保护主义；可以冠冕堂皇地维系苛刻的移民法案，而不用承受任何道德谴责。这太让我愤怒了……除了极少数在中东生活过的人，华盛顿的官员们几乎完全无视阿拉伯人的存在。他们似乎都认为，只要让犹太人获得了在巴勒斯坦定居的合法权利，那么一切问题就都迎刃而解了……他们把阿拉伯人看作是与印第安土著一样的存在，觉得他们是社会发展和"天定命运"的障碍……可以毫不犹豫地让他们成为现代化和进步的牺牲品。[6]

许多英国右翼人士也持相同的看法。1946 年 1 月，前保守党外交大臣、英国驻美大使哈利法克斯勋爵向伦敦报告："普通的美国公民不希望自己国家里有更多的犹太人，又不想良心上感到不安，所以就呼吁让犹太人进入巴勒斯坦。"[7]

在同意了哈里森的提议后不久，杜鲁门写信给艾德礼，建议英国应该"立即"同意让 10 万犹太人进入巴勒斯坦，并公开支持建立犹太人的家园。"就像我在波茨坦对你们说的那样，所有美国人都认为不能关闭巴勒斯坦的移民通道，应该让一定数量的、在欧洲受过迫害的犹太人在那里定居。"但他却没有告诉艾德礼，根据总统发布的关于难民的指示，美国只允许 12,849 名犹太人进入本国。[8]

艾德礼对此很生气。他紧急给杜鲁门回电，警告对方："如果不考虑对中东的影响就随便公布一个数字，这将会对英美关系造成严重的伤害。"随后，他又写了一封信，反对给予犹太难民特殊待遇，同时他还主张在移民问题上应该充分听取阿拉伯人和犹太人双方的"观点"。杜鲁门在白宫的新闻发布会上公布了这些信件的内容。艾德礼愤怒不已，旋即又发了一封电报痛斥杜鲁门。[9]

为了解决双方的矛盾，美国总统和英国首相同意成立一个英美联合委员会，专门研究"犹太人在欧洲的地位，以及如何解决相关问题"。在任命联合委员会的主席时，双方又有了不同意见。尽管遭到了一些英国人的反对，但最终哈里森还是获得了这一职务。1946 年的前 3 个月，委员会听取和收集了来自德国、奥地利、英国、美国和巴勒斯坦等国数百名相关人士的意见及建议。1946 年 4 月 21 日，哈里森在瑞士洛桑公布了他的调查结果——这基本上与他在 6 个月前得出的结论相似，即巴勒斯坦应该接受 10 万名犹太移民，进而建立一个自治但不完全独立的犹太国家。从始至终阿拉伯人都反对这一计划。犹太人则把它作为谈判的基础。然而一周之后，艾德礼就否定了这一提议。他表示，犹太复国主义者建立了从德国到巴勒斯坦的移民通道，但这并不合法，所以英国会坚决驱逐那些从非法通道进入巴勒斯坦的犹太人。犹太游击队誓言要继续战斗，保卫他们的家园以色列，直到英国人离开。就这样，一次次小规模的冲突最后升级为一场大规模的反恐战争，与此同时也让人们更清楚地看到，英国脱离帝国主义的过程有多么艰难。[10]

\* \* \*

先前已经定居在巴勒斯坦的 47.5 万犹太人对欧洲难民营中的犹太人有着复杂的感情。回忆录《爱与黑暗的故事》的作者阿莫斯·奥兹是在耶路撒冷出生并长大的，书中描述了他在巴勒斯坦的生活经历，并表露了对于同胞的那种复杂情感：

> 我们对他们真是哀其不幸，怒其不争。那些可怜人本来可以早一些到巴勒斯坦，却偏偏要坐以待毙，这难道是我们的错吗？他们为什么要做待宰的羔羊，而不是团结起来奋起反抗呢？真希望他们不要再用意第绪语唠叨所受的苦了，这不论对他们还是对我们，都不是什么值得拿出来说的事情。我们不能活在过去，而是应该向前看。

戴维·本－古里安是战后崛起的、最有影响力的犹太复国主义领袖，他同样也对欧洲的难民同胞怀有这种复杂的情感。在过去的 10 年里，本－古里安一直是犹太事务管理局的主席——该机构隶属英国政府，主要负责为犹太人提供教育等服务。在阿莫斯·奥兹的记忆中，本－古里安是一个矮矮胖胖的男人，满头银发，眉毛浓密，鼻子又粗又宽，有一个老水手般的下巴和老农民一样的意志力。逆来顺受可不是他的性格，相反，他是一个好斗、不安分的人。"二战"开始后不久，他就说过："叫我'反犹分子'吧！我必须得说，那些发生在德国和波兰的事情让我感到羞愧，因为那里的犹太人没有勇于反击。我反对那样的犹太人。"他做事从不喜欢"把希望寄托在别人身上"，认为只有拉比和妇女才会那样。他宣称，我们要通过强硬的政治宣传手段来传播犹太复国主义。[11]

本－古里安出生于沙皇统治下的波兰。1906 年，年仅 20 岁的他移民到当时正处在奥斯曼帝国管辖之下的巴勒斯坦。他是一个坚定的社会主义者，就像许多早期在巴勒斯坦的犹太复国先驱一样，1915 年他因"鼓吹犹太复国主义"而被土耳其人流放。后来英国在第一次世界大战期间占领了巴勒斯坦，本－古里安这才得以回国。他为建立一个犹太国家奋斗了 40 年，彼时已经处于最关键的阶段。

在战争期间，本－古里安曾担心等到盟军获胜时，只怕欧洲的犹太人都死绝了。不过结果比他和其他犹太领袖的预期要好得多。不少犹太人都在这场浩劫中幸存下来。集中营里的幸存者约有 20 万人，不过其中有 4 万人在获释后的几周内去世。在东欧和中欧，共有 30 多万犹太人逃脱了被关进集中营的命运——波兰有 325 万犹太人，其中 8 万多人幸免于难；在匈牙利和其他地区则分别有 17.5 万和 9 万犹太人躲开了纳粹的迫害。他们东躲西藏，大部分人都设法去了苏联。战后，苏联人鼓励他们离开，并专门为犹太人打开了移民的大门。波兰和东欧各国同样盼望犹太人离开。结果成千上万的难民来到了德国和奥地利，在那里建立了难民营。这让很多人都感到不可思议。人们不埋解，为什么在经历了恐怖的战争之后，犹太人还会不顾一切地返回德国呢？然而事实就是这样，他们觉得那里最安全。

这让本－古里安很犯愁。他担心，在难民营待久了，幸存的犹太人会选择去别的国家定居，而不是巴勒斯坦。这样一来犹太复国主义者就没有足够坚实的群众基础了。他对联合委员会筹集资金将难民送到南美洲以及加拿大、澳大利亚和美国等国家感到愤怒。他对犹太事务管理局的助手说："我们不能小看这件事。这不仅对犹太复国主义非常不利，对'伊休夫'（犹太社区）来说，也是很危险的。"[12]

他走访了许多难民营，鼓励里面的人们要有信心，犹太人的家园要靠自己来建设，历经了这次浩劫，未来会变得更好，梦想终会成真。不过他发现想要说服这些人并不容易，他在日记中写道："要打破他们的心理障碍，还有一条很长的路要走。"[13]

作为一名现实主义者，本－古里安承认他需要利用难民作为对抗英国人的武器。许多人觉得他太残酷；但支持者们则认为他很务实。战争期间，他曾说："我们当然希望希特勒被消灭，但如果他还活着，我们就可以利用他为巴勒斯坦谋取利益。"如今类似的想法再次出现在他的头脑中。"犹太难民必须作为一个政治因素来利用。在今后的斗争中，我们可以依靠三股力量：伊休夫、美国的犹太势力和德国的难民。犹太复国主义的作用不是仅仅帮助幸存者在欧洲活下去，我们拯救他们，其实最终是为了犹太人和伊休夫的利益。所以美国的犹太人和德国难民在援助中处在一个很特殊的位置。"[14]

他向犹太事务管理局中的一名助手说："如果能好好利用这场灾难，那么它就可以成为促成复国大业的力量……犹太复国主义的意义在于它引导我们把灾难转化成创造和发展的力量之源。而不是像散居海外的犹太人那样，因为灾难而堕落，转去依附他人。"[15]

本－古里安认为，向英国施压的最好办法是鼓动更多的犹太人前往美国占领区的难民营。所以他每次到营地调研的时候，都会发表这类"政治演说"："美国人不会永远留在慕尼黑。你们可以去的地方只有巴勒斯坦。为此你们要给美国人一些压力。"他还告诉犹太人："尽快把难民带到这里来，这样美国就会加快转移犹太人到巴勒斯坦的步伐。如果我们跟美国人说他们的占领区里将会增加 25 万犹太人，那么他们自然就会对英国施加压力。他们这么做与钱无关——在这一问题上经济利益根本不重要。重点在于，除了把犹太人转移到巴勒斯坦之外，他们没有别的出路。"[16]

与此同时，本－古里安还要面对另一个难题——犹太人内部的权力斗争。犹太复国主义者内部其实并不团结。几十年来，犹太复国运动中最杰出、最受认可的领导人是哈伊姆·魏茨曼。他是政治上的"巨人"，不论是犹太人还是非犹太人都对他非常尊敬。他作风温和，善于利用自己在英国以及其他地方的人脉。他推动了犹太复国事业的发展，其成就甚至超出了 19 世纪的犹太复国主义先驱们的想象。他凭借着高超的外交手腕、巨大的人格魅力以及敏锐的头脑，成为促成《贝尔福宣言》出台的最大功臣。

在魏茨曼的领导下，犹太人从巴勒斯坦的少数民族一度成为占全国人口三分之一的群体，人口数量增长近 10 倍，拥有整个国家近六分之一的土地。他们建起了繁荣的城市特拉维夫、无数犹太村庄和具有犹太特色的农业定居点，当然也包括吸收了理想主义和社会主义思想的集体社区——基布兹。

但是魏茨曼已经 72 岁了，他的健康状况一日不如一日。新时代需要更有活力、更激进的政治风格——这时雄心勃勃的本 – 古里安提出了自己的想法。本 – 古里安认为这位老先生与英国走得太近，现在局部战争可能一触即发，魏茨曼那种太过温和、正派的交往方式并不适合当下的局势。魏茨曼反对以暴力方式迫使英国人离开巴勒斯坦，本 – 古里安表面上附和，但私下仍与恐怖组织藕断丝连，并坚持犹太人有保护自己的权利。

魏茨曼来到了哈里森管理下的委员会——这绝对是一个政治错误。他坦率地告诉英国人："这个问题没有对错之分，差别只在于对哪一方更不公正。这件事想要一碗水端平是不可能的，只能选择是让阿拉伯人获利多些，还是让犹太人获利多些。"这种观点是科学的也是超然的，若是在 20 世纪 20 年代的伦敦餐桌上，它将是一个非常受欢迎的话题，但对战后犹太复国主义者来说这却是不合时宜的，还引得他们更加警觉。[17]

两个人之间从最初的观念不和发展到人身攻击。本 – 古里安嘲笑魏茨曼趋炎附势且性格软弱，说他混迹政坛太久，如今已经失去人心。在本 – 古里安长达几百页的回忆录中，他只提到了魏茨曼两次——有一次仅仅是说魏茨曼长得像列宁。年长的那一位当然要反唇相讥，发表了一番事后感到十分后悔的言论——他指责本 – 古里安"表现得像个元首"，"有法西斯主义倾向、狂妄自大、唯我独尊，政治观点极为疯狂"。1946 年底，粗暴的本 – 古里安将魏茨曼从犹太复国主义者代表大会主席的位置上赶了下来，然后取而代之。此后，那位曾显赫一时的老人只能靠过去的声望维持生活，但在政治舞台上已经是一个可有可无的角色了。[18]

\* \* \*

相较之下，居住在巴勒斯坦的阿拉伯人则缺乏有力的领导。他们既没有魏茨曼那样德高望重的领袖替他们发声，也没有像本 – 古里安那样具有政治才能和组织才能的人来凝聚力量。大多数阿拉伯人都是穷苦农民出身。侯赛因家族、纳什希比家族、阿拉米斯家族和达贾尼斯家族等拥有土地的贵族和掌握权力的贝都因部落长老毕竟只是一小部分既得利益者——他们的财富和地位，早在奥斯曼帝国统治时期就已经确立了，而且这种半封建社会结构几个世纪以来都没有改变过，即便被英国人统治以后也是如此。在巴勒斯坦，阿拉伯人几乎没有自己的民族管理机构，犹太人则在20世纪20年代就建立了工会——这是犹太复国主义初期的基础之一（本－古里安多年来一直都活跃在工会里）。工会在工资方面为犹太工人争取到了不少利益。在特拉维夫和其他一些地方，阿拉伯人明明跟犹太人做着相同的工作，但工资却比后者少了三分之一。哪怕老板是阿拉伯人，结果也是如此。这种情况在建筑、教育乃至医疗行业都普遍存在。由此可见，犹太民族管理机构发挥了很大作用，而阿拉伯人根本就没有类似的机构。

起初待在巴勒斯坦的犹太人数量并不多，所以两个种族社区之间相处得还算融洽。总的来说，他们都不富裕，生活方式也不同，所以即便偶尔有些小冲突，也没什么太大的危害。对土耳其人来说，这两个种族之间的摩擦都是小问题，只要他们不插手政治，就不用操心。英国人托管巴勒斯坦时，那里大约有5万犹太人，占人口总数的10%。但是从此之后，这里的犹太移民迅速增多，这让阿拉伯人有了危机感，真正的冲突也由此开始了。事态发展是显而易见的。早在1919年，本－古里安就表示："任谁都看得出犹太人和阿拉伯人之间的问题。但不是所有人都明白这种矛盾是不可调和的。"在受命驻扎于巴勒斯坦的20多年里，无数英国官员和士兵都在日记和信件中提及类似的看法。未来的战争英雄和陆军元帅蒙哥马利在家书中写道："犹太人杀了阿拉伯人，阿拉伯人又杀了犹太人。这就是巴勒斯坦正在发生的事情，而且很可能还会持续50年。"[19]

阿拉伯领导人总是把移民问题视为对自己民族最大的不公。随着法西斯势力的扩张，在1929年至1939年间，超过25万来自东欧的新移民定居巴勒斯坦。在土地买卖的过程中，阿拉伯佃农往往会被驱逐。这就导致反犹冲突渐渐增多，不过数量还在能够接受的范围。这些冲突往往都是因为移民、土地出售和建立新的犹太人定居点而引发的。说起来，还是因为阿拉伯人把土地卖给了犹太人。而且从1920年起，无论美国和其他西方国家的捐赠有多么慷慨，巴勒斯坦待售土地的价格都超过了犹太复国主义者所能承受的范围。

有些出售土地的阿拉伯人其实并不住在巴勒斯坦，他们把交易委托给当地的代理商。大多数卖家是巴勒斯坦知名的阿拉伯裔领导人和代言人——交易自然要秘密进行。后来在一系列以反移民为目的的暴力骚乱中，某个犹太复国组织泄露了一份向犹太人出售土地的阿拉伯人名单——这些人都是巴勒斯坦很有影响力的高官和领袖。其中包括耶路撒冷前市长、阿拉伯民族主义运动领袖卡西姆·侯赛因以及耶路撒冷最有钱有势的人之一拉吉卜·纳沙希。一些身在特拉维夫和加沙的、自诩为爱国者的人也曾把土地卖给犹太人。慕沙·阿拉米是一位在巴勒斯坦很有影响力的阿拉伯人（后来还在哈里森的委员会里当了阿拉伯人的代表），私底下他曾把贝特希安山谷的一块土地出售给犹太复国主义者，他们将这里改建成了基布兹。[20]

巴勒斯坦人向来不团结。自从耶路撒冷的穆夫提（Mufti，伊斯兰教法典说明官）哈吉·阿明·艾尔－侯赛因掌权后，领导阶层更是分歧不断。在他的统治下，巴勒斯坦先是在反抗英国托管的斗争中失败，然后在 20 世纪 30 年代中期又与纳粹勾结在一起。以色列建国后，巴勒斯坦又在双方交战中惨败。可以说，他给巴勒斯坦带来了巨大的灾难，也让巴勒斯坦人民陷入了非常糟糕的境地。一些头脑清醒、看问题透彻的巴勒斯坦人提出了好的建议，奈何统治阶层中的极端分子根本不理会他们。

阿拉伯人对自己的处境非常不满，愤怒的人们认为这都是英国跟犹太复国主义者沆瀣一气造成的，于是在 1936 年发动了暴力叛乱。起先他们只袭击犹太人，但攻击范围很快就扩大了，一些英国警察和士兵也被杀害。蒙哥马利元帅对此进行了血腥镇压，叛乱很快就结束了。之后，阿拉伯人受到了惩罚。据统计，大约 120 名阿拉伯人在冲突中丧生，9000 余人被关进监狱。还有许多人遭受了鞭刑，其中包括年龄在 7~13 岁的男孩。另外还有 30 多名阿拉伯人被绞死。

然而，随着战争的迫近，巴勒斯坦的阿拉伯人获得了一些有利条件。内维尔·张伯伦（1937—1940 年任英国首相）政府意识到，在即将到来的与德国的战争中，英国需要中东其他阿拉伯国家的支持，于是改变了策略。殖民地大臣马尔科姆·麦克唐纳非常坦诚地说："如果我们一定要冒犯一方，那就去冒犯犹太人，而不是阿拉伯人。"英国政府通过了新的法律，限定每年只能向巴勒斯坦移民 12,500 人，并禁止向犹太组织出售土地。犹太复国主义者对此十分愤怒。基于这种情绪，犹太恐怖分子对英国人和阿拉伯人发动了第一次行动——在"二战"爆发前的 5 个月里，他们杀害了警察、英国士兵甚至是在耶路撒冷咖啡馆里喝东西的阿拉伯人。这一系列事件约造成 130 人死亡。[21]

在"二战"期间，犹太复国主义者在英国和德国之间自然而然地选择了前者——成千上万犹太人加入了英国军队的犹太旅或犹太事务管理局组建的防卫力量"哈加纳"（Haganah）。但多数阿拉伯人保持中立，一小部分人则在柏林跟随穆夫提，并试图获得希特勒的支持继而占领巴勒斯坦，不过他们的愿望并没有实现。

犹太人遭遇大屠杀之后，局势发生了逆转——尽管阿拉伯人和英国人当时都没有意识到这一点。英国人认为自己还可以像以前一样是堂堂的大国子民，并继续享有对巴勒斯坦的控制权。阿拉伯人也没想到，单凭由美国领导、苏联支持的世界舆论，就会让犹太人成功建立自己的家园。

1946 年，乔治·安东尼斯在哈里森委员会阐述了反对的理由："我们同情犹太人，也对基督教国家迫害他们的方式感到震惊。但是你们认为巴勒斯坦的阿拉伯人会比基督的追随者更'基督'、更人道吗？在德国、波兰、罗马尼亚等地发生了不幸事件之后，你们为了遵守对受害者的承诺，就要让我们背负枷锁吗？犹太人在德国和其他欧洲国家遭受的苦难固然是现代文明的耻辱，但那都是纳粹造成的。如今你们不能为了让德国的犹太人住进来，就将阿拉伯人驱逐出巴勒斯坦。"

他说得很有道理，但却没有被世界接受。[22]

\* \* \*

英国进退两难的困境完全是自己造成的。英国分别向犹太人和阿拉伯人做出了类似的承诺，以为这样就能息事宁人、蒙混过关。一位英国官员把巴勒斯坦戏称为"两度应许之地"，这一说法后来广为流传。作家亚瑟·凯斯特勒几乎大半生都在支持犹太复国主义，他清楚地看到其中的道德隐患："一个国家向另一个国家承诺把第三个国家的土地给予他们——这是不可能实现的。"他通过研究《贝尔福宣言》，来探讨究竟英国"两面派"的行为到底是有意为之，还是谋划不周所致。他在作品中写道："英国政府赞成在巴勒斯坦建立一个犹太人国家，同时又让阿拉伯人相信自己能够脱离奥斯曼帝国继而独立。不管怎样，效果都是一样的。英国人不仅愚弄了阿拉伯人和犹太人，更愚弄了他们自己。"[23]

那时候，英国对巴勒斯坦存在错误的认知，即觉得它对自己具有重要的战略意义。而在第一次世界大战期间，帝国主义者基奇纳勋爵曾对当时的英国首相劳合·乔治说："巴勒斯坦对我们来说根本不重要。"1923 年，在英国还没有打算离开印度或埃及时，一个军事专家小组通过研究得出结论，认为控制巴勒斯坦没有什么意义。10 年后，时任大英帝国总参谋长兼陆军元帅的卡文伯爵弗雷德里克·兰巴特说："如果我们想要在地球表面的驻军范围越来越广，并让其他国家的军事基地跟我们的领土保持安全距离，那么就要占领大半个世界。"同时他也指出，占领巴勒斯坦的目的不在于它的"军事价值"，而是"圣地"的象征意义，尤其是耶路撒冷，3000 年来它就像是征服者的权杖一样令人着迷。[24]

战后，英国工党政府对帝国主义仍然抱有幻想。1946 年初，副首相赫伯特·莫里森在给内阁的一份报告中称，应该与阿拉伯世界保持良好关系，这对大英帝国而言非常重要：

> 宁可冒着与巴勒斯坦的犹太人发生局部冲突的风险，也要避免在中东跟所有的阿拉伯人交恶，同样也要杜绝在印度的穆斯林中引发大规模骚乱的可能……中东对大英帝国至关重要。它不仅是连接英国与印度、澳大利亚和远东地区的陆海空交通枢纽，也是帝国主要的石油来源地。阿拉伯国家的态度关乎英国的利益。因此，为了维护我们的巨大利益，需要跟这些

独立国家进行合作。麻烦的是，如今在阿拉伯人眼中，巴勒斯坦未来的走向对他们非常不利。如果强行推进他们反对的政策——特别是与我们之前承诺过的相反，必然会动摇我们在他们心中的地位，甚至还会引起大规模的骚乱，影响到那些原本有利于我们的合作。[25]

这份报告发到索尔兹伯里勋爵手上时已经错过了挽救政策的最佳时机，只能作为备忘录保存了。在艾德礼政府看来，犹太人前往巴勒斯坦似乎已经势不可当。

本－古里安和他身边的社会主义者感到被背叛了。英国工党长期致力于推进犹太复国主义，多次表示支持《贝尔福宣言》。而且英国的工人运动与犹太人的工会以及世界各地的左派之间有着密切的联系。

1944 年，工党大会通过了一项决议："如果想让'犹太国家'的建立拥有实际意义，那么我们就要做好准备，让大量犹太人（如果他们愿意的话）进入那片狭小地带，并成为那里的多数民族。这件事在战争爆发前其实就能做到。如今，在纳粹屠杀了那么多犹太人之后，我们推进这件事的理由更充分了。"

1945 年大选前几周，当时最有希望成为外交大臣的工党人休·道尔顿宣布：

> 如今，阻止犹太人进入巴勒斯坦不仅在道义上说不通，在政治上也站不住脚。我们认为应该抛开之前的种种成见，允许犹太移民进入巴勒斯坦……但这不是单凭英国一己之力就能做到的……这需要英、美、苏三国政府的紧密配合。我们应该与这两国政府积极协商，获得他们支持，然后共同采取措施在巴勒斯坦建立一个幸福、自由和繁荣的犹太国家。

在其他场合，道尔顿曾对工党同志说："从今往后，我们的原则就应该是彻底抛弃'非法移民'这个说法。"[26]

然而工党一上台，领导层就改变了主意。说起来，英国在巴勒斯坦问题上的失败主要应该归咎于外交大臣欧内斯特·贝文。1946 年，贝文已经 65 岁，但身材依然魁梧。他是工党历史上最伟大的人物之一——艾德礼称他为"强大的多面手"。作为运输总工会的创始人，他是英国有史以来权力最大的工会领袖。他出身于工人阶级，一步一步走到了高层领导的位置，但性格却一点都不"糟糕"——这是英国中产阶级所能想到最具侮辱性的词。亨德森是一位出身显赫的公务员，他评价贝文："上至国王，下到码头工人，大家都很喜欢他。"贝文的食量很大，烟酒不离身，且患有心脏病、肾病、肝病和急性鼻窦炎等多种疾病。1943 年，他的医生说："这人身体里的器官没有一个是健康的——心脏病随时可能发作。"[27] *

贝文脾气暴躁，经常跟工党同事发生矛盾，但因为性格讨喜、有创造力又有责任心，所以还是个很有声望的左翼人士。丘吉尔认为这位战时的工党大臣是联合政府中最有能力的内阁成员。很多时候，他都被认为是"二战"以来最有影响力和最成功的外交大臣，并且在大多数问题上都做出了正确抉择——除了中东问题。一些犹太复国主义者指责他是一个反犹分子，这既不真实，也不公平。战争初期，魏茨曼曾写信给巴勒斯坦的朋友，说"在英国很少有人比贝文更了解犹太事务管理局的情况"，还有"他更愿意倾听犹太人的想法"。由此可见贝文并不是反犹太分子，只是大英帝国的背景影响了他的判断。而且没搞清状况的也不只贝文一个，艾德礼和其他人也是如此。[28]

他们自认为有办法能够说服德国集中营里的犹太人返回东欧。贝文表示："我强烈地感到，如果不让犹太人留在欧洲，不让他们在欧洲复兴里扮演重要的角色，那么这场仗打与不打都没什么意义。"他手下的官员向魏茨曼说，一旦接受了哈里森报告的观点，"就等于承认犹太人在欧洲没有未来。在欧洲局势依然混乱、纳粹的反犹太政策的影响尚未消除之时，承认这一点是完全错误的，是让人绝望的。它会带来许多不良影响，让人觉得欧洲没有犹太人的容身之地……当务之急是创造条件，让犹太人觉得回家是自然而然和正确的；而不

---

\* 贝文是一个很有幽默感的人。有人在他面前提起其竞争对手赫伯特·莫里森时说："可怜的赫伯特，他是他自己最大的敌人。"贝文则反驳道："那除非我死了。"

是承认它困难重重，甚至难以实现"。

　　但是那些官员从来没想过：当时苏联占领着波兰、匈牙利和罗马尼亚等国家，而这些国家的人民又希望犹太人离开。那英国应该如何去满足他们提出的条件呢？[29]

　　英国外交部的许多官员都明白这是不现实的，而且也认识到对大批涌向德国的难民和东欧的犹太人来说，犹太复国主义具有强大吸引力。英国驻波兰大使维克多·卡文迪什－本庭克在一份电报中一改以往的外交辞令，言辞激烈地阐明："在幸存的犹太人眼里，波兰就像是一个巨大的坟墓，他们根本不希望继续生活在这里。"[30]

　　贝文与犹太复国主义者的主要矛盾集中在恐怖主义身上。就在哈里森委员会公开他们的报告之前，英国情报部门从犹太事务管理局伦敦办事处和犹太复国主义组织哈加纳领导人摩西·斯奈那里截获了情报，显示游击组织和该机构之间有着密切联系。贝文把证据拿给魏茨曼，然后愤怒地说："你想逼我就范吗？如果你想打仗，那就打吧。"在这件事上，魏茨曼始终耿耿于怀。

　　几个星期后，一枚炸弹在以色列港口城市海法的炼油厂爆炸。贝文立刻召见魏茨曼，说这一事件相当于对英国"宣战"。如果他们想要打仗，那么就直截了当地说出来，英国人就不会浪费精力去寻找什么解决方案了。"我们不会在暴力威胁下谈判。我无法忍受无辜的英国军人被杀。"当魏茨曼提到有数以百万计的犹太人被屠杀，还有很多犹太人正在难民营里受苦时，贝文回答："我也不希望犹太人被杀，但我也爱我们国家的士兵。他们跟我一样都是劳动者。这个问题太难了。"[31]

*　*　*

　　1946 年，本－古里安的主要竞争对手不再是魏茨曼，而是很晚才移民到巴勒斯坦的波兰裔犹太人梅纳赫姆·贝京。贝京出生于 1913 年的布列斯特－立托夫斯克，彼时本－古里安已经在巴勒斯坦生活了 7 年，并成为民族主义政治中的活跃分子。战争刚开始的时候，波兰被苏联和德国瓜分，贝京因"涉嫌为英国从事间谍活动"的罪名被贝利亚手下的内务委员会逮捕，并被送进劳改营。他后来常拿这个开玩笑："你知道那个英国特工的下落吗？英国警方给出了最高赏格要缉拿他呢。"[32]

贝京于 1941 年获释，次年前往巴勒斯坦。在波兰时，他曾参加过泽耶夫·亚博廷斯基领导的贝塔尔组织。但是到了巴勒斯坦以后，他的信仰变得更加坚定，他在政治上也更趋于极端。他个子不高，但身体很结实，举止优雅，动作利落，有着"柔软不安的双手、稀疏的头发和湿润的嘴唇"。他平日里戴着一副无框眼镜，一点都不像崇尚暴力的革命者，反倒更像一个文质彬彬的银行职员。他坚持"要救赎这片土地"和"通过武装斗争反抗那些占领犹太人祖先土地的人"。[33]

1944 年，贝京成为武装组织"伊尔贡"的头目。就像犹太事务管理局下面拥有 2 万成员的哈加纳和拥有 1000 名特种兵一样的帕尔马奇一样，伊尔贡也有大约 600 名武装成员，起初是为了反抗阿拉伯人而建立的自卫组织。战争期间，该组织站在英国这一边。不过，一个名叫亚伯拉罕·斯特恩的人带领一部分人从组织中分裂出去了。后来斯特恩被英国警方击毙，他手下的组织就变成了更为激进的、与伊尔贡彻底对立的"莱希"，英国人称之为"斯特恩帮"。

当盟军获胜的势头逐渐明显的时候，贝京改变了策略。1944 年初，被英国人判定为"极端组织"的伊尔贡发表了一份宣言，称"要斗争到最后一刻"。宣言纸质版的顶部印有该组织的标志——由一支步枪和一张巴勒斯坦直通伊拉克边境的地图组合而成。贝京本想控制耶路撒冷有名的"哭墙"，在那里搞起义，但没有成功。但是伊尔贡杀死了一名路过的英国警察。贝京因此遭到了通缉，悬赏金额高达 1 万英镑。为此他不得不四处躲藏，几乎不会在同一个地方住两次，而且还要乔装打扮以防被认出。

伊尔贡和莱希曾策划了两次暗杀英国驻巴勒斯坦高级专员哈罗德·麦可迈克尔的行动。除此之外，这两个组织还袭击了耶路撒冷的警察局，谋杀了丘吉尔的老朋友沃尔特·吉尼斯，英军的弹药库也遭到他们的破坏。

本－古里安经常谴责暴力行径。当一名伊尔贡成员被绞死时，他并没有为该人举行哀悼活动。他说："与其去为他哀悼，不如好好想想这是一件多么让人感到耻辱的事情。一个犹太人在巴勒斯坦被绞死，我并不觉得惊讶，我为招致绞刑的行为而感到羞愧。"话虽这样说，但他依旧与恐怖组织保持联系。[34]

"二战"结束后，英国试图阻止欧洲移民进入自己的国家。本－古里安、贝京和他们领导下的武装力量和莱希组成了一个联合抵抗组织，负责将犹太人偷渡到英国。这期间，英国海军拦截了一艘载有集中营幸存者的船，并将其遣返回德国。在船上发生的混战中，3名犹太人被杀。

这时候，哈加纳和帕尔马奇没有发动武装行动，只是暗中开辟了一条从德国到巴勒斯坦的偷渡路线，被称为"布里察"。不过一些规模较小的武装组织却频频袭击英国士兵和警察，造成了英国方面几十人死亡。6月初，艾德礼派遣陆军元帅蒙哥马利担任英军在巴勒斯坦的最高指挥官。战前，蒙哥马利镇压过阿拉伯人的起义，如今又要镇压犹太人的起义。作为大英帝国总参谋长，他为英军当时的处境感到愤怒。他告诉艾德礼，形势已经不受控制："犹太人处于优势，他们想告诉当局'不要碰我们'。不能任由他们继续这样了。"他还表示，当时驻扎在巴勒斯坦的英国士兵有10万人，"可他们受到太多束缚……平均每天有两名士兵被杀害。如果我们不打算在巴勒斯坦维持法律和秩序，还不如趁早离开"。但政府怎么会支持这种做法呢？[35]

蒙哥马利制订了一个可以迅速平息叛乱的计划。6月29日，他的副手伊夫林·巴克将军一声令下，英军发动了对犹太复国主义者的全面攻击。在这次行动中，有3000名犹太人被捕（本－古里安逃到了巴黎，贝京也乔装躲藏起来，没有被人发现）。英方把很多犹太人关在耶路撒冷的一座要塞里，犹太复国主义者把这里戏称为"贝温格勒"。巴克给这次袭击行动取名"阿加莎"，而犹太复国主义者则将这一天称为"黑色安息日"。

后来贝京和莱希联手策划了一次报复行动。随之而来的这场血腥战争促成了以色列的诞生。

# 1946：
现代世界的形成

第二十二章

"犹太布尔什维克的阴谋"——血祭诽谤

凯尔采是波兰中部地区一个拥有 13 万人口的城市。1946 年 7 月 1 日，当地一个 8 岁的男孩亨里克·布瓦什奇克失踪了。据说，那天临近中午的时候，他和几个朋友搭便车来到 20 公里外的一个村庄——那是他和家人曾经居住过的地方。他记得以前邻居的院子里有很多鲜嫩多汁的樱桃，所以想再去摘一些。结果那天晚上，他没有回家。惊慌失措的父母赶紧到警察局报案。两天后，大约是晚上 7 点，小亨里克带着满满一篮子水果回到了家。稍晚一些的时候，男孩和父亲瓦兰迪·布瓦什奇克来到附近的警局，告诉值班警察说亨里克是被犹太人诱拐了，然后被关在了一个地下室里，孩子乘人不备才从那里逃脱。因为孩子的父亲当时有些醉意，加之警察也不完全相信男孩的话，便让他们第二天早上再来做完整陈述。

第二天，也就是 7 月 4 日，在男孩和父母去警察局的路上，正好经过了普兰迪街 7 号——那里是凯尔采犹太委员会的总部。亨里克突然指着一个戴着绿色帽子的中年男子，声称自己就是被他抓住的，大楼里还关着其他孩子。几分钟后，警方赶往普兰迪街，并逮捕了亨里克所说的绑架犯卡尔曼·辛格。警察们不分青红皂白，就把他打了一顿。与此同时更多的警察冲进了大楼，结果发现这里根本没有地下室，也没有找到任何被关起来的孩子。亨里克一直在撒谎，就因为他不想告诉父母那两天到底去了哪儿。男孩被警察狠狠地训了一顿，辛格随后也被释放了。

然而一切都太迟了。"犹太人绑架了基督徒的孩子"的消息迅速传遍了全城。人们立刻把这件事与一个传播了几百年的谣言联系在一起——犹太人会用基督徒孩子的血来制作食品。就这样，一群没弄清事实的狂怒的人包围了犹太委员会的大楼，并准备冲进地下室，解救那些即将被献祭的孩子。一名来自该市犹太社区的代表试图让人群安静下来，但没有成功（该社区曾经有近2万名犹太人，那时已经缩减为380人）。

很快就有数百人聚集在那里，并开始向大楼投掷石块。一支警察小分队根本无力维持秩序。随后，一队士兵赶来支援他们，但难以控制疯狂的人群。上午11点左右，人群中突然爆发出一声枪响——没人知道到底是谁开的枪。紧接着就是一片混乱。后来，士兵和警察冲进大楼，把所有他们能找到的人都带到了外面的小广场上——那里正是一片愤怒的海洋。

当时有15个人在三楼，他们把自己反锁在一个小房间里。其中有一位名叫巴鲁克·多尔曼的年轻人，他后来回忆了接下来发生的事情：

> 起初，外面的人只是对着门大喊大叫，然后……他们破门而入。那些人里既有穿制服的士兵，也有平民。我当时就受伤了。他们命令我们排成两行走下楼去。但楼梯上已经站着一些老百姓。士兵用枪托打我们，那些老百姓——无论男女，也伸手打我们。我当时穿着的上衣很像某种制服，也许是这个原因，有一阵他们不再打我了。我们来到了广场上。和我一起被带出来的人有的被刺死，有的被枪杀，还有人朝我们这里扔石头，但我那时候还没有受到太严重的伤害。直到我穿过广场走到一个出口，紧张的表情泄露了我的身份。一个人突然尖叫起来："犹太人！"一瞬间，人们开始攻击我。石头朝我砸来，枪托也往我的身上招呼。我倒了下去，被人打得死去活来。有人想在我躺在地上的时候向我开枪，但我听到另一个人说："别开枪，反正他都会死的。"我又晕过去了。当我醒过来的时候，有人拉着我的腿，把我扔到了一辆卡车上。他们是另一批士兵。等我再次醒来时，发现自己已经躺在凯尔采的一家医院里了。

据当时待在广场上的警察雷沙德·斯洛瓦卡回忆，自己和同事对暴行视而不见，任由人们虐待那些犹太人。

豆蔻年华的女孩被人从三楼的窗户扔到街上。犹太委员会主席试图打电话求助，结果被人从背后开枪打死。里吉娜·菲茨是一位年轻的母亲，她眼睁睁看着孩子被杀死，自己随后也死在了暴徒手中。血腥屠杀持续了整整一天。下午的时候，附近的卢多威科铸造厂的500多名工人也赶来了，他们用铁棒打死了15~20名犹太人，死者中有3个人还因为在保卫波兰的战争中表现突出而获得过奖章。波兰的基督徒也死了两个——他们被错当成了犹太人。那一天，凯尔采一共有42名犹太人被杀，80多人受重伤。另有约30名犹太人在公路和铁路附近被害。[1]

* * *

凯尔采大屠杀是战后发生的最严重的反犹太屠杀行为，但这绝对不是偶然发生在波兰的孤立事件。5月底，在匈牙利的一个小镇里，同样因为"血祭诽谤"，一群暴民杀害了3名犹太人，超过15人受重伤。在捷克斯洛伐克的托波尔卡尼，犹太人在1945年底长达1个月的时间里，遭到了有组织的反犹太暴力分子的恶意攻击。在整个东欧，犹太人经常受到威胁——光是在火车上就死了几十个人。战后一年，在匈牙利、波兰和捷克斯洛伐克，有1200~1500名犹太人被杀害——这比1939年之前12年的总和还多。

在大屠杀后不久就爆发这样凶残狂热的反犹太主义浪潮，这看似有些不可思议，但也不是完全说不通。凯尔采大屠杀发生一年之后，波兰哲学家斯坦尼斯拉夫·奥索夫斯基一针见血地指出："面对别人的不幸，同情并不是唯一的反应。"尤其是对欧洲人来说，迫害犹太人是能够让他们从中获益的。"有时候人们会厌恶那些注定要被毁灭的人，并将其排除在人类关系之外……如果一个人的苦难对另一个人有利，那么后者就会千方百计让自己相信对方就是活该如此。"[2]

反犹太主义萌芽于财产争端。很多集中营幸存者回到家中时发现自己的房子、公寓或农场已被非法占有了。能够迅速收回自己财产的只是少数人。大多数时候，鸠占鹊巢的人会口口声声说这就是自己的财产，并且拒绝离开。政府在这方面也不会帮犹太人太多的忙。波兰流亡政府外交事务委员会主席罗曼·诺尔冷冰冰地说："应该让大批犹太人回来吗？他们一回来就嚷嚷着要收回财产，别人不会觉得这是物归原主，相反会把这当成是侵略。动用武力来抵制也无可厚非。"[3]

仅仅几年时间，匈牙利人、捷克斯洛伐克人、波兰人和罗马尼亚人通过屠杀数以百万计的犹太人而获利，甚至还从这种血腥屠杀中诞生了一个全新的中产阶级。东欧国家的经济发展并非得益于战后苏联的共产主义制度，而是始于 20 世纪 30 年代，并在纳粹统治期间得到了推动。波兰畅销杂志《复兴》曾注意到这样一种社会状况："整个新生的波兰资产阶级取代了被谋杀的犹太人。他们闻到了手上的血腥味，清楚自己的罪恶，因此他们比以往更痛恨犹太人。"人们抱怨那些在战争期间明明已经"消失"的犹太人——居然如此好运，还有命回来。

不过也有不少人的"回家"经历是愉快的。比如在奥斯威辛集中营幸存下来的赫达·柯瓦丽。战后，她回到了村中的旧居，那里位于布拉格附近。她回忆道："我按响了门铃，过了一会儿，一个胡子拉碴的胖子开了门。他盯着我看了一会儿，然后大叫：'你回来了！我们等的就是这一天！'我转身走进了树林。在等待下一班返回布拉格的火车的 3 个小时里，我漫步在长满青苔的杉树林，聆听鸟鸣的声音。"[4]

对于东欧人，特别是那里的犹太人来说，黑色幽默算得上是一种面对苦难的方式。在匈牙利发生迫害犹太人的事件之后，布达佩斯便流传着这样一个笑话：一个犹太人回到家，遇到了一个信基督教的熟人。对方问他最近怎么样。犹太人回答："哦，别提了。我刚从集中营出来，现在除了你身上穿的衣服，我什么都没有。"

不过有人从大屠杀中获利这件事就没什么幽默可言了。直到 1946 年春天，仍然有数百人在特雷布林卡和贝尔泽克这两处灭绝营的遗址上挖掘，目的是寻找黄金。波兰人瑞秋·奥尔巴赫是调查希特勒罪行委员会的成员。在深入营地进行调查时，她觉得自己好像身处"月球表面"——地上到处都是大大小小的坑和散落的人骨。她回忆道："人们拿着铲子到处挖掘，骨头和残肢被扔得到处都是。或许，他们想着还能够找到几颗没被纳粹发现的金牙吧。"[5]

＊ ＊ ＊

发生在凯尔采的大屠杀吓坏了正派人士。作家文森蒂·贝德纳佐科在《复兴》杂志上发文称："'反犹'不再是一个经济问题，而是一个纯粹的道德问题。如今，不仅要将犹太人从苦难和死亡中拯救出来，更要将波兰人从道德沦丧和精神死亡中拯救出来。我们曾以为波兰犹太人的悲剧会让波兰的反犹太主义消失；曾以为杀害儿童和老人的恶行必然会引起公愤；也曾以为在占领时期遭受的共同命运必然能够让人们团结起来。但我们低估了人性的丑恶。事实证明，我们对人类的理解太过天真。"[6]

即便如此，还是有很多人不停地从中捞取好处。波兰语里有一个词叫"Zydokomuna"，字面意思是"犹太－共产主义"，但在东欧，人们把它理解为"犹太人－布尔什维克阴谋"。这种思想源于一些东欧人对苏联的抗拒心理，他们觉得苏联用武力把共产主义强加于不需要这种制度的国家。而且当时某些中欧共产主义政党的领导人的确是犹太人。这就会让人们觉得犹太人通常是共产主义者，而不是"真正的"波兰人、匈牙利人或罗马尼亚人。犹太人希望苏联能够接管这些地方，而天主教会几乎没有采取任何措施来消除这些误解。

凯尔采大屠杀之后，教会的态度也非常一致。波兰大主教奥古斯特·赫伦德从未公开发表过谴责反犹太主义的言论，他的做法得到了绝大多数波兰主教的支持。只有一人痛斥了这次屠杀行为，结果却受到同行的排挤。凯尔采当地的牧师也没有采取措施去平息种族仇恨浪潮。他们只是觉得屠杀包括妇女和儿童在内的手无寸铁的平民，是"一件不幸的事情"。

赫伦德主教还暗示，是犹太裔共产主义者制造了这些麻烦。他说："天主教会反对一切谋杀，不管发生在哪里，也不管凶手和受害者是谁。"但是，他也坚持认为：

> 发生在凯尔采的悲剧不能归咎于种族主义……许多在波兰的犹太人都是靠着波兰人和波兰牧师才活了下来……但也是这些犹太人，如今在国家机构中占据着领导地位，一意孤行地要把一种被大多数国家所拒绝的制度强加给波兰，所以他们在很大程度上要为种族关系恶化负责。这绝对是一种危险的游戏，会让局势变得紧张。的确，一些犹太人在政治斗争中、在武装冲突中不幸死亡，但波兰人的死亡人数远比这多得多。[7]

波兰天主教派的二号人物，克拉科夫的大主教萨皮耶哈对犹太人的态度更为恶劣，他甚至被手下的一些牧师和主教形容为"恶毒的犹太仇恨者"。法国著名天主教人士、中右翼政治文化报纸《精神报》的创始人埃马纽埃尔·穆尼埃在1946年访问波兰时曾与萨皮耶哈进行过交流，他对此人的做派深感震惊："在天主教会的高层中，竟然有如此激进的反犹太主义者，仿佛针对犹太人的种族灭绝事件从未发生过一样。"

凯尔采的主教和牧师们把矛头指向了政府和警方。他们声称，大多数波兰人在战争期间对犹太人很友好。当德国人在占领期间围捕和杀害犹太人时，波兰人也没有对犹太人表现出任何敌意。矛盾都是从那以后才出现的，主教说：

> 自从苏联军队进入波兰，统治范围从卢布林扩展到整个国家后，事态就发生了根本性变化。波兰其他种族的人对犹太人的敌意迅速蔓延。即使是执政党团队中的波兰人也讨厌犹太人。犹太人是共产主义在波兰的主要传播者，但其他波兰人根本不想要这种通过武力强加给自己的思想。那时候，这个国家里的好工作、好条件都被犹太人占据着，政府还在工业和商业方面为他们提供帮助。教会里是犹太人，大多数负责安全工作的警察也都是犹太人……他们想怎么样就怎么样。这必然造成其他种族对犹太人的仇恨。鉴于他们当时控制着安全部门，加之不被大众认可的共产主义环境，

这才引起了那场大屠杀。法西斯主义和反犹太主义曾在波兰社会中占主导地位，这证明了教会是反动的。

只有琴斯托霍瓦的主教特奥多尔·库比纳直言不讳地指出，血祭是毫无根据的谣言。他感到非常奇怪，为什么有那么多波兰人会相信这种无稽之谈：

> 我们要公开声明，那些关于犹太人血祭的故事都是虚假的。不管是凯尔采还是琴斯托霍瓦，又或者是其他什么地方，都没发生过犹太人杀害基督徒并把他们做成宗教祭品的案件。据我们所知，从来就没有发生过一起基督徒的孩子被犹太人绑架的案件……所有关于这个话题的新闻或传说都是犯罪分子故意编造的，然后被不明真相的愚蠢之人四处传播，他们的目的就是挑起仇恨。我们呼吁所有人都不要相信这些谣言，而且还要尽你们所能去打击那些反犹太暴行。

库比纳因此遭到了同行的排挤。大主教赫伦德和其他主教集体谴责他："基于教会的基本行为规范和原则，这种言论对其他教区的主教来说是不可接受的。"[8]

英国大使维克多·卡文迪什－本廷克在发给伦敦方面的电报中提到，自己跟赫伦德见了面，要求他和手下的主教们在公开场合表明自己不赞成暴力反犹太主义的立场。但大主教拒绝了他的要求。"他告诉我，波兰的反犹太情绪是根深蒂固的，主教们不敢公开发表这样的看法……他们担心这样做会降低教会在人们心中的地位。但我不相信这一点，我认为这些神职人员打从心底里就是反犹太主义的，所谓的顾虑只是借口而已。"[9]

也许在这位大使心中，共产党也是如此。他认为，共产党深知波兰人非常在意"犹太－共产主义"，更明白跟凯尔采的居民对抗不会有什么好处。所以即便内政部长雅各布·伯曼本身就是犹太人，而且一开始就知晓凯尔采大屠杀的内情，但他依然没有下令采取更有力的措施去制止骚乱。凯尔采附近的罗兹有2万多名炼钢工人和采矿工人罢工。他们在示威游行中，大多数时候都是高喊着反犹太主义的口号。结果，当地的工会书记不仅给他们涨了工资，还将国家面临的诸多经济难题归咎于犹太人。说他们是"掮客，根本不事生产"。并表示："幸存下来的 7.5 万名波兰犹太人最好能够离开这个国家。"如他所愿，很多犹太人因此去了德国的难民营。[10]

后来，政府把一些暴力活动的组织者送上了法庭——庭审过程很不公正，而且判处死刑的 9 名罪犯显然早已经内定了。一些参与暴行的警察、士兵或地方官员都没有得到应有的惩罚，相反，其中一些人后来还被提拔为共产党的干部。[11]

在东欧，共产党的领导人对他们的背景都讳莫如深。波兰共产党总书记哥穆尔卡的妻子佐菲娅就是犹太人。他常常说共产党应该选用更多的非犹太干部。但这需要时间。为解燃眉之急，他建议一些现有的犹太裔领导人改名换姓，以隐藏种族身份。在他的安排下，佐菲娅成为这项工作的负责人。

在匈牙利，一些地位很高的共产党人都是犹太裔，其中就包括他们的最高领导人拉科西·马加什。为了避嫌，他甚至成为该国最狂热的反犹分子之一。他在写给一名犹太裔共产党员的信中提到："你可能会认为天主教会是最大的反政府情报中心。但现实却是，遍布各地的犹太人令犹太复国主义成为间谍活动的真正中心。"即使在战后的苏联看来，拉科西也是一个行为极端的人。他热衷于招募前法西斯分子加入共产主义事业——甚至包括那些在前政权下谋杀过犹太人的家伙。匈牙利共产党的秘密警察总部位于布达佩斯最宏伟的建筑里，这里曾是匈牙利本土的纳粹党"箭十字党"的老巢。那栋建筑的地下室曾是折磨犹太人和共产党人的地方，彼时拉科西正把反对自己的人扣押在那里。他还曾将法西斯分子分为资产阶级和工人阶级，并表示欢迎这种工人阶级加入自己的阵营。他对党内同志说："这些工人阶级出身的法西斯分子不过就是一些小角色，他们本质不坏，都是被迫成为纳粹的。只要他们愿意效忠于我，那么我就愿意接纳他们。"[12]

# 1946：

## 现代世界的形成

第二十三章

## 反恐之战

1946 年 7 月 22 日是一个星期一，中午时分，在耶路撒冷地标性建筑大卫王酒店的侧门外，停着一辆牌照为 M.7022 的破旧克莱斯勒牌卡车，一群穿着阿拉伯长袍的酒店工作人员正忙着把车上的牛奶搅拌机卸下来。没有人过多注意这显得很平常的工作场景。

　　大卫王酒店建于 1930 年，是城里最负盛名的酒店，几乎总是处于客满的状态。它的南侧附楼是英国驻巴勒斯坦托管政府的秘书处，北侧附楼是英国军队在巴勒斯坦的总部，军情五处也驻扎在那里——因此这座酒店里总是挤满了英国官员、士兵以及谍报人员。不过，酒店里也有一些客房是为私人提供的。由于当时巴勒斯坦是全世界的焦点，这些住客大多数都是记者，这也让大卫王酒店成为耶路撒冷最热闹的地方。酒店内的摄政餐厅的装修别具风情，是记者们最喜欢去的地方。

　　做阿拉伯人打扮的工作人员把牛奶搅拌机搬到餐厅厨房的时候，发出的噪声惊动了正待在楼上英国秘书处的军官亚历山大·麦金托什。他立刻来到楼下想一看究竟。一名年轻的"阿拉伯人"见有人来了，当即从自己的长袍下掏出手枪，朝着麦金托什的腹部就开了两枪。原来这台搅拌机里装的是 300 公斤炸药，即将在 30 分钟内爆炸。枪手早前已经接到命令，不能让任何人察觉到搅拌机的异样。不过彼时已经有几缕炸药引线从机器的盖子上露出来了。为了保险起见，枪手才想杀人灭口。

　　这伙人随即跑出了酒店。跑到门口的时候，一群伊尔贡战士在 100 米外的大树下丢了一些炸弹，以此转移英国人注意力。士兵们分别向这两组恐怖分子开火。结果两人受伤，一人死亡，其余的人则乘一辆提前等候在那里的出租车逃跑了。

在接下来的 20 分钟里，还没搞清楚状况的人们至少收到了三次匿名警告。最先收到警告的是酒店，然后是酒店正对面的法国领事馆，匿名者告诉他们"将会发生爆炸""提前打开窗户"，最后接到消息的是《巴勒斯坦邮报》。但当时根本没人相信这是真的，也没人知道贝京就藏在附近。他后来回忆道："等待的时间实在是漫长，每过一分钟就像过了一天似的。2 点 31 分，2 点 32 分，半小时快到了……当时针走到 2 点 37 分，突然，整个城市轰然震动起来。"

酒店的南侧附楼全部被炸毁。爆炸产生的能量将酒店大厅铺的大理石地板整块掀起。走在外面大卫王街上的行人也遭了池鱼之殃。一名目击者称，在听到嘭的一声的同时，看到一名男子飞到了酒店对面基督教青年会娱乐厅的白墙上，留下一块猩红色的血迹。《泰晤士报》的记者称，一名在南侧附楼办公室的英国官员目睹了同事的脸被飞来的玻璃切成两半。在这次恐怖袭击中，共有 91 人死亡——其中有 28 名英国人，17 名犹太人，41 名阿拉伯人和 5 名其他国家的客人。超过 200 人受伤。[1]

本－古里安严厉谴责了这次恐怖袭击。他的助手回忆道："他把贝京视为头号敌人，比英国人的排名还要靠前。"本－古里安也说过："贝京是犹太复国主义的障碍，如果任由他胡作非为，很有可能会导致犹太人的内战。"他甚至把贝京比作希特勒。因为"希特勒就曾借由神圣化的理想去鼓动一些人加入纳粹，并让他们献出生命。某些纳粹分子是出于理想主义的动机，但这种行为是应该被批判的，并且它还毁了德国人民。伊尔贡的存在很有可能会摧毁伊休夫……这简直就是一场肆虐的黑死病"。[2]

如果本－古里安的手不曾沾染血腥，那么他的谴责可能会比较有说服力。但他也与从事暴力恐怖活动的人有着"剪不断理还乱"的联系。他会在对自己有利的情况下与他们合作——然后又适时地诅咒他们。

哈加纳声称自己与大卫王酒店发生的恐怖袭击无关。但严格来说，这并不是真的。因为这次袭击事前是经过联合抵抗指挥部批准了的，但过多的死亡人数超出了他们的预料。大多数温和派犹太复国主义者对此感到十分愤怒。哈加纳表示对该事件不负有任何责任，并坚称"行动细节不在自己控制范围内"。人们都知道这种说法不过就是想推卸责任。恐怖袭击发生后，犹太事务管理局就退出了联合抵抗指挥部。从那时起，温和派和极端分子之间的关系越发脆弱了。

极端分子组织的暴力活动一直没有停止。伊尔贡炸毁了英国驻罗马大使馆；还在耶路撒冷的一家英国军官俱乐部投放炸弹，杀死了 14 名士兵；他们甚至还组织了一次富有传奇色彩的越狱。英国方面则绞死了贝京的一名手下。作为报复，贝京迅速下令以"反希伯来活动罪"处决了两名英国士兵。血腥冲突不断发生，英国人留在巴勒斯坦的意愿变得越来越弱了。起初，他们积极地镇压叛乱，到后来把重心放到了保卫本国士兵的工作上。很多英国侨民也从耶路撒冷撤离。

与此同时，一直处于观望状态的阿拉伯人意识到，如果英国人离开，那么战争将不可避免。那些住在巴勒斯坦以外的阿拉伯人——比如耶路撒冷的穆夫提，他们比较有信心能够获胜。犹太人则担心会遭到屠杀。

\* \* \*

在世界其他国家看来，英国试图将大卫王酒店恐怖袭击案件认定成一场公共关系灾难。这是英国托管巴勒斯坦 30 年来，遭受的最严重的一次恐怖袭击。可想而知，英国国内的抗议声浪会有多么强烈。但是在巴勒斯坦，许多人毫不避讳地指出英国人是罪有应得。

起初，欧洲和美国有许多人都同情英国的遭遇，但随后他们的态度就发生了变化。蒙哥马利告诉手下巴克，让他向英国士兵转达自己的意思——他们面对的是"一伙残酷、狂热和狡猾的敌人，他们隐藏得很深，让人难以辨别"。事实上，正是巴克早前策划并逮捕了 3000 名犹太复国主义者，才刺激伊尔贡发动炸弹袭击的。他还特别提到："恐怖分子中也有女性，士兵们与当地人之间任何来往都要停止。"

巴克时年 52 岁，有人评价他"又高又瘦，脸庞棱角分明，这个老派的殖民地军官看上去就像 18 世纪英国肖像画中走出的人物"。他人生的前几十年可谓战功赫赫。20 世纪 30 年代，他与蒙哥马利一起在巴勒斯坦服役。在战争中，他获得了金十字英勇勋章，随后又因为在勒阿弗尔战役中的英勇表现而获得了军功十字勋章。后来，他和蒙哥马利率领军队越过莱茵河进入德国，并于 1945 年4 月解放了贝尔根 – 贝尔森集中营。不过对巴克来说，巴勒斯坦绝对是他军事生涯中的灾难之地。在阿拉伯人搞起义的时候，他作为镇压一方的高级军官遭到阿拉伯人的厌恶；现在他又成了犹太人厌恶的对象。

巴克将蒙哥马利的话理解为，英国士兵不可以出入包括餐馆、酒吧等在内的任何"娱乐场所"。大卫王酒店被炸 4 天后，他写信给手下们：

> 巴勒斯坦的犹太社区跟这件事脱不了干系，他们别想置身事外。我要让他们受到惩罚，让他们知道我们对那些暴力行径的蔑视和痛恨。现在虽然犹太社区的领导人和犹太事务管理局都对我们表示同情，还称自己跟恐怖袭击没有任何关系，但我们绝不能被他们的惺惺作态蒙蔽双眼。从现在开始，英国士兵不得与任何犹太人有任何往来，就算办公事也要尽量减少接触，并严格遵守办事流程……（我们）将用一种犹太人不喜欢的方式来惩罚他们——那就是打击他们的钱袋子，以此显示我们内心的愤怒。[3]

让巴克没想到的是，这封信的内容被泄露了出去，甚至还成了头条新闻。"打击他们的钱袋子"这句话震惊了无数人，尤其是美国人。早前他们对英国人多少还有些同情，但是在这件事情上，媒体大多非常公允地指出，英国人的想法太天真了。与此同时，人们开始蔑视并嘲笑英国殖民统治的傲慢和狭隘。

艾德礼亲自训斥了巴克一顿，然后撤了他的职。但这件事情对英国声誉的损害在短时间内还难以恢复。

如果了解了巴克个人的想法，那么大众对他一定会更反感，而犹太人则会更加痛恨他。巴克在英国已婚并育有一子，但在巴勒斯坦的时候，他与当地名媛凯蒂·安东尼斯有一段亲密关系。凯蒂为人精明世故，是历史学家乔治·安东尼斯的遗孀，经营着一家时尚沙龙。英国议员理查德·克罗斯曼曾说："那家沙龙的气氛非常棒，私家侦探、犹太复国主义特工、阿拉伯酋长和特派记者都是那里的座上宾，人们在谈话中探听自己感兴趣的消息。一些阿拉伯名流、西方外交官和英国官员有时会在凯蒂的别墅享用晚餐。但伊夫林·巴克每次都是最后一个离开。"[4]

他给她写过几封言语轻薄的信，年轻人般的热情和对犹太人的强烈仇恨交织在字里行间。他在一封信中写道，当他看着她的照片时，激动得热泪盈眶："我是那么爱你。一想到还要把钱和人生浪费在犹太人身上，我就愤愤不平。是的，我厌恶这些家伙。"[5]

\* \* \*

美国的犹太复国主义者敦促杜鲁门对英国施压，好让对方接受哈里森委员会的报告。不过总统没有这么做。当时的副总统赫伯特·莫里森和国务院官员亨利·格兰迪通过协商制订了另一个方案，即把巴勒斯坦一分为二，分别给予阿拉伯人和犹太人有限的自治权，并允许一些犹太人移民过来，不过人数并不是哈里森提出的 10 万。杜鲁门同意了这个方案，但英国人、阿拉伯人和犹太复国主义者却表示拒绝。杜鲁门对犹太复国主义者的反应感到非常失望。虽然他公开表示自己会一直支持犹太人，但内心却是愤怒的。大卫王酒店爆炸案发生后几天，他对一名助手说："我要被犹太人气死了。仔细想想，基督在世的时候都不能让他们满意，我又何德何能拥有那样的运气呢？"他在日记里还用粗俗的乡村俚语写了一些反犹太主义的内容："犹太人没有分寸、黑白不分……我发现，他们非常、非常自私。根本不在乎死了多少爱沙尼亚人、波兰人、南斯拉夫人或希腊人，他们只想让犹太人获得特殊待遇。而且，当他们拥有权力时——无论是物质上的、经济上的还是政治上的，不论希特勒还是斯大林都不能把他们怎么样。"[6]

艾德礼在伦敦召开会议，围绕修改后的莫里森–格兰迪方案进行讨论。会议进行得很不顺利。本－古里安和犹太复国主义者拒绝参加。会场上只有 3 名阿拉伯代表，但他们都不是来自巴勒斯坦，因为英国不允许耶路撒冷的穆夫提出席——理由是他们在 20 世纪 30 年代领导了阿拉伯人起义，还曾与希特勒交往过密。

英国人已经厌倦了托管制。本－古里安对此心知肚明，觉得他们需要有人在背后推一把。事实证明他是对的。大卫王酒店恐怖袭击加速了英国从巴勒斯坦的撤离速度。袭击发生后不久，英国高级专员乔治·卡宁汉爵士告诉本－古里安："这件事让人们筋疲力尽。"6 个月后，英国正式决定放弃托管。[7]

\* \* \*

爆炸发生后，英国国内掀起了令政府、反对派和大多数民众都十分震惊的反犹太浪潮。在利物浦的默特尔街，犹太人开的商店被数百人"打砸抢"。曼彻斯特则发生了针对犹太人的袭击事件。在伦敦东部的贝斯纳尔格林，原本要召开一场有犹太裔退伍军人参加的会议，但鉴于会前遭到了反犹分子的威胁，最终在警察的建议下取消了。

在呼吁英国撤离巴勒斯坦这件事上，丘吉尔一直都是声音最响亮的那一个。尽管在担任首相期间他没有采取任何解除犹太移民禁令的措施，并因此导致恐怖主义蔓延，但不可否认，他的确是支持《贝尔福宣言》和犹太人事业的。而且他很擅长忘记那些自己做得不太好的事情。彼时，作为保守党领袖，他表示自己感到十分震惊，因为有人"为了把巴勒斯坦交给阿拉伯人，竟然与犹太人进行了愚蠢的、肮脏的斗争"。他在下议院说，每年在巴勒斯坦驻军 10 万人，花费 3000 万英镑，结果却不用他们来打击恐怖主义，反而去预防"犹太人和阿拉伯人之间不可避免的冲突。这根本就是为了将巴勒斯坦送给阿拉伯人而与犹太人开战，这种思想上和政策上的不协调在人类历史上简直闻所未闻"。[8]

财政大臣休·道尔顿也一直劝说内阁从巴勒斯坦撤军。他说："从目前的局势上看，如果继续这样下去，不仅会让我们付出大量人力和财力，而且从战略角度来看，这样做也不会取得什么实际效果。'覆巢之下，焉有完卵'，只会让我们的年轻人暴露在危险之中，白白牺牲……还会令反犹太主义加速蔓延。"[9]

外交大臣贝文的态度后来也有了变化，表示撤离只是有些丢脸而已。他说："巴勒斯坦对英国来说并不重要，英国之前只是不想承认自己失败了。"1947年2月14日，艾德礼终于决定结束托管巴勒斯坦，并尽量以一种体面的方式退出。他把整个巴勒斯坦问题扔给了联合国——为此联合国还专门成立了一个巴勒斯坦问题特别委员会。一年后，在联合国的监督下，巴勒斯坦被分割成一个独立的犹太国家和一个独立的阿拉伯国家，那里也是世界新维和部队首批进驻的地方。不过在那之前，英国人不得不在巴勒斯坦继续负责一段时间的治安工作，在此期间杀戮和死亡一直都没有停息。[10]

# 1946：
## 现代世界的形成

第二十四章

## 听！这个世界，到十字路口了

比基尼环礁的坐标为东经 166 度，北纬 12 度，是南太平洋中部马绍尔群岛中的岛屿之一。1946 年 7 月 25 日清晨，在距离这个偏僻岛屿 8 英里 * 外的"阿巴拉契亚号"航空母舰上，一群美国水手、科学家和官员，以及大约 40 名国际观察员和记者，正在收听船上的广播。"还有 15 分钟，历史的转折点即将到来。"人们一分一秒地倒数着。上午 8 点 30 分，"进入最后倒计时 5 分钟"。船上的每个人都按照要求戴上了功能强大的护目镜，并被告知看向右舷方向时一定要加倍小心。

英国记者詹姆斯·卡梅隆亲眼见证了历史性的一刻：

10 秒……6 秒……3 秒……起初海面只是微微翻涌，起伏幅度之小甚至让人难以察觉。身边的景象如同慢放镜头一般，直到一切酝酿成熟。在太平洋无边的海平面的衬托下，海天之间突然出现了一道闪光，然后又变成一个球——世间最白最亮的球，它像一个怪诞而短暂的气泡，又像一个从海上升起的、变得越来越大的圆顶……之后它变成了一根直径超过半英里的水柱，裹挟着 100 万吨重的海水直冲云霄。它向上攀爬，1 英里，2 英里，它在半空中逗留了片刻，方才懒洋洋地落了下去。就像一个原本堆在山顶的雪人，掉进了比基尼环礁这口大锅里，溅起一片遮天蔽日的水雾。再回想那历史性的时刻，当时海面上的"阿肯色号"战舰如同小玩具一样被直直地抛向空中。当巨大的水柱膨胀成为一个庞然大物时，人们甚至觉

---

得它就要那样不停地膨胀下去，继而淹没我们——不，不仅是我们，而是所有的一切。最后，向外蔓延变成了向上移动，在那里，巨大的水柱以一种难以形容的优雅之姿，带着数百万吨的海水缓缓地回落到比基尼环礁。[1]

这次代号为"贝克"的试验是世界上第一次原子弹水下爆炸试验。通过在水下27米的地方引爆原子弹，发现了它在海底爆炸比在地面爆炸"更脏"。10天后，科学家们才敢接近比基尼环礁检查核辐射水平，在此期限之内大家一致认为非常不安全。在进行"贝克"试验的三周半之前，比基尼环礁附近还进行过一次空中投掷原子弹的试验。虽然它偏离了预定目标几百米，但还是摧毁了一些被拖到这里充当试验材料的德日美三国的船只。

这两次核试验共使用了2.3万吨原料，比摧毁广岛的原子弹的用量还要大一些，而且引爆的方式相较之前也有了一些调整。不过即便如此，它并未给美国的科学家或军方提供任何科学上的新发现。它们只是向世界宣告，没有原子弹的时候，这个世界多少还有些希望——虽然很渺茫，如今所有的希望都破灭了。

*　*　*

当时，原子弹属于美国的垄断技术，但他们不确定是否要使用或者如何使用它们。也曾有一些美国将军和疯狂的物理学家密谋对新的敌对国家苏联发动核突袭，不过并没有人认真地考量过这个建议，人们都觉得这是天方夜谭。五角大楼首席战争规划师林肯将军在给杜鲁门的一份备忘录中写道："先发制人或许没错。但出于政治上的考量，不管是使用核武器还是做出类似声明，都是不可取的。"最重要的是，美国还没有足够的原子弹，一旦用完了，接下去要怎么办？美国国防部长詹姆斯·福莱斯特是美国政府中最狂热的反共人士之一，但他也说："征服苏联是一码事，征服之后该如何收场又是另一码事。"而艾森豪威尔一直都不怎么赞成，甚至开始的时候是反对往日本扔原子弹的，他并没想过要用核武器先发制人，打击苏联。[2]

对日作战刚刚取得胜利，杜鲁门的一些顾问马上就觉得美国可以好好利用一下原子弹的威慑力。1945 年底，在伦敦举行的一次外交部长会议上，詹姆斯·伯恩斯自以为幽默地说："我们可是手握'皇家同花顺'。"但是他太不了解苏联人了。莫洛托夫问他："你这是打算搞核外交吗？""你会随身带着原子弹吗？"伯恩斯反问，随即又说，"如果还拖着不达成协议，我就赏给你一颗原子弹。"莫洛托夫面露不悦，说道："你给我小心点。美国可不是唯一一个能造出原子弹的国家。"[3]

自广岛被原子弹摧毁之后，斯大林始终没有表现出任何被吓倒的样子。在接受英国《星期日泰晤士报》的记者亚历山大·沃斯的采访时说："原子弹只能吓唬吓唬那些神经衰弱的人，根本不能决定战争的成败……（它们）做不到这一点。当然，核垄断的威胁是存在的。不过应付它的方法至少有两种：第一，垄断不可能长期存在；第二，禁止使用核武器。"[4]

杜鲁门发现原子弹不仅没让苏联变得顺从，反而变得越发难搞。在与好朋友美国预算局局长哈罗德·史密斯的一次会面中他表示，苏联在一系列问题上表现得很固执，这让他感到失望。"但是总统先生，你的袖子里藏着一颗原子弹……这很了不得。"他的朋友说。杜鲁门回答："是的，但我拿不准要不要用它。"

\* \* \*

在核研究方面，罗斯福和丘吉尔签订过一系列战时协议，他们不仅没让苏联参与，并且还做足了保密功夫。讨论内容最具体的一次是在 1944 年 9 月，两人在纽约哈德逊河畔的海德公园会面。会后的一份备忘录中明确提到："不能向全世界通报'合金管'（核项目的代号）的控制和使用情况，这件事应该继续被视为最高机密。"[5]

如今，美国人开始考虑与苏联方面接触，提出要与他们分享核技术。迪安·艾奇逊是杜鲁门最信任的顾问之一，他十分赞同这个想法。"在苏联看来，我们与英国共同开发这个项目，绝对就是联合起来对抗他们的有力证据。"1945年10月，他对总统说："像苏联政府这样强大又很有权力意识的政府，在这种情况下，必然会做出有力的回击。"[6]

6个月后，也就是1946年春天，艾奇逊依旧主张与苏联进行合作："即便在这样一场（军备）竞赛中占据领先优势又能如何，最好的状态应该是不存在这种竞赛。"虽然与苏联的"远程合作"未必行得通，但如果把他们排除在原子弹研发合作之外，那双方关系就彻底没有缓和的余地了。他说："苏联人总有一天会知道这个秘密。"他暗示，现在是安抚他们的最好时机。[7]

"原子弹之父"罗伯特·奥本海默带领曼哈顿项目团队在新墨西哥州的洛斯阿拉莫斯开展研究。他曾在战争期间写了一份很有分量的报告，建议成立一个国际组织，以便对核研究的相关材料、技术进行统一管理，特别是对钚和钍这些用于制造核武器的原料进行严格管控。他说："核能只有脱离单一国家的管控才是安全的。反对用核能作为武器的想法才有可能实现。"[8]

许多科学家，尤其是诺贝尔奖得主、丹麦物理学家尼尔斯·玻尔，长期以来一直希望美苏双方都能拥有制造原子弹的技术。他认为，如果对双方都有威胁，那么他们反倒比较容易放弃使用核武器。但一直到1946年仲夏，这似乎都是一个理想主义的白日梦。

杜鲁门拒绝了艾奇逊的建议。斯大林也不奢望英美两国会跟他分享核技术——在共同对抗纳粹的紧要关头，他们都没这么做，又怎么会在这时候改变主意呢？换作是他，肯定也不会与西方分享任何军事机密。

最终，在铺天盖地的宣传下，致力于以和平目的使用核能的联合国原子能委员会成立了。整个春季和夏季，美国和苏联一直都在围绕后来被称作"核不扩散"的议题进行辩论。但事实上这些都不过是一些表面文章，因为双方都没有要放弃核武器的想法。在那个时候，苏联人要自己制造原子弹的意图已是板上钉钉，而且美国人也不可能放弃已经取得的成果。在会谈中，美国建议苏联放弃制造核武器的想法，而自己则继续保留原子弹，并表示会将其"交付给人类"。这个建议在苏联看来，没有任何吸引力。与此同时，苏联提议美国销毁现有的原子弹，并承诺未来也不会制造这些武器。不出所料，美国也拒绝了。

比基尼环礁上进行的核试验中止了谈判。许多人——包括那些目睹核爆炸的人都觉得奇怪：如果美国人真的有放弃核武器的想法，为什么又要进行威力更大的核武器试验呢？

* * *

英美两国之间关于核能的争端渐渐打破了他们的"特殊关系"。美国人不再和英国人分享原子机密。广岛和长崎被炸之后，联合研究工作就停止了，随后，在洛斯阿拉莫斯和美国其他城市的核实验室工作的英国科学家也纷纷回国。尽管当时研究经费和技术资源大多来自美国，但英国人一直以为合作还将继续，研究成果也会共享。让他们没想到的是，美国方面明确表示，他们正在重新考虑战时协议。对此，英国人非常愤怒，但政府不想因此影响到跟美国的借贷谈判。所以抗议都是在外交层面以很低调的方式进行的。艾德礼给华盛顿方面写了一封信，委婉地表达了他的"失望"，但在私下里，一向好脾气的他都忍不住拿手下的公务员出气。9

艾德礼认为战时协议里已经写得很清楚了。那是丘吉尔和罗斯福在海德公园共同决定的："日本战败后，美英两国政府将继续在发展军用和民用核能方面进行全面合作，除非经过双方协商同意，才能终止这项合作。"但是美国人的态度变了——尤其是科学家，他们认为核能是自己作为爱国人士对祖国的奉献，没有理由让战后的英国企业从中获利。

哈佛大学前校长、战时国防研究委员会副主任詹姆斯·科南特教授亲眼见证了在新墨西哥州的沙漠里进行的第一次原子弹试验。他表示，比起军事用途，英国人对核能在"战后工业上的应用"更感兴趣。对于这种合作，他是坚决反对的。而且，他相信自己的态度代表了大多数参与过曼哈顿计划的美国科学家、工程师和技术人员。10

前战争部长史汀生写信给杜鲁门，质问："英国人有什么资格享用美国的研究成果？核能研究中 90% 的工作都是美国做的。"总统只好致信伦敦方面，对战时协议的内容给出了另一种解释。他说："战时协议不适用于商业交流和工业发展……只适用于科学领域。"而且在比基尼环礁核试验的前 1 个月，美国国会通过了《麦克马洪法案》，禁止美国与任何外国政府或机构就核能问题进行交流。杜鲁门以此为借口，声称自己受到该法案的约束，实在无能为力。[11]

在伦敦，许多官员和部长都感到困惑。贝文对内阁成员说："我们必须尽快摆脱对美国的经济依赖。只能依靠自己，不然永远都要受制于人。"最终，英国研制出了自己的原子弹。[12]

在这方面，英国政府内部难得没有出现太多争议。尽管当时这个国家几近破产，但为了保住大国地位，他们甘愿付出代价。只有内阁大臣休·道尔顿和斯塔福·克里普斯爵士提出了反对意见，当然他们都是出于经济方面的考虑——内阁委员会在 1946 年被告知，研究原子弹的成本高达三四千万英镑，这比原来的预算高出 15%。不过他们作为少数派，并不能阻碍这项研究的进展。而且这件事是在十分保密的情况下进行的，就连许多部长都不知道。最终，政府于 1947 年 1 月批准了这项计划。内阁委员会指出："英国不能落后。"贝文对此进行了生动的阐述："我们必须拥有核能。我们要让英国国旗在它的上面高高飘扬。"[13]

\* \* \*

美国工程师兼发明家万尼瓦尔·布什是最早预见到万维网的人之一。20 世纪 40 年代早期，尽管他不知道这种网络具体是什么样的，又会在什么时候出现，但他在文章中提到那将是一种"全新形式的百科全书"，它将以某种方式将人们连接在一起，以便于他们相互联系。不过除去这个"科学预言家"的角色，他更为人所知的身份是曼哈顿计划的首席监督员，一个经验丰富的科学管理者。战后布什被任命为美国科学研究与发展办公室的负责人。他心中有个疑问，那就是美国的核垄断能维持多久。他对政客和决策者们的思维能力感到十分失望，并认为后者在欺骗公众。他没指望那些人能理解原子弹背后的科学原理，结果发现他们似乎连政治也不懂："国会议员和公众都天真地以为，核研究不过就是写在纸上的某种神奇公式。只要我们保护好了这张纸，那么我们就可以永远垄断原子弹技术。"

布什知道苏联人迟早会造出原子弹。洛斯阿拉莫斯和其他核实验室的科学家和工程师们也认为，美国的"垄断"只能持续 3~5 年。他们明白苏联人在原子弹项目上并没有落后太多，他们已经独立研发出制造原子弹的重要成分。

布什指出，原子弹最大的"秘密"在于这种威力巨大的东西是可以被制造出来的。过去人们不知道这一点，所以它才神秘。现在，科学家们只用投入精力分步推导它的制造过程就行了。他对杜鲁门说："如果苏联投入足够的人力和物力，他们肯定能在 5 年内就造出原子弹。"杜邦、联碳公司和伊士曼化工这几家企业都参与过曼哈顿计划，依他们的负责人来看，苏联造出原子弹确实用不了 5 年时间。[14]

但这些话并不是白宫里面的人想要听的。毕竟当时还有些美国人提议要跟苏联分享原子弹研发成果，这样的话无异于是给这些人提供论据，提升他们的信服力。

美国军方坚持认为，苏联方面想要造出原子弹，必然需要更长的时间——也许要 20 年。莱斯利·格罗夫斯将军在战争期间是原子弹项目的负责人之一，当时正在管理洛斯阿拉莫斯的核实验室。他信誓旦旦地告诉总统和参议院调查委员会——苏联无法得到足够的铀。因为美国从当时世界上最大的稀土产地比属刚果买断了全部稀土，还在战争结束时，利用某次突袭行动之机从德国偷偷运出了一批稀土。格罗夫斯表示，苏联或中欧绝对没有这种东西。不过一些著名的科学家、地理学家和采矿工程师给政府提供了另一些情报，证明格罗夫斯所说的并非事实。

不过由于战争策划者们见证了第一枚原子弹的诞生，所以他们的话更容易被政客们所接受。正如总统的一位顾问所说，格罗夫斯把科学家形容成性格古怪、自以为是的人，这种人怎么会有做出重大决策的能力呢？在比基尼环礁核试验进行前不久，格罗夫斯还在参议院调查委员会的听证会上发表了一番言论，以此来稳定国会议员们的情绪："拥有原子弹意味着掌握了必胜的法宝，除非另一个国家也拥有这种武器……不过任何一个国家都不可能神不知鬼不觉地就拥有这种力量。"[15]

　　杜鲁门暂时相信了军事顾问们的话。但到了年底，他意识到美国在核能领域的垄断地位即将结束。那是 1946 年圣诞节之后，距离斯大林把库尔恰托夫召到克里姆林宫，要求他加速推进"一号任务"，已过去了一年的时间。彼时苏联科学家们已经实现了一个可裂变物质的连锁反应——这是制造原子弹的关键步骤。虽然苏联在两年之后才拥有了货真价实的核武器，但冷战中在军事、政治和文化等方面都产生了深远影响的最著名的核军备竞赛，即将在 1946 年底拉开序幕。

# 1946：

现代世界的形成

第二十五章

## 法国荣耀——"心底的抗争"

那是夏日里的一个傍晚，作家阿瑟·库斯勒在巴黎圣日耳曼区的一家阿拉伯风格的小酒馆里举办了一个小型聚会。参加聚会的 6 个人都是欧洲有名的文化人——库斯勒和美丽的未婚妻玛曼因·佩吉特、让－保罗·萨特和他的伴侣西蒙娜·波伏娃、作家阿尔贝·加缪和妻子弗朗辛。这个夜晚在一派宁静祥和的气氛中开启，由于萨特原定次日要在联合国教科文组织的一个会议上发表演讲，因此大家准备早点结束这次聚会。

不过晚餐过后，派对并没有立即结束。佩吉特回忆道，"大家跳了一会儿舞……在酒馆蓝粉相间的霓虹灯下，戴着帽子的男士和穿着短裙的女士翩翩起舞"。佩吉特觉得那是一个"迷人的场面"：库斯勒牵着"海狸"（波伏娃的昵称）——她看上去并不擅长此道，同样笨拙的萨特则和加缪的夫人共舞。

后来库斯勒说服众人来到附近的一家名为"天方夜谭"的夜总会，老板是白俄罗斯人。在占领期间，德国军官经常光顾这里。吉卜赛音乐、伏特加、香槟、俄式冷盘都是这里的特色。库斯勒曾经是一名共产主义者，但后来却退出了共产党，那时候的他正热心地加入冷战的舆论斗争中。他批判斯大林，更在其著作《正午黑暗》中痛斥 20 世纪 30 年代末苏联的"大清洗运动"。这本书在法国甫一出版就卖出了 25 万多本。萨特和波伏娃虽然不是共产党员，却十分支持共产主义理念。他们站出来捍卫共产主义，认为这才是社会未来发展的必由道路。加缪则保持中立。

尽管加缪一直在提醒自己不要饮太多的酒，不过还是跟其他人一样都喝醉了。凌晨 4 点左右，库斯勒又把大家带到另一家小酒馆，然后点了一些醒酒汤、白葡萄酒、香槟和牡蛎。萨特醉得特别厉害。他不停地往餐巾纸里倒胡椒和盐，再把它们叠成小块塞进口袋里。上午 8 点，波伏娃和萨特，这两位 20世纪的哲学巨人，在塞纳河上的一座桥上摇摇晃晃地走着，大声讨论是否要跳下去。后来，萨特只睡了两个小时，但还是在当天晚些时候写出了讲稿，后来的演讲也大获好评。[1]

战败、被纳粹德国占领、随后的政治和经济危机，都是巴黎经历过的耻辱。但不论如何，此时这座城市已经逐渐进入了恢复期。巴黎毕竟是巴黎。只要你有钱，就可以得到像样的食物和葡萄酒，大摇大摆地进入有音乐和舞蹈的夜总会。那些光彩夺目、深受时尚女性追捧的沙龙也纷纷重新开业。人们很重视思想的重塑，并为此进行讨论。乔治·奥威尔发现，在这一点上，法国人的生活状态与窘迫的英国人截然不同。在英国，并没有人关心"思想"。战后不久，奥威尔提到："英国人对知识分子的话题不感兴趣，也不待见他们。"说起来，法国在战争期间遭受的物质损失的确比大多数欧洲国家都要小。巴黎除了在德军撤退时被丢了几颗炸弹之外，几乎没有遭受大规模的轰炸。它的伤疤虽然不大，但却很深。[2]

\* \* \*

1946 年的巴黎和平会议从 8 月开到了 10 月，尽管与会各方都在拖延，但最终同盟国还是与意大利、匈牙利、罗马尼亚、保加利亚和芬兰五国缔结了和平条约。相较于"一战"结束后的那次巴黎会议，这次明显少了庄重宏大的气氛。那次会议是在凡尔赛宫的镜厅里举行的。当时，各国总统和首相在巴黎逗留了数周，改变了历经百年风雨的帝国命运，一举建立了新的国家。时间过去了差不多 30 年，重新聚在一起解决问题的是来自 16 个国家的外交部长，整个夏天他们都在卢森堡宫参加一系列会议。在这之前，同盟国之间还单独召开了一些会议。意大利殖民地的未来、昔兰尼加问题和芬兰中立地位都是讨论的焦点。但更重要的是，通过会议，人们发现东西方之间以及西方盟国之间的不信任感正在不断加深。

会议期间，常有一些欠考虑的、无聊的小事发生。一天下午，代表们正在开会，贝文发现英国驻法大使达夫·库珀正在打瞌睡。贝文对助手说："让达夫尽管睡，如果有事我会叫他的。"随后他又提高了声音说："他是这会议室里最明白的人，因为连他都知道这就是在浪费时间。"[3]

还有一次，贝文把之前对苏联的看法在另一个场合又重申了一遍。他说："我们必须接受这样一个事实，即在欧洲的一些地方所发生的事情不过是用骗子取代骗子而已。"[4]

在前期的一些会议上，法国和其他西方盟国针对某些早已存在的分歧进行了讨论。比如，法国占领了德国的部分领土，包括像萨尔区这样的大型煤炭产区。但是在早前的雅尔塔会议上，美国和苏联都不打算让法国染指德国的任何地方。斯大林说法国是"一个被羞辱的国家"，罗斯福则认为法国没有用处——他们都不觉得这样一个"战败"的国家能在德国问题上充当什么有用的角色。但丘吉尔认为，作为一个"欧洲大国"，法国应该被视为"战胜国"之一。在这件事上，丘吉尔最终算是占了上风。但其他盟国坚持认为，法国的防空识别区应该从英国的防空识别区分割出来。丘吉尔同意了，但并非出于维护法国荣耀的目的。在他看来，如果美国打算在未来两到三年内从欧洲撤军，那么英国就需要和法国联合起来共同对抗苏联。用他的话说，他想要"抬举法国"。丘吉尔还提议，法国作为安理会常任理事国之一，应该在联合国高层会议上占有一席之地。

法国占领区对法国流亡领袖戴高乐将军来说是至关重要的。1944年，戴高乐以政府领导人的身份回到巴黎，并组织了盛大的胜利游行。在他看来，"光荣"不仅是一种内心感受，而且具有实际意义。也许法国已经辉煌不再，但戴高乐在战后却营造出了一种法兰西依旧如昨的气氛。他有力地论证了法国的团结依赖于自尊和自信。

然而在1946年初，戴高乐却打算辞职。他表示，连番选举拖垮了治理国家的进程。法国连一个多数党派都没有，共产党和右翼之间的联盟也不稳定，没有哪一方力量真正掌握国家的决策权。他相信自己是不可或缺的，法国人民会像 1944 年那样，将"国家的救星"请回来。不过，这次他足足等了 12 年才接到那个电话。[5]

在德国占领区的问题上，戴高乐的继任者与他的看法一致。其实法国重视德国是可以理解的。法国想要拿到巨额赔款——重演第一次世界大战之后的情形——但是他们一开始要求的数额简直足以摧毁德国经济。法国坚持要求德国彻底解除武装，并把鲁尔区的大部分工业企业和萨尔区的煤矿移交给自己。这是一个强人所难的提议，德国根本不可能答应。美英两国想要重建德国，他们也认为法国的复苏离不开一个强大的德国。如果法国要依赖德国的煤炭和钢铁以及专业技术，那么让德国变得贫穷就是一件损人不利己的事情。

关于这件事的争论从欧洲胜利日起就一直没有停止。最终，在 1946 年夏举行的巴黎和平会议上，法国失望地获知，美国和英国计划合并各自的占领区，也就是说，这将创建一个具有民主合法性和规模经济的国家。这是英国的无奈之选，因为他们已经没有能力在占领区内供养德国人了。当时英国国内刚刚实行面包定量配给政策，英国人抱怨国家为了给德国人提供食物而让老百姓挨饿。

美国政府也认为，继续让德国被 4 个大国分而治之是没有意义的。凯南就曾预言："与苏联联合执掌德国不过是一种幻想。我们别无选择，只能在我们和英国的占领区内建立起一个繁荣、安全、优越且不受东方威胁的独立国家……这样一来，一个分裂的德国要比一个统一的德国更好，至少西方可以在其中充当极权主义势力的缓冲器，而不是让它越走越远。"在巴黎会议开始时，美国人从喜剧歌剧中获得灵感，为重新组合出来的地区取了一个名字，叫"双占区"（Bizonia）。[6]

法国和同盟国的关系并不融洽。苏联跟西方更是难以和睦相处。尽管卢森堡宫为此次会谈专门重新装修过，但仍然不能阻挡会谈的气氛变得越来越冰冷。

不过对一些巴黎人来说，这次和平会议的召开还是很有意义的。外交官和政客们让这座城市的餐厅和夜总会增加了不少收入。在巴黎生活大半生的小说家南希·米特福德在给姐妹的信中说："有人告诉我，当参加和会的人要回国的时候，那些皮条客恨不能拉着他们不让走，对他们说'我爱你'。在他们看来，那些人就像上帝一样。"[7]

* * *

　　和英国一样，法国也向美国寻求经济援助。尽管拿到的 22.5 亿美元贷款比英国少，但法国还得向美国卑躬屈膝，这对法国人来说是很伤自尊的事情。但那时法国已经被德国榨干了，陷入了灾难性的经济困境。战争期间，为了换取在德国占领下的特权，维希政府向纳粹支付了巨款。法国几乎把所有的外汇储备都交给了德国人，但后者还不满足。无奈之下，法国人只好增印钞票，结果加剧了通货膨胀。

　　战争过后，人们常常会规避现金交易，选择进行物物交换。商品和服务也可以用来交换，甚至工人的劳动报酬都是拿实物冲抵的。许多城镇都爆发了饥荒，食物开始限量供应。生活在乡村的人相对还好过一些，当然更不用说那些富人了。尽管当时法国已经解放，但还有许多美国士兵和官员留在那里。他们大多聚集在巴黎，为盟国的各种机构工作。1946 年春天，盟军远征军最高指挥部接连收到令人不安的报告。报告显示，法国的食品供应问题十分严峻，城市居民的食物供应从未达到每人每天 2000 卡路里的最低标准。还有人为"消费不平衡"深感担忧。盟军远征军最高指挥部给出的统计结果显示，大多数法国人日均摄入的热量不足 1350 卡路里。

　　黑市让法国人的生活变得更加艰难。没有人再按照规章办事。在巴黎最好的学校之一——孔多塞中学，一个 13 岁的孩子带领一群朋友从美国人那里弄来了大批口香糖，倒手卖出后获取了高额利润。投机倒把现象随处可见。农民把农产品偷偷卖给有运输补贴的外交官，后者把农产品装在车上运走倒卖。餐馆老板也会跟熟客进行私下交易。法国解放后，有一阵子执行了禁枪令，结果军火的非法交易也开始了。总而言之，手握外汇的人都能赚大钱。

　　《外交季刊》的著名编辑汉密尔顿·费什在 1946 年来到了法国。他说："所有的东西都缺。人们上班要乘坐的火车、公交车、汽车等交通工具不够用……面粉少得连纯麦的面包都做不了，只能掺上别的谷物……食物不够吃，人们没力气干活。印报纸的纸张也缺，世界新闻都印不全。种子和肥料也不够用。人们的居住条件更差，有些窗户甚至没有装上玻璃。做皮鞋用的皮革、织毛衣用的羊毛、取暖做饭用的燃油、做婴儿尿垫用的棉花、熬果酱用的糖、做菜用的食用油、孩子喝的牛奶、洗衣服用的肥皂等等，无一不缺。"[8]

一些有钱人的生活仍然很奢靡，但却让人不齿。诺埃尔·科沃德表示自己曾为温莎公爵和夫人张罗过一次宴会，桌上的美味佳肴包括清炖肉汤、西葫芦餐包、烤龙虾、带酱汁的菲力牛排和巧克力蛋奶酥。在大多数人为饥荒所苦的时候，这样的奢侈行为必然引发众怒。歌手伊夫·蒙德在俱乐部表演时，看到一名客人点了一整只龙虾，但只吃了一半，还把雪茄戳到剩下的龙虾肉上摁灭。愤怒的歌手忍不住走下舞台，给了那人一拳。[9]

\* \* \*

在法国解放后的头几个月里，大概就有6000人在所谓的"野蛮清洗"中失去了生命，而这正是法国那些自发组织起来"维持秩序"的人实施的第一波报复行动。被贴上"通敌者"标签的人被处以私刑或枪决；一些官员未经审判就被扣上了"劣化国家"的罪名而遭受惩罚，有的甚至被折磨致死；有些妇女因为与敌人同床共枕而被杀害，就算免于死罪，也难逃活罪——要被当众扒光衣服，剪掉头发，身上涂满柏油，最后再粘上羽毛。慢慢地，法律才派上了用场，在1945年和1946年间，共有6763人被判处死刑，其中791人遭到斩首。

战争期间，通敌合作的国家也并不少见，法国就是其中之一。为了统一法国，戴高乐采用了这样一番说辞——战争期间大多数法国人民是"进行反抗"了的，他们在思想上和行动上都是忠诚的，只不过第三共和国的政客们在战前背叛人民，然后"二战"中的维希政府又出卖了法国。只要维希政府下台，法国人民就能挥别过去几年的痛苦生活，阔步前行。

不过戴高乐的说法存在漏洞。事实上，维希政府是依照宪法建立的，而且很得民心。从法律上讲，维希政府并没有做任何不利于国家的事。战后，600多万政府雇员中约有1.1万人失去了工作，与维希政府主政时期解雇的3.5万名公务员相比，并不算多。

本来法国女人和德国人睡觉并不违法。但欲加之罪何患无辞，一项新罪名——"辱没国家罪"出台了。当然，还有49723人也被秋后算账，其中包括曾经狂热支持维希政府的教师们。惩罚方式通常是剥夺其选举权或者勒令归还战争时期赢得的勋章，也有一些人被关进了监狱。不过法庭里大多数的法官仍然是维希政府时期的法官。没有人因为"反人类罪"（例如围捕犹太人并将他们送往东部的集中营）这样的罪名而受到惩罚。在大家看来，这类战争罪行都应该是德国人犯下的。[10]


\* \* \*


小说家南希·米特福德在给伊夫林·沃夫的一封信中写道："温莎公爵和夫人告诉所有人，法国即将走向共产主义，他们必须把财宝藏在安全的地方。"自法国解放后，共产党人先后在一系列联合政府中任职。虽然他们是少数派，但在战后进行的第一次选举中，却赢得了26.5%的选票。在1946年6月的选举中，共产党被人民共和运动党打败，屈居第二。但是在1946年中期，法国是除苏联以外，欧洲拥有共产党员最多的国家。与此同时，有谣言称法国共产党杀害了7.5万名抵抗者，但这绝对是污蔑。[11]

法国共产党想要用武力夺取政权是毫无疑问的。但斯大林坚决不允许他们这么做。斯大林对法国共产党很关心，给他们提供了相对少的资金和相对多的精神支持，同时也不断告诫他们要坚持走和平道路。死对头们这样形容法国共产党的领袖莫里斯·多列士——"他那肌肉发达的橡皮脸就像是一张欺骗的面具"。他在战争的大部分时间里一直在莫斯科流亡。尽管在苏联待了近5年，但他只与斯大林见过两次面，第二次还是在他返回巴黎的前一天。当时那位苏联领导人告诉他，不要做任何"破坏我们与美国同盟关系"的事。巴黎和平会议开始时，多列士 46 岁。他曾是一名矿工，凭借惊人的记忆力自学成才，而且自始至终都是斯大林的忠实追随者。尽管许多法国同志对苏联不支持他们夺取政权感到失望，但多列士还是服从了斯大林的命令。[12]

克里姆林宫方面多次告诫多列士，要避免与西方决裂，"坚定不移地走组织人民阵线的道路"。斯大林和多列士都坚信，法国共产党迟早会赢得足够多的选票，进而领导联合政府。法国共产党在工会中拥有坚实的群众基础，他们在宪法规定的范围内，尽可能发展更多的知识分子加入自己的队伍，或者成为自己的支持者。

即便如此，多列士精明果敢的做事风格还是让美英两国感到紧张和担忧。英国驻法大使库珀说："共产主义者似乎在任何地方都游刃有余。"美国驻法大使卡福瑞向国务院报告："巴黎是名副其实的共产主义特工的聚集地。苏联的'特洛伊木马'伪装得如此之好，以至于数百万共产主义武装分子、支持者和机会主义者都相信，保卫法国的最佳方式是将法国的国家利益与苏联的目标联系起来。"[13]

很多法国人担心苏联势力会对法国造成影响。西蒙娜·波伏娃在法国的酒馆里度过觥筹交错的夜晚后不久，便到美国做巡回演讲。她说："有些人的反共产主义情绪近乎神经质；他们觉得欧洲高人一等，不肯纡尊降贵……我听到学生、教师和记者都认真思考如何在苏联有所行动以前先发制人，把炸弹扔到莫斯科。有人向我解释说，为了捍卫自由，有必要对共产党进行武力压制。政治迫害已经开始了。"回到巴黎后，西蒙娜·波伏娃看到一家餐馆里有几个美国士兵。"我们曾经很喜欢他们，这些穿着卡其色衣服的高大士兵，看起来那么平静，仿佛是能够给我们带来自由的神……可是现在他们却代表着我们的依赖心理和道德威胁。"[14]

或许作家罗伯特·艾伦的态度能够代表大多数人的看法。他不喜欢美国提供的一切，认为美国的经济体系不是"人性化的典范"。但个人的选择标准和国家一样，"要么生活在自由的宇宙中，要么跌倒在环境残酷的土地上"。这不难理解。"它从来都不是善与恶的矛盾，而是更好与更糟之间的斗争。"[15]

# 1946：

## 现代世界的形成

第二十六章

## 斯大林的土耳其迷阵

在生命的最后时刻，忠诚的莫洛托夫终于承认他的领袖犯了一个大错误。他说，斯大林在掌权的几十年里几乎没有任何过错，除了1946年对土耳其的政策。那是一个严重的错误，要不是英国间谍发出预警，几乎会让苏联和美国卷入一场双方都不想要的战争。

1946年8月到9月这段时间，巴黎和平会议的气氛可谓是剑拔弩张，代表们个个都显得很暴躁。欧内斯特·贝文在与莫洛托夫的第一轮会面上，就把对方比作希特勒。这位苏联的杰出人物（他确实见过希特勒）先是一脸震惊，然后对这位无礼的英国外交大臣哼了一声，继而转过身去。贝文为此道了歉，但双方关系却没有因此缓和。可以说，贝文一直对共产党抱有偏见，因为后者在二三十年代曾试图渗透到贝文主管的英国运输总工会以及工党下属的一些机构。他在巴黎说："莫洛托夫就像英国工党中的共产党员一样。如果你对他不好，他就到处诉苦；如果你对他好，他又得寸进尺。"[1]

私底下，苏联为在博斯普鲁斯海峡建立军事基地一事向土耳其政府施压——自沙皇统治时代以来，苏联一直致力于此。此外他们还希望土耳其允许苏联军舰在达达尼尔海峡自由通行。战争一结束，斯大林就要求与土耳其人共享该国东北部小镇卡尔斯和阿尔达汉。这两个地方曾在叶卡捷琳娜大帝统治时期被俄国征服。但在1921年时，在内战的压力下，列宁把它们还给了土耳其。这次土耳其人拒绝了斯大林的要求。而且在波茨坦时，英美两国明确表示会支持土耳其。他们觉得苏联可以进出海峡，但不能在这附近修军事基地。

斯大林哪肯轻易放弃。那时苏联在保加利亚有20万人的军队，在罗马尼亚也有7.5万驻军。斯大林认为，只要对土耳其施加的压力足够大，他们就会屈服，西方盟国也只能接受现实。

在这件事上莫洛托夫有不同的看法。"西方国家不会接受的。"他对斯大林说，"这个步子迈得太大了。"后来他再次提到："这在当时是不合时宜且不切实际的事情……但斯大林坚持己见，并命令我继续推进这件事。"[2]

这种情况下，土耳其开始向美国寻求帮助。杜鲁门认为苏联正准备入侵土耳其，并将此事看作对苏联施行强硬的"遏制政策"后的一次重大考验。8 月 15 日是一个星期四，当天上午，杜鲁门在总统办公室会见了参谋长联席会议成员、中央情报局局长和代表国务卿伯恩斯（当时他人在巴黎）参会的迪安·艾奇逊。将军们和情报部门负责人均称，苏联军队在巴尔干地区没有明显的调兵迹象。与其说这是一个军事问题，不如说这是一个政治问题。在此之前艾奇逊对苏联的态度还不是特别强硬，即便在 6 个月以前伊朗危机中，他也是建议给苏联人留下一条体面的撤退路线。然而，这一次，他态度坚定地对总统说，为了维护美国利益，必须震慑一下苏联。而这就需要"让苏联相信，美国准备动用武力应对他们的侵略"。[3]

杜鲁门被说服了，随后便派遣了一支舰队前往地中海。事实上，早在一年前，五角大楼就开始筹备针对中东战争的"铁钳计划"，只是一直都未进入实施阶段。现在，总统希望重启这项计划。

杜鲁门要求艾奇逊跟英国取得联系，让对方允许美国装载有原子弹的 B-29 轰炸机使用英国的军事基地。同时他还表示会将艾奇逊的政策贯彻到底。艾奇逊后来说，杜鲁门在很短的时间里就做出了决定，以至于一位将军问他是否完全明白此举的意义及后果。杜鲁门拿出一张又大又旧的世界地图，然后向参会人员讲述中东地区自古以来的重要性。他宣称："我们不妨看看苏联人现在或是 5 到 10 年内是否有征服世界的想法。"[4]

4 天后，也就是 8 月 19 日，美国国务院正告莫洛托夫：保卫海峡的问题最好留给土耳其人自己处理。苏联船只可以畅通无阻，但如果妄想在土耳其建立军事基地，并为此威胁或攻击土耳其，那么美国就会"依照联合国安理会的裁决行动"——也就是说美国将为土耳其提供保护。

就在同一天，美国收到消息：一架没有武装的美国陆军 C-47 运输机在南斯拉夫被击落，5 名机组人员遇难。这无疑使局势变得更加紧张。据说，飞机刚刚进入南斯拉夫领空两英里，就在毫无预警的情况下被击落了。这本是突发事件，与苏联也毫无关系，但总统和美国国务院并不这么看。政府中许多人都认为是斯大林在背后指使铁托击落了美国的飞机，他们根本不相信共产主义阵营即将分裂的谣言。不过，当飞机被击落的消息传回美国后，参谋长联席会议主席艾森豪威尔就警告大家不要反应过度。他说，这不是一场危机。他告诉国防部，他不想让一架失事的运输机成为战争的导火索。[5]

当天夜里，艾奇逊在国务院召见了新任英国驻美大使、最近刚被授予爵位的因弗查普尔勋爵——他几周前还是驻苏大使。艾奇逊传达了杜鲁门会追究到底的意思。大使询问美国是否准备开战。艾奇逊神情严肃地回答："总统对问题的严重性已经有了充分的认识，并准备采取相应的行动。"[6]

当华盛顿方面等待下一步指令的时候，莫洛托夫建议："我们最好及时撤退，否则……可能会出现多国联合攻击我们的情况。"两天后，苏联人让步了，同时撤回了建立军事基地的要求。莫洛托夫承认他们"手伸得有些长"，还风趣地补充道："可能是情报机构阻止了战争的爆发。"[7]

事实上，阻止这次冲突的功臣确实是苏联特工唐纳德·麦克林，他是剑桥间谍网中的一员。作为英国驻美大使馆的一等秘书，他清楚地知道上司因弗查普尔勋爵和艾奇逊之间的对话内容，也看了大使发回伦敦的电报，知道杜鲁门在土耳其问题上会"坚持到底"。情报很快就被传回了莫斯科。

斯大林从未打算挑起战争。正如莫洛托夫所说，他只是在试探西方的底线。这与列宁说过的那句话不谋而合："要用刺刀去试探。当你感觉触碰到的是柔软的肉时，可以试着再往前推一下。如果遇到了阻力，就要往后退，然后好好琢磨。"现在斯大林对美国人有了（或者说自以为有了）更深入的了解。

莫洛托夫一直很重视情报工作。一位克格勃特工回忆道："他的要求几乎把我们逼入绝境……当他觉得没有得到足够多的信息时，就会冲我们愤怒地咆哮'为什么还没有弄到文件？！'"[8]

　　像其他苏联领导人一样，莫洛托夫也很多疑，甚至对情报人员心怀警惕："我们不能完全依赖情报人员。他们提供的消息可以听一听，但一定要核实。他们身边会有人搞策反……他们如果叛变，就会把你带到一个非常危险的境地。"

　　杜鲁门总统将土耳其危机视为一场没有流血的胜利，它证明了美国推行遏制政策是正确的。但苏联却不这么想——因为他们自始至终都没有打算真的攻打土耳其。然而，斯大林对土耳其的"试探"终究还是耗费了他在美国和欧洲积累的大部分政治资本，他难以再取信于人。而美国很快就会在土耳其建立军事基地，那里正靠近苏联南部——这也是华盛顿的冷战分子建议对苏联采取强硬措施后实行的另一有力举措。

# 1946：

现代世界的形成

第二十七章

# 加尔各答的血腥骚乱

1946 年 8 月 16 日，早晨 8 点的时候加尔各答市中心的温度已经达到31 摄氏度，湿度则足有 91%。这是季风气候中典型的闷热天气。穆罕默德·阿里·真纳将这一天定为罢工示威的"直接行动日"。当天印度各地的穆斯林宣称要建立巴基斯坦，并反对国大党的统治。真纳一再呼吁只进行为期一天的和平抗议，全国大部分地区都按照他的指示执行了。但是在加尔各答却发生了为期 3 天的血腥骚乱，最终造成 6000 多人死亡，至少 1.5 万人受伤。腐烂尸体的恶臭在这个孟加拉邦的首府中弥漫多日。

　　导致直接行动日爆发的原因是——穆斯林对春季选举后由印度人组成的临时政府十分不满。真纳声称，英国和他们的"法西斯大议会"（指国大党）没有给穆斯林提供足够多的高级职位。不过他呼吁所有穆斯林联盟的追随者要以和平和有序的方式行事，绝对不能让自己成为被敌人利用的工具。

　　不过，在罢工的那天早上，穆斯林联盟的支持者们却在报纸上看到了一篇颇为激进的宣传文案：

> 今天，是直接行动日
>
> 今天，印度的穆斯林将把自己的一切奉献给自由的事业
>
> 今天，让所有穆斯林以真主的名义发誓
>
> 他们渴望和平，却遭到唾弃
>
> 他们信守诺言，却遭到背叛
>
> 他们要求自由，却遭到奴役
>
> 现在，只有强权才能保卫他们

在加尔各答，为了给下午的集会造势，人们把市长的画像印刷在传单上，上面还写着："我们穆斯林曾经坐拥王位，统治这个国家。我们要振奋起来，拿起武器，准备战斗。噢，异教徒！你们的末日即将来临，准备受死吧！"[1]

上午时天气就变得越来越热，空气也越发粘油。穆斯林们纷纷前往市中心的独立广场，那里正是举行示威活动的地方。与此同时，加尔各答的印度教徒已经做好了应对准备，并用路障把自己所在的城区保护起来。其实早在穆斯林直接行动日之前的一周，印度教犯罪团伙就已经开始武装起来了。当天早上，他们封锁了胡格利河上的两座桥梁，以阻止穆斯林进入集会现场。

下午 2 点左右，上万名带着刀子、棍棒等武器的人聚集在广场上的奥特隆尼纪念碑前。这是一座高 50 多米的拜占庭风格方尖碑，以丑陋著称。据说，它是为了纪念成功吞并尼泊尔的苏格兰将军大卫·奥特隆尼爵士。这座纪念碑建于 1828 年，是英属加尔各答的地标性建筑之一。那天下午，肥胖的孟加拉邦首席部长、穆斯林联盟的重要领导人侯赛因·沙希德·苏拉瓦底发表了一番极具煽动性的演说。其内容没被正式记录下来，但据许多在场的人回忆，那是一番令人毛骨悚然的说辞，尤其是在那种情况下。这可能跟苏拉瓦底的为人有关，印度总督韦维尔评价他是"印度能力最差、为人最自负且最不老实的政客之一……自私自利、没有原则却又野心勃勃"。

示威活动刚进行了几分钟，局面就失去了控制。加尔各答的一些地方甚至燃起了大火。没有人确切知道暴力活动是什么时候开始的，又到底是谁挑起的。穆斯林洗劫了印度教徒的房屋和店铺，印度教徒也以牙还牙。下午 4 点 15 分，位于加尔各答威廉堡的英国军事总部发出了"红色警报"，向英属印度的其他地区通报加尔各答发生了严重的暴力事件。

英军指挥官弗朗西斯·图克尔将军很快下令执行宵禁。当格林霍华德军团进入加尔各答城内时，他们发现暴力活动已经从市中心蔓延到码头和郊区的贫民窟。当时的景象十分惨烈。求格尔·齐德拉·高舒经营着一家为印度年轻男子提供服务的健身房，在穆斯林袭击了他所在的街道后，他就组织起了一个"报复小组"。"我看到有四辆卡车停在那里，车上堆满尸体，摞起来有 3 英尺

（约合 1 米）高，血液和脑浆不停地滴下来，就像装在袋子里的蜜糖一样……我永远也忘不了那个场景。"作为报复，高舒也杀了很多穆斯林。另一个印度教徒回忆道："一位国大党成员开着他的吉普车带我到处查看。我看到了很多尸体，印度教徒的尸体。我告诉他，我们得报仇。"

"人们或是在酒精的作用下，或是被激进的言论所煽动，总之都失去了理智。"穆斯林大学生赛义德·纳齐姆·哈希姆回忆道。他说，穆斯林联盟的成员似乎在这场战争中获得了一种"快感"。城里到处可见真纳骑着白马、挥舞着弯刀的巨幅画像。回忆起暴乱后的情景，另一位穆斯林学生说："当我们回到大学街的时候……看到路边堆着尸体，有男人、女人还有孩子，路上到处散落着被烧毁的图书。"[2]

暴乱在夜里停止了几个小时，然而到了第二天，冲突不仅没有平息，还升级了。此前，印度教徒和穆斯林之间曾发生过无数次冲突，但从来没有达到如此的规模和血腥程度。据一位目击者说，加尔各答的锡克教徒社区于第二天加入了"进攻和杀戮穆斯林"的行列。那时候，已经没有人能够独善其身。不管是无神论者，还是世俗主义者，都要选一个阵营。有些人为了表明自己既不是印度教徒，也不是穆斯林，在衣服上绣了红十字图案，但这根本没用。

彼时，无论是警察还是军队都已无法控制这座城市。加尔各答看起来就像一个战场。图克尔将军向总督报告："这是肆意妄为的野蛮行径，疯狂的人们跑出来烧杀抢掠。加尔各答的黑社会取代了警察，正在控制这座城市。"[3]

第三天，被保护得严严实实的孟加拉邦总督弗雷德里克·巴罗斯爵士前往加尔各答视察，他被当时的场景吓坏了："老实说，这座城市中有些地方的景象如我和卫兵们在索姆河看到的一样惨烈。我亲眼看到三个人死在乱棍之下……许多尸体被剥光并肢解。"[4]

军队开始大量增援该地区，英军先派了 4 个营过去，另外还有 1 个营正在赶来的路上，两支印度人组成的部队也将于几天内到达。到了 8 月 19 日，气温接近 40 摄氏度的加尔各答城内已经驻扎了 4.5 万名士兵，秩序得到了一定程度的恢复。街道上到处都是尸体。一位记者在该市的主要干道之一北奇波尔路上足足看到了 50 具尸体。他在文章中写道："秃鹫已经对路边的死狗不感兴趣了，转而去吃人肉。"图克尔担心暴发霍乱，想把这些死者迅速火葬，但这又与他们的宗教信仰有冲突。权衡之下，他还是这么做了。军方为士兵们发放补贴，让他们把死者分别送到穆斯林墓地和印度教的火葬场。过了一天一夜，城市街道上的腐烂尸体终于被清理干净了。[5]

但凡有能力离开加尔各答的人都纷纷逃离。仅仅 3 天，就有 10 多万人跑出了这座城市，交通一度陷入瘫痪。尽管之前发生过火车被拦截和锡克教徒被屠杀的事件，但人们还是义无反顾地想乘火车离开。豪拉火车站当时看起来就像一座难民营。城市恢复平静后，官方进行了一次粗略统计——有近四分之三的死者都是穆斯林。

\* \* \*

有人把当时发生的一系列惨案称为"加尔各答大屠杀"，是伴随着第二年夏天印巴分治而来的第一波杀戮。没有人知道到底有多少人因此失去了生命。

在血腥骚乱发生后不久，英国和印度国会就指责真纳不该搞什么"直接行动日"，同时还指责穆斯林联盟宣扬伊斯兰民族主义。但是，印度的领导层也是有罪过的，他们玩弄种族政治，一边用言语煽动暴力，一边又佯装对此事一无所知。

尼赫鲁曾说："英国人走了，印度就不会再有什么公共问题。"真纳也没能预见到国家分裂后发生的事情。其实，印度教徒和穆斯林精英有时候也会有社交往来，甚至还会建立亲密的友谊——但即便如此，种姓制度和各种宗教禁忌让他们中间存在难以消弭的隔阂。印度教徒和穆斯林生活在不同区域——在乡下，他们不会住在同一个村；在城镇，则会分区域而居。他们严格遵守各自的风俗习惯。在英国人到来之前，穆斯林和印度教徒已经和平相处了几个世纪，这是十分难能可贵的。历史上，莫卧儿帝国时期曾对异教徒比较宽容，但其他时期并非如此。

几个世纪以来，英国人在联合两个宗教群体方面做得确实不到位，但分而治之绝对不是处心积虑搞的阴谋。相反，他们只是觉得这样做比较省事。但1946年时，情况已经发生了变化。正如政府中最资深的印度裔公务员梅农所言："英国政府在印度施行的政策往往取决于当时的事态，而非深思熟虑规划的结果。"[6]

某种程度上，甘地对局势的理解要优于那些所谓的精英领导人。他一生都致力于印度统一大业，并以其独特的方式全力以赴地阻止骚乱发生。他成功了两次——尽管持续时间都不长。1946年底，他绝食以示对孟买大屠杀的抗议，虽然达到了目的，但追随他的人却比以前少了。他想要印度人停止流血、不再搞分裂，却心有余而力不足。他早在1942年就说过："如果绝大多数穆斯林认为应该建立一个独立的国家，那么就没有什么能够让他们改变想法。如果他们想分裂印度，那么就一定会那么做……除非印度教徒想打仗。"[7]

他也十分清楚两个教派的对立立场，因此对身边的人要求十分严格。有一次，有人看见甘地的儿子曼尼拉尔亲吻了一名年轻的已婚印度妇女，甘地便强迫那女人剃掉头发，并要求儿子发誓，他余生都会保持忠贞。曼尼拉尔遵守了这个誓言很多年。但在1926年，他爱上了穆斯林女孩法蒂玛，并宣布要娶她。甘地对此感到震惊，并坚决反对这桩婚事。他写信给儿子说："你的愿望违背了你的宗教信仰。这就像把两把剑放在一个剑鞘里……你的婚姻将会使印度教徒和穆斯林之间的关系剑拔弩张。"后来，儿子听从了他的话，取消了婚约。[8]

\* \* \*

骚乱加快了英国从印度撤离的步伐。原本工党政府计划在1948年中期移交权力，结果计划被迫提前实施。1946年底，艾德礼任命路易斯·蒙巴顿为英国驻印度最后一任总督。蒙巴顿的公关能力非凡，在接下来一年里，他的任务就是把英国的撤离美化成文明统治的胜利成果。包括丘吉尔在内的所有人都知道这是一次不太体面的紧急撤离。常常有人提醒艾德礼，英国人离开后，印度可能会爆发一场灾难。但他（至少在私下里）会说："只要不发生在我们统治期间就行。"

1946 年 11 月，艾德礼把尼赫鲁、真纳和其他党派领导人带到伦敦，希望能够在坚持统一印度的基础上，于权力分割方面做出最后的努力。但此行打从一开始就不顺利。参会者们乘坐同一架小型飞机飞往英国，但真纳却姗姗来迟。除了在早餐前向乘务员要了一杯啤酒外，他没有跟飞机上的任何人说过话。大家在唐宁街进行了为期 4 天的谈判，但没有取得一致意见，最后这些人只好再乘坐同样气氛不友好的航班返回了印度。

艾德礼随后解雇了韦弗尔。此前韦弗尔向英国政府提议，除非政府同意对印度进行"大规模的军事增援"，否则就应该在一年内撤军。不过他也表示，即便政府照做了，这种统治也只能持续 10 年左右。他认为在印度大部分地区，政府制定的政策只能通过说服和恐吓来执行，并且执行得还很不彻底。他还在一份被命名为"疯人院行动"的计划中，对印度分裂后的边界进行了详细划分。但艾德礼觉得这完全是"危言耸听"，拒绝了他。最终艾德礼却让蒙巴顿来推行一项几乎与之完全相同的计划。

艾德礼最终决定了英国撤军的时间——1947 年 8 月，还不断催促要加快撤退进程。之前，英国在印度的最后一任总督蒙巴顿也说了几个具有误导性的撤离时间，但最后还是首相说了算。[9]

新成立的巴基斯坦国的边界是由英国高等法院法官西里尔·拉德克利夫爵士划定的。作为一个没有深入了解过印度的人，他带领边界委员会的工作人员在 47 天内就完成了这项复杂的工作，最终把曾经共同生活在一起、尚且能够互相包容的两种教派的人们分隔开来。从此，这两类人彻底容不下彼此了。

人们常说，印度教徒从国家分裂和财政分隔等事项中捞足了好处。对于英国大多数工党政客来说，属于印度左派的国会领导人要比穆斯林联盟更容易相处。艾德礼讨厌真纳，甚至说他是"我见过的印度唯一的法西斯"。不过国大党也有损失——他们失去了一个统一的、真实的印度。真纳和穆斯林联盟得到了想要的东西，只是与想象中的还有些差距。正如一些穆斯林抱怨的："这是一个被虫蛀过的巴基斯坦。"

英国人因撤离速度太快而备受质疑。有人觉得，即便印度注定要分裂，那么英国也该多留一段时间，监督和平分割的过程。这种想法实在有些天真。在大多数印度教徒和穆斯林眼中，英国人都是入侵者。他们已经管理这块次大陆有200年了，就算再多两年也不会有什么新气象。而且对于印度内部两种势力的领导人来说，英国人是造成问题的根源，而不是解决问题的关键，所以他们不想让英国人继续留在印度。尼赫鲁还直截了当地说："我宁愿让印度的每个村庄都被烧成白地，也不愿让哪怕一名英国士兵在印度多待一分钟。"[10]

随着英国国旗在德里总督府缓缓降下，欧洲的殖民主义结束了。在英国离开一年后成为印度总督的查克拉瓦尔蒂·拉贾戈巴拉查理说："如果当时英国没有移交什么权力，那么很可能是他们手中根本就没有权力。"[11]

# 1946：

现代世界的形成

第二十八章

日丹诺夫主义

1946 年 8 月 16 日，列宁格勒的夜晚分外闷热。涅夫斯基大街附近的作家协会里人头攒动，苏联的知名作家都聚集在演讲大厅里。人群中充斥着既期待又紧张的气息——大多数听众都已经预料到主讲人会说到一些戏剧化且重要的事情。

50 岁的主讲人安德烈·日丹诺夫身材臃肿，面色苍白，蓄着利落的小胡子。作为苏联共产党内最有权势、最令人畏惧的人物，当天演讲时他却气喘吁吁，大汗淋漓，看上去健康状况不佳。讲话中，他直奔主题，恶毒地攻击"列宁格勒的女儿"——受人爱戴的著名诗人安娜·艾哈迈托娃，言语间尽是对这位女士的讥讽：

> 她作品的主题充满了个人主义，诗歌的内容十分狭隘，无非是个人生活和情感经历。她不过就是一个文艺沙龙里走出来的女人，念叨的都是闺房和祈祷凳之间的那些事。情色化的哀悼、忧郁、死亡、神秘和孤独是她作品的主题……她一半是修女，一半是妓女。或者更确切地说，她既是妓女也是修女，在她的世界里，私通和祈祷是交织在一起的。

日丹诺夫随后将矛头转向了另一位备受尊敬的苏联作家米哈伊尔·左琴科，说他是"一个庸俗的小资产阶级，满脑子都是反苏的恶毒思想，喜欢搞一些卑鄙的淫秽之事，像一个政治上的流氓"。他说，苏联作家在战争期间拥有了过多的自由，而且深受堕落的西方文化影响，现在是时候让各种形式的艺术回归到苏联式的社会主义价值观、道德和政治道路上来了。[1]

这场演讲被认为是苏联对艺术家的新一轮打压。打击范围也迅速从文学扩展到绘画、音乐、电影制作乃至建筑艺术。苏联人把这称之为"日丹诺夫主义"。然而这一切实际上都是斯大林精心安排的,整顿文化风气是他非常在意的一件事。日丹诺夫不过是这项工作的执行者而已。

* * *

安德烈·日丹诺夫出生在亚速海港口城市马里乌波尔的一个小贵族家庭。他的父亲跟列宁的父亲一样,是 19 世纪的学校督学,其母亲是一位训练有素的钢琴家。在父母的影响下,日丹诺夫阅读了大量古典名著,在钢琴演奏方面也取得了不错的成绩。不过他对绘画一窍不通。他自诩为知识分子,斯大林对他的学识也给予了充分肯定。不过有人却怀疑他的文化底蕴不够深厚,克里姆林宫里的一位政要说他:"更像一个图书管理员,而不是知识分子。"但斯大林很喜欢他工作狂一样的性格——当然他除了勤奋还很会迎合上司,所以很快就在斯大林身边谋得了一个非常高级的职位。与对待别人不同,斯大林在跟日丹诺夫交流的时候,会使用比较亲昵的称呼"你",而不是客套的"您"。而且斯大林还把女儿斯维特兰娜嫁给日丹诺夫的儿子尤里。在政治观察家们看来,日丹诺夫简直就是苏联的"二号人物"——那可是个危险的位置。[2]不过,无论日丹诺夫表现得多么努力、顺从,斯大林都有可能会在某种情况下毫不客气地对他进行严厉批评,像对待其他人一样。有一次斯大林在别墅里举行了一场持续时间很长的晚宴,尽管他知道日丹诺夫患有心脏病、哮喘和慢性高血压,但这位领导人还是因为对方在宴会上表现得不够活跃而愤怒不已。据斯维特兰娜的描述,斯大林指着"爱将"的方向,冷冷地说:"看,他就像个小基督一样坐在那里,似乎对一切都毫不在意。"日丹诺夫听到后脸色苍白,额上沁出了汗珠。[3]

在热爱阅读的斯大林看来,作家在社会上有很大的影响力。就像他常说的,那些人是"灵魂的工程师"。在批判艾哈迈托娃的作品时,也许日丹诺夫根本就没读过对方那饱含情感又令人难以忘怀的诗歌,但斯大林一定读过。而搞"文化清洗"的目的不仅仅是为了恢复马克思列宁主义的纯洁性,它的出发点更多的是与俄罗斯民族主义和对西方的偏执猜疑有关——所以日丹诺夫主义覆盖了除作家协会和苏联音乐厅之外的所有艺术领域。斯大林说:"我们的一些文学界人士,在庸俗的外国文学面前可谓是卑躬屈膝。"这句话与斯大林在国际会议上对莫洛托夫发出的指示是同一基调的。意识形态领域的清洗很快就延伸到科学界,导致苏联刮起了一阵浮夸风,研究人员声称在一系列自然科学领域内取得了重大发现。[4]

斯大林还是一位严厉的影评人。1944 年,一部名为《恐怖伊万》的电影上映后大受好评。该片导演谢尔盖·爱森斯坦又拍了续集,并打算接着拍第三部。但斯大林在提前看过续集的正片后,就召见了谢尔盖·爱森斯坦。斯大林认为续集在某些方面很有问题,缺乏苏联人应有的民族自豪感,甚至存在一些错误。他对这位电影导演说:"它没有准确地展现那个时代的人物特点。例如,在第一部中,主人公跟妻子亲吻的时间过长,这在那个时代是不可能的……沙皇像哈姆雷特一样优柔寡断……每个人都向他建议应该做什么,他却无法做出决定。"[5]

后来斯大林明确提出了更符合当时政治形势的意见。"伊万是个保守的沙皇,他不允许外国势力进入俄国。而彼得大帝却打开了通往欧洲的大门,让更多的外国人进入俄国。伊万非常残忍,你可以表现他的残忍,但必须讲述清楚他为什么这么残忍。"

斯大林花了大量的时间和精力来整顿文艺界的风气。日丹诺夫在列宁格勒发表演讲的前一周的晚上,斯大林在克里姆林宫召见了文学杂志《列宁格勒》的编辑鲍里斯·利卡雷夫。尽管那本杂志的发行量不大,但斯大林还是告诉利卡雷夫,他已经看过了最新一期的内容,不明白为什么里面会出现外国作家的作品。"苏联人需要在外国人面前这么卑微吗?简直就是在培养奴性。这是大罪!"编辑很害怕,赶紧辩称这本杂志只是偶尔才会登载外国作家的作品。斯大林责备他:"你这么做无异于在灌输一种观念,即他们是老师,我们是学生,仿佛我们是二流的……从本质上讲,这大错特错。"在这种情况下,一些作家被关进监狱或送往北极荒原的劳改营,亚历山大·索尔仁尼琴就是其中之一。虽然这次行动没有 20 世纪 30 年代那场大清洗的规模大,但日丹诺夫主义之下,苏联要求作家和艺术家进行严格的自我审查。在斯大林去世之前,苏联的文化生活陷入了极度严寒之中。[6]

# 1946：
## 现代世界的形成

第二十九章

## 国王回銮

1946 年 9 月 27 日，当希腊国王乔治二世结束流亡生涯回国时，发现雅典郊外塔托伊的皇家别墅竟然惨遭洗劫。园林中的树木被砍了当柴烧，还有数十具尸体被草草掩埋于各处。这是乔治二世第二次复辟；他的父亲在"一战"后也曾流亡海外。他回国后不久，有人问他一位好国王需要什么，他回答："一个行李箱。所有的希腊国王都需要一个质量好的行李箱。"[1]

9 月初，英国组织希腊公民进行了投票，有三分之二的人支持君主复辟。但乔治二世的回归已经算不得是"凯旋"，56 岁的他患有严重的动脉硬化，看上去比实际年龄要老十多岁。虽然选民们希望通过恢复君主制来统一因内战而四分五裂的国家，但他们中也有人对国王本人心存疑虑。众所周知，乔治二世魅力非凡、聪明绝顶，却不怎么受人爱戴，并被认为在战前表现得像是一个独裁者。尽管他最终没有承认梅塔克萨斯政权，但为时已晚——那时的梅塔克萨斯已经日薄西山，而且还因杀害了数百名反对者而被贴上了残暴荒唐的标签。在梅塔克萨斯的统治下，柏拉图和色诺芬的著作被列为禁书，修昔底德记录的伯里克利在阵亡将士葬礼上的演说内容也不得出版。

当时的希腊国内一片混乱。大部分地区被共产主义反对派安达提斯控制；其他部分则掌握在极右翼的"安全营"和"敢死队"手中。这个脆弱的政府是靠英国军队和越来越多来自美国的顾问和援助资金维持的。贝文在乔治二世返回雅典前不久会见了他。这位外交大臣恳求他回去，就像他的堂兄乔治六世那样做一个立宪君主。贝文还提醒他："毕竟现在的国王都不太值钱。"不过乔治二世很快就参与了政治。回国后不到 1 个月，美国驻希腊大使林肯·麦克维就向华盛顿方面汇报："国王回归应该是为了解决政客们无法解决的问题，但他还是那个老样子——头脑混乱，优柔寡断。"[2]

政府的政策只能在半个希腊推行，比如雅典和多数大城市，但在多数党及其支持者中却存在一些不同的声音。当时政府中一些领导人是著名的前纳粹同伙，比如公共秩序部长拿破仑·齐伐斯。根据麦克维的说法，他残酷地管理着一个安全机构，"制造的共产主义者比他消灭的还要多"。[3]

南斯拉夫为反对派提供了大部分资助，共产主义游击队也是由铁托手下的前游击队员训练的。不过队伍中也有分歧，有时候会因为观念不同而发生暴力冲突。他们中的一些人希望在雅典和其他城市中领导城市起义；另一些人则想在农村发动农民战争。在共产党控制的一些村庄和城镇，有时候中产阶级也会受到迫害。

1946 年深秋，美国大通银行在中东的代表苏比·萨迪前往希腊就贷款事宜进行谈判。作为非左翼人士，他对希腊进行过全面考察。他向纽约总部报告："这个国家目前完全处于混乱之中，城市以外的地方都处于无政府状态。事实上，希腊如今已经分成两个部分。像雅典、比雷埃夫斯和萨洛尼卡这样的城市由政府控制，而其他地方就另当别论了。"[4]

彼时，希腊政府的大部分行政部门都是由美国掌管的。起初，美国人对希腊政府的无能和腐败感到震惊。保罗·波特是美国战时价格管理办公室的负责人，也是美国驻希腊使团的经济顾问。他告诉美国大使："希腊实际上已经破产。政府将国民收入的一半用于非生产性用途……腐败严重，公务员制度成了一场闹剧……富人逃税、首相无能。在西方的概念中，这个国家已经不存在了，只不过有一些名义上的政治人物，而他们只关心权力斗争以及如何中饱私囊。"他还说："除非美国能够 24 小时提供指导，否则希腊在经济和政治上已经没救了。"[5]

腐败导致军方在打击游击队方面表现得软弱无力。1946 年初，美国只在希腊驻扎有少量军队，后来却逐渐开始增加。到了秋天，美国代表团在"希腊最高国防委员会"中的两名代表——戴特·格里斯沃尔德和詹姆斯·范·福利特将军向华盛顿方面报告："希腊国民经济部的官员不仅要亲自签署该部发出的所有文件的原件，还要在复印件上签名——他们担心其他人会在传达原始文件时更改文件内容。"[6]

英国人希望美国人能够接手希腊，自己好从那里撤军。当时他们手上已经有巴勒斯坦这个难题，并且已经决定从印度撤离，根本无力指挥军队继续留在希腊跟反对派打游击。维护大国地位对英国资源的消耗实在太大了。贝文非常讨厌示弱，但又别无选择。英国开始恳求美国带头帮助希腊对抗共产主义。英国财政大臣休·道尔顿在 1946 年 11 月表示："就算我们有钱……也不能花在这上面。"他还对内阁说："就算有了美国的援助，恐怕希腊这种地中海东边的弱小国家也无法对抗苏联。我担心如果继续下去，我们只是随波逐流，徒然浪费精力而已。"后来，包括贝文在内的英国政府中的其他人也都承认了这个事实。道尔顿说："是时候停止把英国纳税人的钱浪费在美国人身上了。要想办法把这件事交给美国政府，并刺激他们承担起这份责任。"[7]

其实杜鲁门政府并不需要太多的外界刺激。国务卿艾奇逊多次表示："倘若希腊走向共产主义，中东、非洲就像是跟希腊装在一个桶里的苹果，迟早要被它'传染'……这个世界正面临着自雅典和斯巴达斗争以来最严重的两极分化。"不过要说服美国民众承担这种代价和后果，杜鲁门要做的还有很多。11月的时候，共和党在中期选举中取得了压倒性的胜利。这是近 20 年来他们首次控制了国会两院，一时之间杜鲁门就像一个光杆司令。然而 3 个月后，总统发表了一生中最著名的演讲，推广了以他名字命名的"杜鲁门主义"。他说："从今以后，美国的政策将是支持那些抵抗少数武装分子或面对外部征服压力的自由人民。"美国国会批准向希腊提供 4 亿美元的军事和经济援助。

美国推行"杜鲁门主义"后，斯大林加大了对希腊共产党的援助，虽然没有派遣军队，却慷慨地为他们送去武器和金钱。不过这一切都为时已晚。援助到达的时候，形势已经对反对派十分不利，他们最终在两年后彻底溃败。在战争中，超过 10.8 万名希腊人死亡，80 多万人沦为难民。

希腊内战最终的结果可能正如乔治·奥威尔在初次提及西方和苏联"冷战"问题时所说的那样："我们可能不会走向全面崩溃，但很可能走向一个像古代奴隶帝国那样可怕的稳定时代。苏联是一个与邻国一直处于冷战状态的、不可征服的国家。"[8]

# 1946：
## 现代世界的形成

第三十章

鼠洞倾沙

1946 年，在当时的中国台湾省，人们正在准备迎接一位贵宾的到来。10月 21 日是一个星期一，当天下午，中华民国的总统蒋介石第一次踏上了台湾岛。据说他在过生日时不仅要在官方渠道进行宣传，还要在家中举办私人庆祝活动。虽然六十大寿近在眼前，蒋介石却离开了国民党的大本营首都南京，与夫人宋美龄飞往台湾。不过此行也算不得低调。当总统与随行人员驱车前往即将入住的新居时，街道两侧挤满了欢迎的人群。新居是台湾人送给蒋介石的生日礼物，以感谢他把他们从日本人手中解放出来，回归祖国怀抱。

在此前的 50 年特别是过去 10 年的亚洲战争中，台湾人在日本的占领下一直生活在水深火热中。该岛盛产稻米和蔬菜，但由于大量食物被运到日本，每年有成千上万的当地人被饿死。日本人在街上可以任意掳走年轻女孩，把她们送到日本本土或日军基地充当"慰安妇"。那时候，日本的殖民地官员和商人的生活十分奢侈，而台湾人则是被恶意剥削的对象。蒋介石入住的那所富丽堂皇的别墅原本就是为日本总督建造的。别墅始建于 1912 年，花费了当时整个台湾地区年度预算的近 10%，耗时 6 年才竣工。

蒋介石去台湾的主要目的并不是想低调地庆祝生日。他带着一群亲信和高级军官在那里逗留了一周时间，并进行了实地考察。尽管那时候蒋介石仍然相信自己能在内战中打败共产党，但还是准备了一条撤退路线，将台湾作为东山再起的战略基地，以备不时之需。所以他需要确认台湾人的忠诚，并检查军事阵地的可靠性。他对这个地方并不完全满意——毕竟还有一小部分人希望把台湾从大陆独立出来。蒋介石命令台湾省行政长官陈仪严厉打击那些企图分裂国家的人。那些搞台湾独立运动的主要头目很快就被逮捕了。在接下来的几周里，又有数百人因此受到处罚。蒋介石过完生日后回到了南京，继续与共产党搞内战。

＊　＊　＊

美国特使的乐观态度正在渐渐消失。1946 年初，马歇尔抵达中国后不久便促成了停火协议，然而这项协议与当年其他类似协议一样，仅有几周的"有效期"。马歇尔明白自己在中国的任务失败了。

起初，马歇尔试图通过劝导和冷处理等外交手段来缓和国共关系，这多少起到了一些作用。他提议建立一个联合政府，让共产党和无党派人士在该政府中担任要职。但是蒋介石拒绝了。1946 年春，国共双方又在东北地区打起来了。为了帮助蒋介石，美国人用飞机把数以万计的国民党军队从南方运到北方。这样一来，国民党又从共产党手中夺取了一些地盘，并占领了共产党在长江沿岸的一些重要根据地。

这个时候，马歇尔再次提出停火要求。用他的话说，是"用大棒"实现了停火。他不相信国民党能够真正战胜共产党，他告诉蒋介石，美国不会继续为他提供资金和装备，同时还要停止运送国民党军队。

5 月 31 日，他写信给蒋介石："国民党军队目前在东北地区不断发起进攻……我必须重申——从我的立场来说，这个问题很严重……因此，我再次请求你立即发布命令，停止对共产党发动进一步袭击。"[1]

蒋介石别无选择。因为美国给了他 3 亿美元，外加价值 8.5 亿美元的武器、战斗机和舰船，他只能接受停火协议。不过他心里是不情愿的，称这是"一个严重的错误"。他对陈立夫说："如果想和共产党做斗争，就要坚持到底……这样动不动就停火，只会让人白费力气。"[2] 从那时候起，蒋介石就开始讨厌马歇尔，当然，马歇尔也不喜欢他。

蒋介石写信给杜鲁门，希望他能授权自己自由行动，但美国总统选择支持马歇尔。当年夏末，美国进行了一项民意调查。结果显示，虽然国民党的游说团队在美国国会和媒体上费尽口舌，但只有 15% 的人支持蒋介石，而 50% 的美国人则希望不要"干涉中国事务"。杜鲁门告诉蒋介石,美国人民"以厌恶的眼光看待中国发生的事……如果无法和平解决,(我们)可能不得不重新审视美国在中国的立场"。为了给蒋介石争取支持,宋美龄又开始了一次演讲之旅。她的确成功吸引了很多人的注意,但杜鲁门却没有准许她进入白宫。他告诉助手,自己不想继续"往国民党这个老鼠洞里倒沙子"。[3]

蒋介石认为马歇尔太天真。"马歇尔太不了解共产主义,他的双眼被蒙蔽了。美国人常常轻信别人,即使像马歇尔这样经验丰富的政坛老手也是如此。"[4]

同意停火协议,则是一个让蒋介石后悔莫及的决定,此后国民党便开始节节败退。在当时,国民党唯一获胜的办法就是让大批美军加入中国内战,可这在政治上和外交上都是不可能实现的。[5]

\* \* \*

马歇尔也没有完全信任毛泽东,他认为对方是"坚定的共产主义者",与苏联是一个阵营的。毛泽东身边的同志努力向美国宣传社会主义的本质,希望美国明白共产党是真心实意地要进行改革,把中国建立成一个民主的社会主义国家。风度翩翩的周恩来在会见马歇尔时表示,中国共产党的价值观与美国的价值观有很多共同之处——比如都渴望民主。同时,他还转达了毛主席对美国人民的敬意。但马歇尔并不完全相信,他觉得共产党的领导人这么说不过是想利用美国来反对蒋介石。[6]

无论毛泽东和斯大林关系怎样,苏联都会支持共产党。这不仅是出于意识形态方面的考虑,更重要的是,苏联更愿意支持胜算更大的一方。

内战是残酷的。国民党军队里不乏被抓来的壮丁,叛变事件也时有发生。国民党使用的镇压手段越来越残酷,与此同时内部腐败问题也越来越严重。士兵劫走了从美国运来的医疗用品,把偷来的血浆拿到上海的黑市上以 25 美元 1 品脱(约合半升)的价格出售。饥荒还笼罩着河南省。1946 年,有 4 万多人死于饥饿。而国民党士兵却偷了西方国家援助给中国孤儿的粮食,转手在黑市上卖掉。

所有反抗国民党的组织都遭到了残酷镇压。一名警察收到上级的指示："只要我们觉得一个人有嫌疑就可以直接逮捕。至于到底是不是共产党，这就得让他自己证明了。老百姓早就习惯了……残忍。他们很识相，他们一直都识相。"在北京，军队向支持自由主义的示威人群开枪，导致数十名学生死亡。[7]

杜鲁门收到了一份调查报告，里面尽是关于国民党官员特别是蒋介石身边亲信挪用美国援助资金的情报。美国国务院告诉总统，在过去的10年里，国民党政府里的"贪污犯和骗子们"从美国窃取了10亿美元的贷款。在日记中，杜鲁门埋怨国民党官员，说"他们都是小偷，每个人都该死"。当然，杜鲁门所说的那些人中，首当其冲的就是蒋介石的亲戚。虽然蒋介石曾经下令对宋美龄家族约3亿美元的外汇诈骗案进行调查，但最终却没有进行实质性的处理。

世界上没有不透风的墙。尽管那份报告是严格保密的，但是一家中国报纸却得知了其中的内容并公之于众。这使国民党陷入巨大的丑闻中，蒋介石只好暂时把他的大舅子也就是外交部长宋子文降职，不过几个月后又让他重掌大权。宋美龄愤怒地给发布消息的报社打了许多电话。最终在报道刊登两天之后，该报迫于压力发表了一份"澄清声明"，称自己把小数点的位置给点错了。宋氏拿走的金额不是3亿美元，而是"区区"300万美元。

1946年底，马歇尔终于放弃在国共两党之间斡旋，承认自己在中国的任务失败了，他对双方都没什么好话。1947年1月7日，在返回华盛顿之前与蒋介石的最后一次会面上，他直言国民党会输掉内战。蒋介石对此毫不在意，并说马歇尔判断失误，自己会在"10个月内"宣布胜利。[8]

# 1946:

现代世界的形成

第三十一章

全面民主的命令

天皇很少离开皇宫，百姓面见他的机会少之又少。即便天皇在 1946 年初昭告全国称自己也只是一个普通人，但是当国民们得知天皇会在 11 月 3 日（星期日）的早晨出现在东京市内时，还是忍不住涌上街头，想要一睹这位天照大神后裔的风采。在前往日本国会大厦的途中，昭和天皇裕仁坐在马车里，瘦弱的他看上去有些紧张局促。随后大皇出席了一个非常严肃的仪式，颁布了极具开创性的日本新宪法。

　　日本战败之前，昭和天皇对民主、和平主义、妇女选举权以及西方宣扬的公民权利没有丝毫兴趣。那时的他坚持帝国专制主义、等级制度、贵族头衔和封建土地所有权形式；而现在他和大臣们则要宣布实行君主立宪制、授予妇女选举权、免去贵族的爵位、让司法独立以及进行大规模土地改革，最具革命性的是废除日本的武装力量。天皇表示："日本人民永远不会将战争或者武力作为解决国际争端的手段。"大臣们大多来自贵族阶级，他们在整个仪式上都显得十分不自在。天皇看上去也气色不佳，不过目前这种情况对他来说已经算不错了。毕竟，他逃脱了绞刑，并且还坐在宝座上。

　　在盟军最高统帅的总部，日本真正的统治者麦克阿瑟将军对此非常满意。经济学家加尔布雷斯当时是访问日本的美国国务院官员之一，他说麦克阿瑟总是表现出"追求崇高目标的强势和自信"。他以高压手段强行让新宪法得以通过，就能充分证明这一点。不过，这的确是麦克阿瑟做过的最好的事情之一，这是把日本变成一个典型民主国家的关键一步。只不过他是通过威胁和恐吓的手段实现目标的。一位手下说他的行事作风"让人想起黑帮老大阿尔·卡彭"。[1]

　　一些美国律师和法律学者仅仅用了 10 天时间就炮制出了日本的新宪法。

来自布鲁克林区的查尔斯·凯兹上校在战前是一名律师，他负责撰写了宪法的大部分内容。他表示自己对日本一无所知："我不懂日本的历史和文化，我对日本的了解都是来自报纸。"[2]

1945 年底，麦克阿瑟先是命令日本人制定一个"现代、民主、能够保障所有人自由的法律框架"。鉴于美国宪法在美国人的生活中发挥了巨大作用，所以他要求日本人要以美国宪法为参考。几周后，极端保守的大臣们提交了一份草案，其中包括天皇仍是至高无上的君主、妇女不能投票、平民不得参与选举、权力仍掌握在贵族手中等内容。麦克阿瑟立即否决了该草案，并威胁他们，称盟国和华盛顿政府中有许多人都想要推翻天皇，并好好审判他。他表示自己"不能全权做主"（其实麦克阿瑟很少会示弱），如果日本政客不"深入合作"，那么其他盟国很可能对天皇下手。日本人只有 10 天的时间做出决定，否则他将自己制定一部"激进的"新宪法。与此同时，麦克阿瑟命令副手考特尼·惠特尼将军组织一帮美国人起草新宪法，在这部宪法里，天皇将成为立宪君主，美国式的自由民主也要写进去。

日本的大臣们认为麦克阿瑟只是在吓唬人罢了。2 月 13 日是麦克阿瑟规定的最后期限，当天上午 10 点，惠特尼将军带着一批官员去了日本外相吉田茂家里。等候在那里的除了吉田茂本人外，还有他的秘书以及日本宪法的起草者松本丞治教授等人。惠特尼后来非常生动地描述了当时的情景：会晤一开始，日本代表团就为没有修改法案找借口。惠特尼立刻打断了他，把松本制作的文件推到一边，说："10 天前你们交给我们的这份宪法草案缺乏自由和民主，最高统帅是绝对不会接受的。"然后他掏出美国人做的那份有 15 页纸的草案放在桌子上。10 点 10 分，他离开房间，走到阳光灿烂的花园里……恰巧那时，一架美国飞机从他们头顶飞过。又过了 15 分钟，外相的秘书白洲次郎从屋里走出来向惠特尼请教一个问题。将军意有所指地说："在这里，我们能够享受原子能的温暖。"这句话非常有震慑力，使得日本代表团的心理发生了巨大转变。

上午 11 点，惠特尼回到屋里。他直截了当地告诉日本人，如果他们不立即接受盟军最高统帅部提出的宪法草案，那么接下来天皇的地位就未必能够保得住——美国将就他们的草案进行全民公决。在当时，比起把人民带入灾难性战争的日本统治阶级（自然包括房间里的这些日本人），日本民众更喜欢麦克阿瑟，所以他们一定会支持后者。这个策略很残忍，但它奏效了。日本代表团接受了现实，在此之前他们甚至怀疑"自己是否会被带出去枪毙"。[3]

在那次充满戏剧性的会晤后不久，有人把日本首相币原喜重郎引荐给了宪法的主要起草人凯兹。首相问："您认为这能让日本成为一个民主国家吗？"凯兹回答："先生，我们可以试试。"[4]

麦克阿瑟后来说，制定新宪法是他担任美国驻日盟军最高统帅的 5 年里做过的最重要的事情。他常常说应该把日本人看作误入歧途的孩子——他们还不成熟，"就像德国人一样"。他在发给国会的一份文件中写道："如果说盎格鲁–撒克逊人在科学、艺术和文化方面的发展已经到了一个人 45 岁的阶段，那么德国人也是如此。然而，日本人却不同，尽管他们的历史更悠久……却还是处于蒙昧状态。如果用现代文明的发展程度来衡量，他们就像一个 12 岁的孩子。相较于 45 岁的人，他们更易受新模式、新思想的影响……它们离原点很近，更容易被塑造，也更容易接受新鲜事物。"[5]

\* \* \*

在昭和天皇颁布新宪法的几周前，日本政治文化月刊《时事新报》上发表了一篇评论，批评新出版的麦克阿瑟传记内容太过谄媚。那本传记中用"活神"和"乌云中的太阳"这种过去只有形容天皇才能用的语句来赞美这位将军。尽管《时事新报》对麦克阿瑟和占领军是支持的，但是对这种过分的谄媚却并不认同，它非常理性地指出："如果还把政府的定义与神或者伟人联系在一起，那么民主政府就不会变成现实。我们担心麦克阿瑟将军离开日本后，某个神会再度出现，然后继续施行那种能够导致太平洋战争的独裁统治……麦克阿瑟将军用聪明才智管理战后的日本，开辟出一条民主的道路，我们确实要表达对他的感激之情，但不应该是把他奉为神，而是应该脚踏实地、自尊自爱、不再有阶级之分。"这篇文章后来被撤下，并禁止在以美国人为主要读者群体的《日本时报》上翻译转载。因为有些人认为它的内容不妥，有可能损害占领军的声誉。[6]

不论是"二战"之前还是"二战"期间，媒体都遭到严格管制，绝对不可以批评政府。最令人害怕的是"思想警察"，他们以极端残忍的方式对付与自己政见不同的人或给自己添麻烦的记者。在这方面却很少有人跟民主或者异议权较真。

美国人建立了一个庞大的审查机构——实际上他们并没有受到那么大的威胁，显然是有些过分紧张了。日本社会的文化程度很高，所以审查的工作量很大。在 1946 年底，美国安排了 6000 名审查员，每个月总共要检查和翻译 2.6 万则报纸新闻，3800 份通讯报道，2.3 万篇广播文稿，4000 份杂志以及 1800 本书刊。那些审查员跟历史上大多数从事这项工作的人一样，既无知又迟钝。而且他们的人数越多，工作内容就越可笑。以前很多作者都因为出版了政府不喜欢的作品而遭受迫害，但那段时间里并没有发生这种事情。不过在美国管理日本的 4 年里，也难免出现了一些奇事。审查制度引起了日本知识分子群体的不满，尤其是他们还要为占领军支付巨额费用——这些钱的用途之前一直都是保密的。

上级要求审查人员要特别留意任何与"军国主义"有关的东西，因此他们一度禁止出版《战争与和平》（下令者可能都没有读过托尔斯泰的书）。也不可以批评同盟国——在冷战的早期阶段，连苏联的坏话都不能说。与此同时，一本学术期刊也被禁止出版了，就因为其中一篇关于哥伦布的文章里提到了英国、西班牙、法国和荷兰等欧洲列强在世界上拥有殖民地。

盟军管理日本之初，最高指挥部曾就言论自由问题表过态，说只要媒体坚持"真相"，不做任何"扰乱公众秩序"的事情，就不会对他们进行过多干涉。但是渐渐地，编辑和出版商们收到的"禁忌名单"越来越长，而位列第一的就是"不应提及审查制度的存在"。它明确告知出版界人士，盟军不希望他们宣传审查制度。出版物上也不能出现诸如"通过审查"或"占领军允许出版"等字样，暗示性的话语也不能出现。[7]

遭到禁止的内容被规定得非常具体，但有时候却让人摸不着头脑。比如不能出现关于美军的电影或新闻短片、不能有美国士兵和日本妇女的合影、不能给吉普车里的士兵拍照、不能报道任何美国大兵的犯罪行为（其实占领军表现得还可以，这类事件并不多）、不能提及黑市交易；提到"二战"的时候，不能用日本人过去常说的"大东亚战争"，只能把它称为"太平洋战争"；不能过分夸大饥荒问题和定量配给问题；不能宣传军国主义，更不能批评盟军最高指挥部，特别是不能妄议麦克阿瑟将军。

出版界最大的禁忌莫过于广岛和长崎。任何关于原子弹摧毁城市的照片都不可以刊登。1946 年 8 月 31 日，约翰·赫尔西的长篇作品《广岛》在《纽约客》上连载，同年 11 月在美国结集出版。一位日本出版商想把它翻译成日文，结果遭到盟军最高指挥部的阻拦。在 1948 年底之前，这本书在日本属于"禁书"。但是在东京的高级知识分子之间，《广岛》就像铁幕背后的地下出版物的手稿一样被私下传阅。

\* \* \*

麦克阿瑟有一个宏大且激进的目标，他希望能够像改变日本政府那样彻底改变日本经济。他想阻止日本的工业巨头继续垄断市场，打算引入自由的市场竞争机制。麦克阿瑟经常被描述成一个头脑简单的反动分子，他迷信上帝、白人和大企业。他确实有很多右翼观点，并试图在他所厌恶的民主党人面前隐藏这些观点，但通常都失败了。当这些人是他的顶头上司时，他通常会表现出服从的姿态。其实他远比大多数评论家所说的要老练、专注且富有想象力。[8] 成为盟军最高统帅后，他做的第一件事就是释放前政权关押的所有政治犯，其中包括数百名共产党人。日本共产党领袖德田球一称赞麦克阿瑟是"伟大的解放者"，那些了解麦克阿瑟观点的人听到这话后，都被逗得哈哈大笑。德田球一被关押了 18 年，获释当天他说："盟军占领日本，是致力于将世界从法西斯主义和军国主义中解放出来，他们为日本的民主革命开辟了道路，我们对此表示最深切的感谢。"冷战开始后，日本共产党和盟军最高统帅的关系渐渐疏远，但麦克阿瑟始终认为，释放共产党人是正确的决定——除非他们违反了"他的法律"。[9]

＊　＊　＊

麦克阿瑟下令要彻底清除那些可能引发战争的人。在他看来，这意味着要摧毁财阀，也就是那些实业家集团，他们拥有并经营足以影响日本经济的巨大垄断企业。"二战"期间，日本10家大企业就占据工业和金融业四分之三的天下，其中三菱、三井、住友和安田这四家则控制了半壁江山。盟军要求他们制订解散计划。麦克阿瑟后来在回忆录中说："世界从未有过如此不正常的经济体系。它允许为了少数人的利益而对大多数人进行剥削。这些少数人与政府勾结在一起，能够干涉政府的决策，是他们制定了最终导致战争的罪恶发展路线。"[10]

盟军最高统帅部的经济学家埃莉诺·赫德利向麦克阿瑟报告："仅一个三菱集团的价值就相当于美国钢铁、通用汽车、新泽西标准石油公司、道格拉斯飞机公司、杜邦公司、太阳船舶制造公司、西屋公司、AT&T、IBM、美国橡胶公司、海岛糖业公司、都乐菠萝种植园、美国轮船、国民城市银行、大都会人寿保险和伍尔沃斯百货公司的总和。"[11]

财阀们认为自己是不可撼动的，所以想做一些表面文章糊弄麦克阿瑟。比如他们会解雇一些快退休的高层管理人员或合并几个子公司，但实际上仍是家族控股，由他们掌握公司的实际权力。同时还想方设法钻法律的空子逃税。麦克阿瑟当然不会袖手旁观。他像对待政客们那样，要求实业家们拿出一个更好的改革方案——否则他将推行一个让他们难受的政策。

经济学家科文·爱德华制订了一个"打破垄断"的计划。这个计划中提出要广泛推行股份所有制，并鼓励建立活跃的工会组织。这完全符合麦克阿瑟在开放市场、公平竞争上的观点——在他看来，这就是美国的方式。共和党总统西奥多·罗斯福在世纪之交，就是通过推行这种富有活力的资本主义政策打破了美国的垄断。

爱德华说:"财阀对战争负有主要责任,是挑起战争的主要诱因……作为军事专制的平衡力量,它们强化了雇主与雇员之间的半封建关系,压低了工资,阻碍了日本中产阶级的崛起。"[12]

麦克阿瑟已准备好要与财阀势力斗争到底,但华盛顿方面警告他不要再继续下去。财阀们联系了美国的商业伙伴,然后反过来向杜鲁门政府施压。日本的政客也不想打压大企业,因为他们往往是政客背后的金主。麦克阿瑟被告知,他的计划风险太大,只要日本大体上能维持自由企业制度,那么就应该让他们按照自己的意愿发展经济。这一次,他做出了战略性让步,到 1946 年底,麦克阿瑟的"反财阀运动"宣告结束。但这位狂热的右翼分子还是在农村取得了很大成功。他剥夺了地主们的巨额财产,让数百万农民拥有自己的土地。他从日本后来的选举结果来看,认为这样做是正确的——小地主是天生的保守派。麦克阿瑟在日本进行的土地改革比当时铁幕背后发生的任何事情都要激进。

1946 年 10 月 16 日,9 名纳粹主要战犯在纽伦堡司法宫的体育馆被绞死。类似的审判也在东京进行了,并且还将持续两年的时间。不过日本的审判却引发了人们对听证会存在意义的深入探讨。从当年 5 月开始,针对 25 名日本战犯的审判就已经启动了,但是不久之后,日本和同盟国的民众就对此兴味索然,媒体也不再对审判过程进行报道。

在被日本侵略过的亚洲国家里共有 984 名日本人被处决,其中许多人没有经过严格细致的审判就被执行死刑了,不过这些人几乎都是虐待和杀害过战俘的日本士兵。相较而言,想要指控日本的领导人犯有"战争罪"就要困难多了。正如下面两名法官所指出的,罪责最大的战犯根本没在被告席上。澳大利亚籍法官威廉·韦伯爵士说:"就算犯罪头目接受了审判,却也享受了豁免权。发动战争需要借用天皇的权威。如果他不想要战争,那么在一开始就应该发挥自己的力量阻止战争。"

法国籍法官亨利·伯纳德表示,整个诉讼程序都存在漏洞,他根本无法做出公正的判决。天皇不上庭受审是"一种明显的不公平……日本反和平罪的主犯逃脱了所有起诉。用双重标准来对待天皇和其他被告有损于正义的事业"。[13]

　　据许多参与这项工作的美国人后来说，审判不仅没有取得预期效果，而且适得其反。而麦克阿瑟更是在一开始就对听证会持怀疑态度。他告诉杜鲁门，证明德国纳粹有种族灭绝意图并让他们承担罪责，是"相对简单的"。但要确定日本人的罪责，却缺少衡量的标准。负责确定被告人并对他们进行审讯的军官之一、准将索普对麦克阿瑟说，整个审讯过程就是"一团糟……我们一边推进工作，一边制定规则"。后来，索普写道："我们想要血债血偿。但只有上帝才看到了结果。"[14]

　　对许多人来说，对日本战犯的审判不像是胜利者的正义，倒像是白人的正义。"二战"期间，那些被日本侵略过的亚洲国家遭受了极大的苦难，但法官小组中却没有一个人来自这些国家。那时候代表马来人的是英国法官，代表越南人和柬埔寨人的是法国法官。韩国曾被日本野蛮殖民了近50年，但韩国人也没能参与对日审判。20多名被告面临的指控之一是他们"参与谋划了在东亚、太平洋和印度洋夺取军事和政治统治权的行动"。在审判持续的31个月里，法国发动了一场战争，旨在抵制胡志明领导的独立运动，意欲夺回他们在越南的殖民地；荷兰也展开了针对民族主义者的战争，试图夺回他们在印度尼西亚的领土；英国军队则在马来亚与要求国家独立的游击队打了起来。

　　同样是殖民统治，但在衡量欧洲国家和日本的罪责时，也使用了双重标准。唯一指出这个问题的，是参加审判的印度籍法官拉达比诺德·巴尔。他承认日本在侵略和占领多个国家期间犯下了严重的罪行，但他也认为，这些罪行并非独一无二，也不是没有先例。他说："应该回想一下……西方国家在东半球获取利益的方式其实也是通过侵略手段。"他们所说的"国家荣誉""保护切身利益"以及"天定命运"与日本的说辞如出一辙。日本侵略者的确犯了罪，但这些罪行应该放在特定的背景下审视。[15]对亚洲大部分地区来说，太平洋战争的结束只是解放进程的开始，而不是结束。审判的结果是让人们更多地去思考，欧洲列强的帝国统治还能够维持多久。盟军不想听到这些信息，也不想向全世界传递这些信息。1948年，盟军处决了包括首相东条英机在内的7名前日本帝国的军事首领。在此之前，东条英机曾试图自杀，但失败了。

与发生在德国的事情一样，尽管一些主要的日本战犯被逮捕并遭到惩处，但也有一些人逃脱了——后来甚至还发达了——很大程度上是因为在冷战期间，他们被视为是可以用来对抗苏联的力量。曾经有几个中队的日本飞行员驾驶着飞机来到中国与蒋介石的军队作战，但是当国民党输掉中国内战后，他们又加入蒋介石的队伍并跟他去了台湾。

辻政信是日本最著名的"逃脱者"（类似的人物还有不少）。作为一名军官，他恶毒残忍，曾下令屠杀新加坡和菲律宾的士兵和平民。他是一个伪装大师，也是在日本及其殖民地从事铲除"颠覆分子"的高级情报人员。日本战败后，他先是逃过了英国人的抓捕，来到了国民政府的首都南京；又在两年后回到了日本，还以中文教授的身份隐姓埋名地生活了一段时间。像一些纳粹嫌疑人一样，他手里有很多有价值的情报，所以很快就得到美国军事情报部门的重用。美国对日本的占领结束后，他又为日本的情报部门工作，筹划打击共产党的行动。尽管日本禁止"军国主义分子和极端民族主义者"重返政坛，但他却因为写了一本关于自己战时"英勇事迹"和"逃亡生活"的书而广受欢迎，多年来一直担任日本国会下议院的议员。

第二次世界大战以后，日本虽然说是解除了武装，但解除得并不彻底。1946 年，隐藏的武器和弹药库发生了安全事故，导致数十人死亡，但消息却一直被封锁。日本还组建了由 10 个师组成的"自卫队"。1946 年底，一个由 190名军官组成的"历史研究机构"私下里干起了军事情报工作。该机构的领导人正是"二战"期间臭名昭著的日军情报部门负责人有末精三。不仅如此，他还跟同样逃脱罪责的东条英机私人秘书服部卓四郎共同建立了一个由 50 名高级军官组成的"影子"参谋部，与盟军最高统帅部一起工作。[16]

\* \* \*

1946 年 11 月 8 日，天皇颁布新宪法 5 天后，政府解除了包括公务员、地方行政人员、政治家，甚至一些高中校长在内共计 162,915 人的公职。这是对他们支持军国主义或极端民族主义的惩罚——这些人还参加过一些名字怪异的组织，例如白血球联盟、黑龙协会、排外精神协会和刺刀实践协会等，他们干的坏事足以被驱逐出境。然而这种惩罚才持续了 1 年，就有 10% 的人恢复了工作，其中还包括一些前"思想警察"。到 1948 年底，恢复工作的人达到了三分之一，而到 1949 年的时候，没有恢复工作的人只剩 9000 个了。就像德国人一样，日本人也想要忘记历史——而且似乎还成功了。岸信介是日军占领中国东北地区时的一名当地高级官员，他制定的劳工制度曾导致数以千计的中国人惨死。"二战"期间，他是日军的军需大臣。作为甲级战犯（最高级战犯）嫌疑人，他曾与东条英机一起被关押在东京的巢鸭监狱长达两年。但他从未被起诉或审判。而且，在 1957 年 1 月，即广岛原子弹爆炸 10 年之后，岸信介竟然还当选为日本首相。尽管重组日本是一项艰巨的任务，也是美国战后最伟大的成就之一，但这绝对不是正义和民主的真正胜利。[17]

# 1946：

现代世界的形成

第三十二章

严寒时刻

1946 年 12 月 29 日是一个星期日，这是英国近 50 年来最冷的一天。法国同样寒冷，气象局提示这个月是自 19 世纪开始有气温记录以来最冷的一个月。整个欧洲都被漫长的冬天笼罩着，在有些人看来，这个冬天跟战争时期一样让人记忆深刻。从美国的加利福尼亚州回到英国伦敦的作家克里斯托弗·伊舍伍德说："我终于理解了朋友们说的'这比战争还糟糕'。这种寒冷已经不是对自我牺牲精神和爱国主义精神的考验了，这简直是地狱。"就连一向乐观的温斯顿·丘吉尔在 1946 年底也忍不住悲观起来："欧洲为何沦为这般田地？在这片广阔的土地上，到处是流离失所、饥寒交迫、惶惶不安、不知所措的人们，他们眼睁睁地看着家园被破坏，还要时刻警惕新出现的各种恐怖威胁悄悄向自己逼近。那些所谓的'胜利者'欢呼雀跃，而被征服的人却只能在惊恐绝望中忍气吞声。"[1]

　　在伦敦和英国大部分地区，圣诞节过后没几天就开始断电，这种情况一直持续到来年 4 月。天然气的压力只能达到标准的四分之一，燃气灶的火焰总是忽明忽暗。运输业几乎陷入停滞，这让煤炭调度雪上加霜。人们用了一个双关语调侃倒霉的燃料和电力部长艾曼努埃尔·辛维尔——"和辛维尔一起颤抖吧！"巴黎的情况同样糟糕。学校和办公室无法供暖，许多孩子生了严重的冻疮，手连笔都握不住。临时断电时有发生，以至于正在工作的外科医生不得不停止手术。

　　严寒成为困扰整个欧洲的问题。经历过这场灾难的人但凡要写日记或信件，必定以天气情况作为开头。伊舍伍德写道："大雪就像是正在入侵我们的敌人。"他很可能梦到了位于美国西海岸、阳光明媚的家。他说："士兵们（在一些地区）开始用火焰喷射器与严寒战斗。报纸上常用准军事化的语言称'苏格兰孤立无援'或'英格兰被分割'。"一天晚上，他去剧院看戏。演员们在空荡荡的房子里表演，"他们英勇地脱掉大衣，只穿着日常的室内演出服。而寥寥几个挤在一起的观众则穿着毛衣、大衣，还用围巾护着脖子，一直裹到下巴的位置"。[2]

詹姆斯·李·米尔恩在 1947 年 1 月 4 日的日记中写道："就算穿着雪地靴和皮大衣，我依然感觉很冷。所有水管都冻住了，根本不可能洗澡。就连厕所的下水管道也被冻住了。我们明明生活在 20 世纪，可是现在连最基本的文明要素都被剥夺了。"[3]

1946 年春，南希·米特福德搬到了巴黎，在那里一直住到 1973 年去世。她说，那时候在家里什么都做不了，就算戴着手套，手也被冻得僵硬。"每吸一口气，呼吸道都像被剑刺到一样。"她在给妹妹戴安娜的信中如是说。她说，整个城市的水管都在爆裂，水溢得到处都是，流到街道上后很快便会结冰："我们镇上从来没有发生过这种水管大规模爆裂的情况。每户人家都像有瀑布似的。"自 20 世纪 20 年代以来一直为《纽约客》撰稿的巴黎记者弗兰纳这样描述当时的情况："彷徨无助，仿佛大难即将来临……巴黎乃至整个欧洲都笼罩在不安之中……人们担忧着，不知道什么时候、什么地方就会爆发可怕的事情……整个欧洲大陆好像正在慢慢进入一个新的冰河时代。"[4]

食物和物资供应的紧张成为未来滚石乐队的明星比尔·怀曼在那个冬天中最难忘的记忆。当时他只有 10 岁，名字还叫威廉·帕克斯，跟家人住在伦敦东南部。父亲原本是一名瓦匠，但由于天气原因失业了。家里有 5 个孩子，生活非常艰难。"没有足够的食物，"怀曼回忆，"所以爸爸揍我们几个，让我们不吃晚饭就上床睡觉。"这种惩罚很残酷，不仅因为挨打和挨饿，更重要的原因是"在我们住的房子里根本睡不着。天气很冷……窗户里面都结了冰"。[5]

\* \* \*

对许多欧洲人来说，严寒、断电、饥饿其实是欧洲衰退、陷入混乱的表现。西里尔·康诺利说："欧洲在道德上和经济上都输了。我们原本在欧洲文明的光辉下成长、阅读、写作，我们享受恋爱和旅行。如今这座雄伟的剧院依然是一堆废墟——大幕的绳子磨损了、中间的柱子断了、桌椅破碎、玫瑰花在架子上枯萎。所有的一切都只剩下个空壳。"[6]

到 1946 年底，几乎没有人敢相信复苏即将到来，甚至没有人认为会有复苏的可能性。有些人甚至觉得世界末日就要来临。迪安·艾奇逊告诉杜鲁门总统："欧洲和远东的形势已经非常清晰，存在于我们祖祖辈辈认知中的世界框架正在遭受严重威胁。"[7]

事实上，欧洲复苏的速度比任何人预期的都要快得多——这主要归功于美国，以及迪安·艾奇逊等人，尤其是乔治·马歇尔，是他们找到复苏的途径。战后美国的首要任务是防止西欧落入共产主义者手中。次年夏天启动的"马歇尔计划"就是冷战的产物。为了恢复战后经济，在接下来的 4 年里，美国拿出了 130 亿美元进行援助，这比其历史上其他时期的总和还要多。援助计划具有长远意义，而且对美国自身也大有益处，并在未来改变了战后世界。我们再回到欧洲复苏问题上——通常情况下，细节的改变最能证明欧洲复苏的动向。珍妮特·弗兰纳在 1946 年年中做了一个有趣的调查：巴黎女性在光顾百货商店时，买得最多的自然是内衣，但购买量第二高的物品却是婴儿车。这从生物角度来说，证明人们对未来开始有信心了。

# 后 记

亚历克斯·德·托克维尔曾在 19 世纪 30 年代写道："总有一天，美国和俄国将会分别掌握半个世界的命运。"第二次世界大战结束后，这个预言成真了。这场战争打破了全球力量的平衡，也改变了所谓"两极世界"的双方对彼此的看法和态度。[1]

珍珠港事件后，美国不再继续秉持孤立主义。第一次世界大战后，美国国内大多数人都要求把重心撤回到本土。然而到了"二战"时期，在相继战胜纳粹德国和日本之后，美国国内却鲜少有这样的声音，这的确有些让人难以理解。用美国总统的话来说，1946 年是"决定之年"，这一年美国确定要坚持在全世界扩大影响力、意识形态和军事力量的路线。"我们在无奈之下接管了自由人民的领导权，"艾奇逊说，"英国人再也无力承担这一责任，但我们可以。"[2]

苏联发现自己在与阿道夫·希特勒斗争的过程中，已经成为第二大国（虽然还不是超级大国）。试想，如果纳粹没有入侵苏联，那么后者就无法在"二战"结束时占领东欧和中欧的大部分地区，进而拥有庞大的版图以及能够挑战西方自由民主理想的自信。但让苏联觉得矛盾的是，在这个过程中，美国也帮了一把——因为在战争期间，美国给苏联提供了武器和食物补给，甚至在很大程度上还提供了工业方面的帮助。布尔什维克一直有输出"革命"的意愿。美国正好给他们提供了媒介。

从 1941 年到 1945 年，苏联人在与纳粹的战斗中付出了巨大的代价，但为了打败德国人和日本人，一切似乎都是值得的。到了 1946 年，这种牺牲的价值体现得更加明显。

斯大林曾说，不管是谁，只要他占领了一个国家，就会把自己的制度强加到这个国家的领土上，这在本质上是正确的。不过，斯大林在"铁幕"后对匈牙利、罗马尼亚、保加利亚和其他地区的控制，并不能和美国对日本长达6年半的占领画等号。苏联对其他国家的统治是以高压政治为基础的。而美国则是按照自己的发展套路去重塑日本，使其行驶在西方的轨道上。美国人花了大量的钱来维持西欧的自由和民主，并让他们在后来的几年里保持繁荣。所以美国说战后的"美国治下的和平"是建立在自由选择的基础上的。不过明眼人都看得出来，这种自由也是有限的。这一点在1946年变得越来越明显。

\* \* \*

随着世界大战迅速演变为冷战，各国领导人都不同程度地对发展形势产生了误解并做出了误判。很快，东西方之间的矛盾变得尖锐，彼此之间的分歧越来越大，他们根本不可能融洽相处。而且，斯大林掌握的权力和影响力越大，其他国家的领导人就越难对付他——但从苏联的角度来看，他犯的错误也越多。

斯大林的大部分成就都是在战争结束前在中欧和东欧取得的，但是有些成就本身就很虚无。其实，如果他在那些地方的行事方式更加委婉灵活的话，他的"外部帝国"也许会更受欢迎一些。结果他在苏联以外的地方完全得不到他想要的东西。他没有拿到伊朗的油田。他在西方耗尽了政治资本，提出了一些连莫洛托夫都认为绝对不可能实现的要求，更遑论华盛顿和伦敦会接受了。而且在英美两国渐行渐远的时候，斯大林的存在，又让双方之间因"特殊关系"走到了一起。

在东西方冲突中，"两害相权取其轻"的办法大概就是彼此同意对方在各自的"势力范围内"为所欲为。毕竟这是大国之间传统的玩法，而且这的确就是事实——尽管西方公众（尤其是他们的领导人）永远不会公开承认这一点。在刚刚经历过一场反对独裁统治的战争之后，这么做显然太过自相矛盾，但还能怎么样呢？除非他们进行另一种选择——迫使苏联从东欧撤军——但这样做的结局绝对不会更好，而且也不切实际。即使美国在 1949 年之前是垄断核武器的国家，但也不可能对苏联发动侵略战争。这样一来，在许多年里，双方都纠缠在激烈的言辞与相对谨慎和冷静的行动之中，这正是冷战大部分时间内的状况。

在这个"两极世界"中，各方的决策者似乎都是从冷战的角度，透过苏联与西方竞争的棱镜来看待一切。这种扭曲的情况从"二战"后的几个月内就开始了，直到 1991 年苏联解体才结束。1947 年底，当苏联以极大的热情支持巴勒斯坦分治和以色列的建立时，美国人就开始紧张了。斯大林是一个狂热的反犹分子，原本他准备发动最后一次"大清洗"——针对苏联境内的犹太人。但在这个时候，他意识到犹太复国主义运动的主要领导人是共产主义者，如果可以说服他们支持苏联，那么自己在中东的影响力就会增加。除此之外，他的目的就是制造事端，让美国人不好受。他做到了。1948 年以色列成立时，美国国务院建议杜鲁门总统不要承认这个新国家——部分原因是要与苏联作对。华盛顿最有影响力的政治人物之一、助理国务卿罗伯特·洛维特提醒杜鲁门，以色列很可能会成为苏联的客户，变成美国的敌人，"我们绝不允许这种情况发生"。但杜鲁门还是承认了以色列，不过在以色列建国的头几年，美国的冷战斗士们对这个新国家还是很警惕的，直到后来发现苏联在那里没有捞到任何好处。[3]

反对帝国主义和反抗法国殖民统治是冷战期间另一个突出的特点。尽管当时的法国软弱无能，无法镇压东南亚或其他任何地方的民族主义叛乱，但杜鲁门总统还是支持法国收回越南和柬埔寨等殖民地。这一决定很快就导致美国自己陷入了越南的灾难之中，并付出了血的代价——这也是之后 40 年中东西方之间爆发的最大的代理战争。近代史上有一个很有意思的问题，即"如果"。在这里我们也可以假设，如果美国人在 1946 年支持越南民族主义者，那么结果将会如何呢？答案或许是这样的：在 21 世纪，亚洲的情况可能与现在大不相同，美国对何时动用军事力量的看法也可能大不相同。

　　在其他地方，欧洲人或许选择了不同的方式从帝国的殖民地撤退，但撤退本身是毫无意义又不可避免的。也许帝国荣耀的观念和种族优越感在最后时刻还稍做挣扎，但权力的缰绳却没有。1946 年，英国人和印度人都意识到，双方都没有办法维持一个统一、完整的印度。在那之后的几年里，许多英国人都在思索：撤离是不是一种耻辱，自己是否有能力阻止印度教徒和穆斯林之间的种族冲突。然而这一切已经毫无意义。之后的 25 年里，巴基斯坦和印度之间发生了 3 次战争，两国之间开始了令人不安的核对峙——或许这会促使哲学家们对人类冲突的本质进行更深层次的思考，但是却没有人对两国分界的细节进行更深层次的分析。在西欧，很多新思想都是关于如何统一，而非如何分裂。为了将经济和市场紧密地联系在一起，不再发生曾经那种几乎毁灭欧洲大陆的战争，政治家、经济学家和商界领袖为欧盟的建立播下了最初的种子。虽然在近 10 年的时间里，它没有发挥太大的作用，但 1946 年的时候，欧盟未来将会起到什么作用、如何发挥作用以及如何解决问题都已经有了雏形。同样，塑造现代世界的许多理念最初也是在 1946 年被提出来的，并在未来产生深远的影响。

注 释

## 作者序

Arthur Schlesinger Jnr, 'The Origins of the Cold War', *Foreign Affairs*, no. 46, October 1967.

## 第一章

1.  The best general sources for the Iran crisis of 1946 are Bruce Kuniholm, *The Origins of the Cold War in the Near East*, Princeton University Press, 1980; Michael Dobbs, *Six Months in 1945*, Knopf, 2013; Louise L'Estrange Fawcett, *Iran and the Cold War: The Azerbaijan Crisis of 1946*, Cambridge University Press,1992; Natalia Egorova, *The Iran Crisis of 1945–1946: A View From the Russian Archives*, Cold War International History Project, Working Paper 15, Woodrow Wilson International Center, George Washington University, 1996.
2.  Robert Rossow to US Department of State, 30 January 1946, FRUS, vol. 8, p. 322, and quoted in Dobbs, *Six Months in 1945*, p. 190.
3.  Archive of the Russian Federation, Foreign Policy, f. 094, op. 30, p. 357 and in Egorova, *The Iran Crisis of 1945–1946*, pp. 8–9.
4.  AVPRF, f. 094, op. 31, p. 246.
5.  Quoted in Dobbs, *Six Months in 1945*, p. 197.
6.  Leo Amery to Anthony Eden, 13 February 1941.
7.  Murray to Stettinius, 20 April 1944, FRUS, vol. 6, p. 346; and quoted in Kuniholm, *The Origins of the Cold War in the Near East*.
8.  Beria to Stalin, 23 November 1944, AVPRF, f. 06, op. 7, p. 133; and quoted in Egorova, *The Iran Crisis of 1945–1946*, p. 13.
9.  S. Kavtaradze to Molotov, 7 June 1945, AVPRF, f. 06, op. 7, p. 7.

10. Molotov to Averell Harriman, 29 November 1945, AVPRF, f. 94, op. 31, p. 351.

11. Truman, *Memoirs*, p. 379.


## 第二章

1. In conversation with Dean Acheson, as reported in the *New Republic*, 14 January 1946.

2. Quote from Roosevelt in Dallek, *The Lost Peace*, p. 225.

3. Harry Hopkins Papers, Box 9.

4. Ibid., diary entry, 24 March 1943.

5. Truman's diaries, 25 October 1944, Harry S. Truman Library. The best biography of Truman is David McCullough's Pulitzer Prizewinning *Truman*, but *Dear Bess*, his correspondence with his wife, is a mine of useful information and anecdote. Roy Jenkins's excellent *Truman*, Collins, 1986, is a brief and elegant biography by a practising politician that shows a subtle understanding of his subject which others lack.

6. Bohlen, *Witness to History*, p. 379.

7. Truman's diaries, 19 January 1942.

8. Truman, *Dear Bess*, p. 96.

9. To Joseph Davies, former Ambassador to Moscow, as quoted in Isaacson and Thomas, *The Wise Men*.


## 第三章

1. In Vladislav Zubok, *Inside the Kremlin*, pp. 142–7, Sebag Montefiore, *Stalin*, pp. 436–9, and Holloway, *Stalin and the Bomb*, pp. 138–42.

2. Holloway, *Stalin and the Bomb*, p. 86.

3. Gromyko, *Memoirs*, p. 319; Sudoplatov, *Special Tasks*; Beria, *My Father*.

4. Clark Kerr to Eden, 23 December 1945.

5. Holloway, *Stalin and the Bomb*, p. 127.

6. Sakharov, *Memoirs*, p. 146.

7. Zubok, *Inside the Kremlin*, p. 141, and Holloway, *Stalin and the Bomb*, p. 144.

8. Chuev, *Molotov Remembers*, p. 214.

9. Holloway, *Stalin and the Bomb*, p. 145, and Sebag Montefiore, *Stalin*, p. 438.

10. Sebag Montefiore, *Stalin*, p. 422.

11. Cadogan, *Diaries*, p. 476.

12. Khrushchev, *Khrushchev Remembers*, p. 365.

13. Beria, *My Father*, p. 260.

14. Khrushchev, *Khrushchev Remembers*, p. 343.

15. Sebag Montefiore, *Stalin*, pp. 435–8, and Khlevniuk and Gorlizki, *Cold Peace*, pp. 223–7. Also in RGASPI 538.12. 744.

16. Gellately, *Stalin's Curse*, p. 247.

# 第四章

1. Andrew Murray, *Coal Dust Covered Decisions*, monograph, University College Dublin, 2010. p. 19.

2. Ibid., p. 22.

3. Clare, *Berlin Days*, p. 43.

4. Klemperer, *To The Bitter End*, p. 298; Anne O'Hare McCormick, *New York Times*, 30 May 1945.

5. Cabinet Office to Ernest Bevin, 30 October 1945. TNA: FO 370/800/514 Europe/34.

6. Kennan, *Memoirs*, p. 369.

7. Cadogan to Churchill, 23 May 1945, TNA: FO 370/14/219.

8. Montgomery to War Department, 30 January 1946, National Archive; Clay to State Department, FRUS, 1945, vol. 4, p. 354.

9. Konrad Adenauer, quoted in McDonogh, *After the Reich*, p. 236; Ernst Jünger, quoted in Julien Hervier (trans. Joachim Neugroschel), *The Details of Time: Conversations with Ernst Jünger*, Marsilio, New York, 1995, p. 144.

10. Murphy, *Diplomat Among Warriors*, p. 112.

11. Quotes from McDonogh, *After the Reich*, p. 180.

12. Wolff-Monckeberg, *On the Other Side*, p. 136.

13. Stephen Hermlin, in *Ulenspiegel*, 30 October 1946.

14. Quoted in Lewis Joachim Edinger, *Kurt Schumacher: A Study in Personality and Behaviour*, Stanford University Press, 1965, p. 143, and in Taylor, *Exorcising Hitler*, p. 217.

15. FRUS 1945, vol. 5, p. 236.

16. Clare, *Berlin Days*, p. 167.

17. Captain Walter Gerrard, Welsh Guards, in conversation with the author, September 1995.

18. Gunther Neumann, *Ulenspiegel*, 17 February 1946.

19. Arthur Moon quoted in Hitchcock, *The Bitter Road to Freedom*, p. 127; Zuckmayer, *A Part of Myself*, p. 168.

20. Clare, *Berlin Days*; Walter Slatoff, New Republic, 19 July 1946.

21. Bessel, *Germany 1945*, p. 245.

22. TNA: WO 32/10790. 18.

23. EN2. 32 Imperial War Museum Archive, London.

24. European War Papers, National Archives, Washington, DC, 1945/ 740/ 100767.

25. OMGUS, vol. 5, 3005.

26. Anonymous, *A Woman in Berlin*, p. 86; Andreas-Friedrich, *Battleground Berlin*, 13 March 1946.

27. TNA: FO 371/2055/8; OMGUS, vol. 5, 2091.

28. *Time* magazine, 22 February 1946.

29. Frank Howley to State Department, 13 November 1945, FRUS, vol. 4, p. 647; Botting, quoted in Taylor, *Exorcising Hitler*, p. 263.

30. Morgan to Foreign Office, 13 June 1946, TNA: WO 32/ 1163. 12.


## 第五章

1. Clare, *Berlin Days*, p. 275.

2. *Chicago Tribune*, 30 October 1945.

3. John Dos Passos, *Tour of Duty*, p. 93.


## 第六章

1. The best account of the Gouzenko affair is in Amy Knight, *How the Cold War Began: The Gouzenko Affair and the Hunt for Soviet Spies*, McClelland and Stewart, 2005. There is also good background in Mitrokhin and Andrew, *The Mitrokhin Archive*.

2. Jack Anderson, *Confessions of a Muckraker*, Random House, 1979.

3. Haynes Johnson, *The Age of Anxiety*, Mariner Books, 2006, is an excellent account of McCarthyism and its effect on America.

4. Pamela Hansford Johnson, *Important to Me*, Macmillan, 2012.

5. Zubok, *A Failed Empire*, p. 358.


## 第七章

1. 'Snoek Piquante', essay in Sissons and French, *Age of Austerity*.

2. Ibid.; Smith quote, *Daily Mirror*, 20 February 1946.

3. Gollancz, *Leaving Them to Their Fate*, p. 12.
4. Hugh Dalton quoted in Bullock, *Ernest Bevin*, p. 488; *Daily Mirror*, 29 May 1946; *Sunday Pictorial*, 28 April 1946.
5. Lord Keynes Papers, TNA: T 247/40, Reel 6.
6. Acheson, *Present at the Creation*, p. 377.
7. Quoted in Philip Ziegler, *Wilson*, Weidenfeld and Nicolson, 1993, p. 247.
8. *The Economist*, 14 December 1945; *New Statesman*, 13 December 1945.
9. Both Pierson Dixon and Attlee quoted in Bullock, *Ernest Bevin*, pp. 567–8.
10. Clark Clifford, in CNN Cold War series interviews, Liddell Hart Centre for Military Archives.
11. Lord Keynes Papers, TNA: T 247/40, Reel 6; Tony Judt, *Postwar*, p. 119.
12. Clayton to State Department, 28 January 1946, FRUS, vol. 4, p. 277.
13. Nicolson, *Diaries and Letters*, 10 November 1947.
14. Harris, *Attlee*, p. 365.
15. Anthony Howard, essay 'The Labour Victory', in Sissons and French, *Age of Austerity*. Footnote: Sir Henry Channon, 21 January 1946, in *Chips: The Diaries of Sir Henry Channon* (ed. Robert Rhodes James), Phoenix, 1996.

# 第八章

1. *Pravda*, 10 February 1946.
2. Alliluyeva, *Twenty Letters to a Friend*, p. 138.
3. Alexander N. Yakovlev (trans. Anthony Austin), *A Century of Violence in Soviet Russia*, Yale University Press, 2002.
4. RGASPI 671. 53. 376.
5. Harry Hopkins Papers, Box 18.
6. Quoted in *Time* magazine, 11 March 1946.

# 第九章

1. Roosevelt to Stalin, FRUS 1945, vol. 4, p. 537; Roosevelt to Churchill, ibid., p. 546; comment to McCormick quoted in John Meacham, *Franklin and Winston: An Intimate Portrait of an Epic Friendship*, Random House, 2003, p. 268.
2. Quoted in Dallek, *The Lost Peace*, p. 89; Harriman and Abel, *Special Envoy to Churchill and Stalin*, p. 346.

3. Harriman and Abel, *Special Envoy to Churchill and Stalin*, p. 374.

4. Kennan, *Memoirs*, p. 423.

5. The Long Telegram, FRUS, 1946, vol. 5, pp. 356–90.

6. Vandenberg to Truman, 24 March 1946, War Department Papers, Military Intelligence Division, 165.4.7, National Archives, Washington, DC.

7. Military Intelligence Division to Joint Chiefs of Staff, February 1946, 165.4.9, ibid.

8. Eisenhower to Truman, 19 January 1946, National Archives, Washington, DC, and Truman Library; Joint Chiefs to Secretary for War, War Department Papers, Military Intelligence Division, 165.2.8, National Archives, Washington, DC.

9. Acheson, *Present at the Creation*, p. 362; Vandenberg to Truman, 24 March 1946, War Department Papers, Military Intelligence Division, 165.4.7, National Archives, Washington, DC.

# 第十章

1. 'The Emperor Should Abdicate Quickly', in June 1946 issue of the news magazine *Shincho*.

2. Michio Kinoshita, *Shorthand Diary*, Bungei Shunju, 1990; text of the Imperial Rescript in English translation, FRUS, 1946, vol. 8, pp. 134–5; Matsumoto quote in Dower, *Embracing Defeat*, p. 353.

3. FRUS, 1946, vol. 8, p. 98.

4. The Bonner Fellers Memorandum: 'Basic Military Plan for Psychological Warfare Against Japan', Fellers Papers, Hoover Institution, Stanford University, California.

5. MacArthur to Joint Chiefs, FRUS, vol. 8, pp. 395–7.

6. FRUS, vol. 8, p. 416.

7. Dower, *Embracing Defeat*, p. 363.

8. FRUS, vol. 8, p. 242.

9. US Department of the Army Reports to General MacArthur, a multi-volume series of papers with supplements to MacArthur in Japan, The Occupation, The Military Phase. A fascinating insight from the SCAP's intelligence services and officers reporting back home to the US. US Army records, National Archives, Washington, DC, 1966.

10. FRUS, vol. 8, p. 412; *Shincho*, January 1946.

11. Army Reports to MacArthur, vol. 2, p. 359.

12. *Kyoryoku Shimbun*, 18 March 1946.

13. Winston Churchill, *Triumph and Tragedy*, Mariner Books, 1986, p. 542; Kazuo Kawai, *Japan's American Interlude*, p. 135.

14. Harvey, *American Shogun*, pp. 68–71.
15. Quoted in Dallek, *The Lost Peace*, p. 94.
16. Truman, *Diaries*, 16 March 1946.
17. Harvey, *American Shogun*, p. 158.
18. MacArthur, *Reminiscences*, p. 233.
19. Faubion Bowers, 'The Day the General Blinked', *New York Times*, 30 September 1988.
20. Army Reports to MacArthur, vol. 2, pp. 399–402.
21. *Time* magazine, 20 March 1955.
22. Bowers, 'The Day the General Blinked'.
23. *Saturday Evening Post*, 15 December 1945; quoted in Dower, *Embracing Defeat*, p. 97.
24. Kawai, *Japan's American Interlude*, p 143.
25. Bowers, 'The Day the General Blinked'; Kennan, *Memoirs*, pp. 376–7.
26. Dower, *Embracing Defeat*, p. 73.

# 第十一章

1. Djilas, *Conversations with Stalin*, p. 142.
2. Naimark, *The Russians in Germany*, p. 289.
3. FRUS 1945, vol. 4, p. 366.
4. Annan, *Changing Enemies*, p. 228.
5. Andreas-Friedrich, *Battleground Berlin*, 30 May 1945.
6. Gustav Regler, *The Owl of Minerva*, Hart Davis, 1959; Leonhard, *Child of the Revolution*, p. 369.
7. Leonhard, *Child of the Revolution*, p. 378.
8. APRF, 162. f. 43. 87.
9. Applebaum, *Iron Curtain*, p. 162.
10. *Tägliche Rundschau*, 20 June 1945.
11. *Tägliche Rundschau*, 18 April 1946.
12. *Ulenspiegel*, 2 January 1946.
13. FRUS, 1945, vol. 4, p. 477.
14. Naimark, *The Russians in Germany*, p. 198.
15. FRUS, 1945, vol. 5, p. 227.
16. Quoted in Dobbs, *Six Months in 1945*, p. 278.
17. Pauley to Truman, 26 October 1945, Harry S. Truman Library.
18. Leonhard, *Child of the Revolution*, p. 308.

19. RGASPI 688. 53. 277.

20. Zubok, *Inside the Kremlin*, p. 365.

21. Colin MacInnes, *To the Victors the Spoils*, Faber (reprint), London, 1991, p. 196

## 第十二章

1. Beneš, message to Czechs, BBC, 20 April 1943. From 1939 Beneš made weekly, sometimes daily, BBC talks to the Czech underground.

2. Beneš, speech on return to Prague at the Old Town Hall, 16 March 1945; Churchill to House of Commons, 12 December 1944; Stalin to Beneš in Moscow, 12 December 1943, APRF, 232 f. 60. 133.

3. Drtina and Svoboda quotes in Judt, *Postwar*, p. 122; Mgr Stašek sermon 25 June 1945, quoted later in Czech newspaper *Rude Pravo*, 19 October 1946.

4. Prague Radio 'news' broadcast, 20 February 1946; McCormick, *New York Times*, 26 October 1945.

5. Lowe, *Savage Continent*, p. 134. The best accounts of the ethnic cleansing of the Germans are in Lowe; Shephard, *The Long Road Home*; Douglas, *Orderly and Humane*; Alfred de Zayas, *A Terrible Revenge*; Naimark, *The Fires of Hatred*, and McDonogh, *After the Reich*.

6. Radio Praha, *Reminiscences of the Brno March*, programme 12 May 2010 presented by Jan Richter.

7. APRF, 422, f 35. 346; Zhukov comment in his *Memoirs*, p. 399.

8. Radio Praha, *Reminiscences*.

9. Stalin, letter to Gomułka, Polish Communist Party Papers, Central Archive of Modern Records, Warsaw, 1945, 300. 25; Bishop quoted in Judt, *Postwar*, p. 139.

10. Cche 21, 22, Archive of the Polish Government-in-exile.

11. Box 17, Stanisław Mikołajczyk Collection, ibid.

12. Polish Communist Party Papers 1945, 303. 44, Central Archive of Modern Records, Warsaw.

13. McDonogh, *After the Reich*, pp. 296–7 and Douglas, *Orderly and Humane*, pp. 188–9.

14. Report to OMG Bavaria, Welfare Section, RG 260/390/40, National Archives, Washington, DC.

15. Bogusław Kopka has compiled the most comprehensive database of the Polish labour camps from 1944 to 1950: *Obozy pracy w Polsce 1944–1950: przewodnik encyklopedyczny*, Os rodek Karta, Warsaw, 2002.

16. OMGUS Welfare Department, RG 260/287/32, and McDonogh, *After the Reich*, p. 259.

## 第十三章

1. Sebag Montefiore, *Stalin*, p. 524, and Khlevniuk and Gorlizki, *Cold Peace*, p. 257.
2. Stalin to Zhukov, Sebag Montefiore, *Stalin*, p. 525; Military Council statement, *Izvestia*, 26 June 1946.
3. APRF, 437. f. 28. 424.
4. Harriman and Abel, *Special Envoy*, p. 286.
5. Eden to Churchill, TNA: FO 371 2097/304; Dean quoted in Lowe, *Savage Continent*, p. 256; Selborne to Churchill, Cabinet papers TNA: PREM 4/109.113.
6. Chuev, *Molotov*, p. 127.
7. Churchill, *Triumph and Tragedy*, Mariner Books, 1986, p. 477; Alexandra Kollontai, *The Autobiography of a Sexually Emancipated Woman*, Createspace, 2011, p. 166.
8. Harriman and Abel, *Special Envoy*, p. 335.
9. FRUS, 1946, vol. 5, p. 688.
10. FRUS, 1946, vol. 5, p. 135.
11. Repatriation quote by officer, in Lowe, *Savage Continent*, p. 297; Susan Crosland, *Tony Crosland*, Jonathan Cape, 1982, p. 128.
12. Lowe, *Savage Continent*, p. 302.
13. Ibid., p. 306.
14. Milovan Djilas, *The Story from the Inside*, Phoenix, 2001.

## 第十四章

1. Marshall to Truman, 6 March 1946, FRUS, vol. 3, p. 288.
2. Quoted in Fenby, *The Penguin History of Modern China*, p. 266.
3. *Time* magazine, 18 April 1943.
4. Stilwell to War Department, 28 May 1943, FRUS, vol. 3, p. 298; Stilwell to State Department, 25 July 1943, FRUS, vol. 3, p. 485; Chiang quoted in Fenby, *Generalissimo*, p. 325, and Theodore H. White and Annalee Jacoby, *Thunder Out of China*, Da Capo, 1975, p. 156.
5. Chiang's diaries, 24 March 1940, at the Hoover Institution.
6. Dobbs, *Six Months in 1945*, p. 275; Roosevelt quote from Dallek, *The Lost Peace*, p. 137, Willkie anecdote from Fenby, *The Penguin History of Modern China*, p. 288.
7. APRF 301 f. 67. 45.
8. Hurley resignation, *New York Times*, 27 November 1945; Truman, *Dear Bess*, 28 November 1945.

9 . Truman's diaries, 15 July 1945, Truman Library.


## 第十五章

1.  Beria, *My Father*.

2.  Full text of Churchill's Fulton speech in *Churchill Speaks, The Collected Speeches of Winston Churchill 1897–1963*, Atheneum, 1981.

3.  Djilas, *Conversations with Stalin*, p. 163.

4.  Polish Communist Party Papers, Warsaw, 1945, 525. 41. 65; Institute for the History of the 1956 Hungarian Revolution Archive, Budapest, Box 30, 303; Sebestyen, *Twelve Days*, p. 86.

5.  Sebestyen, *Twelve Days*, p. 82.

6.  Tibor Meray and Tamas Aczel, *Revolt of the Mind: A Case History of Intellectual Resistance Behind the Iron Curtain*, Praeger, 1975.

7.  After Beneš and Stalin meeting in Moscow, December 1943, RGASPI 438. 72. 755.

8.  Full record of the Yalta Conference in English is at the National Archives, Washington, DC, 43.4.1 and in Russian at the APRF 533 f. 45. 248; Chuev, *Molotov Remembers*, p. 235.

9.  Mikołajczyk Papers, Box 15, Hoover Institution.

10. Harriman and Abel, *Special Envoy to Churchill and Stalin*, p. 237; FRUS, 1943, vol. 4, p. 733.

11. Moran, *Winston Churchill*, p. 176.

12. Harbutt, *The Iron Curtain*, p. 254.

13. APRF 533 f. 45. 248.

14. Quoted in Applebaum, *Iron Curtain*, p. 215.

15. FRUS, 1945, vol. 4, p. 488.

16. Susan Butler (ed.), *My Dear Mr Stalin: The Complete Correspondence between Franklin D. Roosevelt and Joseph V. Stalin*, Yale University Press, 2008.

17. FRUS, 1944, vol. 5, p. 749.

18. Mikołajczyk and Anders quoted in Dallek, *The Lost Peace*, p. 127.

19. Arthur Bliss Lane, *I Saw Poland Betrayed*, Regency, 1949, p. 186; Truman's diaries, 28 September 1945, Truman Library.

20. Sir Frank Roberts, in review in CNN Cold War Series, Episode 1, full interview transcript at Liddell Hart Centre for Military Archives.

21. Chuev, *Molotov Remembers*, p. 216.

22. I am grateful to Michael Dobbs' *Six Months in 1945*, p. 185, for drawing my attention to

Stalin's operatic tastes.

23. Applebaum, *Iron Curtain*, pp. 237–9.

24. Sebestyen, *Revolution 1989*, p. 85.

25. David Reynolds, *From World War to Cold War: Churchill, Roosevelt, and the International History of the 1940s*, Oxford University Press, 2006, p. 215.

26. Truman–Churchill correspondence, Truman Library.

27. Ibid.

28. Reynolds, *From World War to Cold War*, p. 286.

29. *Pravda*, 11 March 1946.

30. Wallace quote in the *New York Times*, 9 March 1946; Pearl Buck quoted in *Chicago Tribune*, 8 March 1946; Eleanor Roosevelt in the *New York Times*, 9 March 1946.

31. Eden and Salisbury quoted in Reynolds, *From World War to Cold War*, p. 223.

32. TNA: PREM 4, 135. 46; TNA: PREM 4, 124. 86.

33. Churchill, *Triumph and Tragedy*, p. 554.

34. Mary Soames (ed.), *Speaking for Themselves*: *The Personal Letters of Winston and Clementine Churchill*, Black Swan, 1999; quote about Neville Chamberlain in TNA: CAB 128.12. 44.

35. Roy Jenkins, *Churchill*, Pan Books, 2002, p. 785.

36. Moran, *Winston Churchill*, p. 227.

# 第十六章

1. FRUS, 1946, vol. 7, p. 466.

2. Ibid., p. 470.

3. Ibid., p. 477.

4. Ibid., p. 513; Harriman and Abel, *Special Envoy to Churchill and Stalin*, p. 313.

5. Acheson, *Present at the Creation*, p. 126.

6. Bevin quote in Hugh Dalton, *Diaries*, 2 March 1946; Alia quoted in Fawcett, *Iran and the Cold War*, p. 263.

7. AVPRF, f. 194. op 37, p. 277.

8. Fawcett, *Iran and the Cold War*, p. 177.

9. Qavam to Ambassador Murray, FRUS, 1946, vol. 7, 529.

10. Ibid., p. 482.

11. Schwarzkopf and Eisenhower comments, FRUS, 1946, vol. 7, p. 156; Kennan to State Department, FRUS, 1946, vol. 4, p. 376; Halifax quote in Bullock, *Ernest Bevin*, p. 455.

12. FRUS, 1946, vol. 7, p. 558; Acheson, *Present at the Creation*, p. 129.

13. *Pravda*, 9 March 1946; Qavam quote in Bullock, *Ernest Bevin*, p. 456.

14. *New York Times*, 27 March 1946.

15. Robert Rossow, 'The Battle for Azerbaijan', *Middle East Journal*, 10, 1956.

16. APRF, Moscow, 45 f. 73. 457.


## 第十七章

1. Woodrow Wyatt, *Confessions of an Optimist*, Harper Collins, 1987,p. 256.

2. India Office Records, British Library, London R/3/1945. 299/

3. Wavell, *The Viceroy's Journal* (ed. Penderel Moon), 29 April 1946.

4. Azad, *India Wins Freedom*, p. 224.

5. Khan, *The Great Partition*, pp. 67–8. One of the best books on the subject, but among general books for this chapter I have drawn also from French, *Liberty or Death*; Brown, *Nehru: A Political Life*; Wolpert, *Jinnah of Pakistan*; Moon, *Divide and Quit*.

6. Anthony Read and David Fisher, *The Proudest Day: India's Long Road to Independence*, Norton, New York, 1999.

7. TNA: CAB 129.5. 21; Moon, *Divide and Quit*, p. 288.

8. Quoted in Khan, *The Great Partition*, p. 149.

9. Desmond Young, *Lucknow Pioneer*, 15 June 1946, and quoted in han, *The Great Partition*, p. 76

10. *Modern Times*, 20 October 1938. The story is well told in Brown, *Nehru*.

11. Nehru, *An Autobiography*, p. 225; Pamela Hicks quote in Tunzelmann, *Indian Summer*.

12. Chaudhuri, *Autobiography of an Unknown Indian*, p. 266.

13. Quoted in Brown, *Nehru*, p. 338.

14. In French, *Liberty or Death*, p. 173.

15. Wolpert, *Jinnah of Pakistan*, p. 144.

16. Dwarkadas, *Ten Years to Freedom*.

17. Mahomed Ali Jinnah, *Speeches and Statements 1947–1948*, Oxford University Press, Karachi, 2000.

18. Wavell, *Journal*, entries 13 May and 18 May; Wavell to Cabinet, TNA: CAB 129/17/29.

19. Jawaharlal Nehru, speech at Congress Rally, Calcutta, 2 October 1939, quoted in Nehru, *An Autobiography*.

20. TNA: CAB 129. 5. 34.

21. Leo Amery, *The Empire at Bay: The Leo Amery Diaries, 1929–1945* (ed. John Barnes and David Nicholson), Hutchinson,London, 1988, 16 April 1941.

22. Martin Gilbert, *Churchill: A Life*, Pimlico, London, 2000, p. 680.

23. Amery, *The Empire at Bay*, 13 June 1943.

24. Cadogan, *Diaries*, 20 August 1943; Alanbrooke, *War Diaries*, 2 December 1943.

25. Dalton, *Memoirs*, 27 November 1946.


## 第十八章


1. *New York Times*, 13 April 1946.

2. Quoted in Shephard, *The Long Road Home*, p. 148, and also in Miscamble, *From Roosevelt to Truman*, p. 189.

3. TNA: FO 371 5732; Acheson quote in *Present at the Creation*, p. 399, and quoted in Isaacson and Thomas, *The Wise Men*.

4. Robert Caro, *The Power Broker: Robert Moses and the Fall of New York*, Vintage, 1975.

5. *New York Times*, 13 April 1946.

6. Quoted in Lowe, *Savage Continent*, p. 97.

7. Iris Murdoch, *A Writer at War, Letters and Diaries 1939–1945* (ed. Peter Conradi), Oxford University Press, 2010.

8. Control Commission for Germany Records, TNA: FO 371/310/217.

9. Kathryn Hulme, *The Wild Place*, Pocket Books, 1960, p. 126.

10. FRUS, 1945, vol. 4, p. 767 and quoted in Judt, *Postwar*.

11. Wilson, *Aftermath*, p. 117.

12. Shephard, *The Long Road Home*, p. 237.

13. *Time* magazine, 12 February 1946.

14. Shephard, *The Long Road Home*, p. 197.

15. Tadeusz Nowakowski, *Camp of All Saints* (trans. Norbert Guterman), St Martin's Press, 1962, p. 138.

16. Shephard, *The Long Road Home*, p. 188.

17. Wilson, *Aftermath*, p. 166.

18. Buruma, *Year Zero*, p. 116.


## 第十九章


1. Clay, *Decisions in Germany*, p. 113; O'Neill quote in Buruma, *Year Zero*, p. 128.

2. Clay, *Decisions in Germany*, p. 85.

3. Kay Summersby Morgan, *Past Forgetting: My Love Affair with Dwight D. Eisenhower*, Simon and Schuster, 1976.

4. Attlee, *As it Happened*, p. 299; and Victor Gollancz, *In Darkest Germany*, Gollancz, 1947.

5. McDonogh, *After the Reich*, p. 276.

6. Interview transcripts in CNN Cold War Series, Liddell Hart Centre for Military Archives.

7. CDU Founding Conference, Cologne, 23 March 1946, and quoted n Judt, *Postwar*, p. 176.

8. Karl Jaspers, *The Question of German Guilt*, Fordham University Press, 2000, Lecture 2.

9. Ibid., Lecture 3.

10. Hannah Arendt, *Eichmann in Jerusalem*, Viking, 1964.

11. TNA: FO 371. 8773. 302.

12. Quoted in Buruma, *Year Zero*, p. 179.

13. OMGUS, RG 197/105/66.

14. OMGUS Military Intelligence Division, RG 103/377/28.

15. OMGUS Military Intelligence Department to Clay, 23 July 1946, RG 103/325/68.

16. Annan, *Changing Enemies*, p. 187.

17. Cordell Hull, *The Memoirs of Cordell Hull*, Macmillan, 1948; Churchill quoted by Moran, *Winston Churchill*, p. 399; Cadogan memo, TNA: CAB 122. 65. 53.

18. Kennan, *Memoirs*, p. 465.

19. TNA: PREM 4. 109. 102. 28.

20. Shawcross to Attlee, 20 January 1946, TNA: PREM 4 108. 203.34; Attlee to Shawcross, 22 January 1946, TNA: PREM 4 108. 203. 63.

21. Report about Operation Paperclip, FRUS, 1945, vol. 4, p. 455; quote about Rudolph, OMGUS Intelligence Department, RG 19.357.

22. OMGUS Intelligence Department, RG 16. 454.

23. Applebaum, *Iron Curtain*, p. 279.

24. Ibid., p. 242.

25. Andreas-Friedrich, *Battleground Berlin*, 26 April 1946.

26. Zubok, *Inside the Kremlin*, p. 312.

## 第二十章

1. André Gerolymatos, *Red Acropolis, Black Terror: the Greek Civil War and the Origins of Soviet–American Rivalry, 1943–1949*, Basic Books, 2004, p. 114.

2. AVPRF 191 f. 46. 335; Grigory Popov quote in Haslam, *Russia's Cold War*, p. 233.

3. Gerolymatos, *Red Acropolis, Black Terror*, p. 78, and also in Lowe, *Savage Continent*, p. 247.

4. Iatrides and Wrigley, *Greece at the Crossroads*, p. 168.

5. Djilas, *Conversations with Stalin*, p. 177.

6. Gerolymatos, *Red Acropolis, Black Terror*, p. 144.

7. Dimitrov, *The Diary of George Dimitrov*, p. 396.

8. Quoted in Lowe, S*avage Continent*, p. 249.

9. Bevin in speech to the Labour Party Conference, 28 September 1945.

10. AVPRF 192. f. 44. 277; Dimitrov, *The Diary of George Dimitrov*, p. 366.

11. Churchill, *Triumph and Tragedy*, Mariner Books, 1986, p. 533; quote to Mackenzie King in Gilbert, *Churchill: A Life*, Pimlico, London, 2000, p. 646.

12. Djilas, *Conversations with Stalin*, p. 197.

# 第二十一章

1. FRUS, 1945, vol. 5, p. 455.

2. Ibid.

3. Acheson, *Present at the Creation*, p. 288.

4. Truman to Saudi King Ib'n Saud, FRUS, 1945, vol. 5, p. 488; on midterm elections and domestic politics Truman's Diaries, 24 October 1945, Harry S. Truman Library.

5. On Jewish immigration into Palestine see Segev, *One Palestine Complete*; Krämer, *A History of Palestine*; Ben Gurion, *Israel, A Personal History*; Sebag Montefiore, *Jerusalem: the Biography*.

6. Crossman, *Palestine Mission*, p. 68.

7. Quoted in Bullock, *Ernest Bevin*, p. 498.

8. Truman to Attlee, 24 August 1945, Harry S. Truman Library.

9. TNA: PREM 4 105.57; and Truman and Attlee arguments in Wasserstein, *The British in Palestine*, pp. 307–10.

10. For immigration routes, see Morris, *Righteous Victims*, and Ben Gurion, *Israel, A Personal History*.

11. Ben Gurion description, Oz, *A Tale of Love and Darkness*, p. 112; Ben Gurion on anti-Semitism, *Recollections*, pp. 157–9.

12. Ben Gurion quotes from Segev, *One Palestine Complete*, p. 364, and on his political views, Shimon Peres, *Ben Gurion: A Political Life*, Shocken, 2011.

13. Ben Gurion, *Recollections*, p. 214.

14. Ibid., p. 230.

15. Segev, *One Palestine Complete*, p. 388.

16. Ibid., p. 396.

17. The best biography of Weizmann is Norman Rose, *Weizmann: A Biography*, Viking, 1986; his autobiography, *Trial and Error*, Hamish Hamilton, 1949, is an indispensable source as are his *Papers and Letters* (ed. Barnet Litvinov and Bernard Wasserstein), Rutgers University Press, 1968–80.

18. Ben Gurion, *Recollections*, pp. 108 and 231; Weizmann, *Papers*, vol. 3, p. 708.

19. Montgomery letter to K. C. O'Connor, quoted in Segev, *One Palestine Complete*, p. 332.

20. On land ownership, Sebag Montefiore, *Jerusalem*, pp. 440–6, Segev, *One Palestine Complete*, pp. 330–36; George Antonius, *The Arab Awakening: The Story of the Arab National Movement*, Kegan Paul, 2000; Rashid Khalidi, *The Iron Cage, The Story of the Palestinian Struggle for Statehood*, Beacon Press, 2007, and *Palestinian Identity*, Columbia University Press, 1998; and Morris, *Righteous Victims*, pp. 126–34, are excellent.

21. MacDonald quote in Wasserstein, *The British in Palestine*, p. 248.

22. Report of the Anglo-American Committee of Enquiry Regarding the Problems of European Jewry and Palestine, Cmd 6808.

23. Koestler quote, Arthur Koestler, *Promise and Fulfilment: Palestine 1917–1949*, Ramage Press, 2007; Weizmann, *Papers*, vol. 3, p. 469.

24. Segev, *One Palestine Complete*, p. 213.

25. Quoted in Bullock, *Ernest Bevin*, p. 715.

26. Morris, *Righteous Victims*, p. 186.

27. From Bullock, *Ernest Bevin*, pp. 668–88.

28. Weizmann, *Papers*, vol. 3, p. 378.

29. Bullock, *Ernest Bevin*, pp. 695–6.

30. Cavendish-Bentinck to Bevin, 30 September 1945, TNA: FO 371/1027. 305.

31. Bullock, *Ernest Bevin*, pp. 537–8, and Wasserstein, *The British in Palestine*, p. 301.

32. Begin, *The Revolt*, p. 103.

33. Sebag Montefiore, *Jerusalem*, p. 462.

34. Segev, *One Palestine Complete*, p. 436.

35. Bernard Montgomery, *The Memoirs of Field Marshal Montgomery of Alamein*, Collins, 1958.

## 第二十二章

1. The story of the Kielce 'pogrom' is told best in Jan Gross, *Fear: Anti-Semitism in Poland after Auschwitz* (Random House, New York, 2006). Also Anne Applebaum, *Iron Curtain*; Anita Prazmowska, *A History of Modern Poland*, IB Tauris, 2010 and Keith Lowe, *Savage Continent*.

2. Quoted in Applebaum, p. 312.

3. Quoted in Lowe, p. 336.

4. Kovály, *Prague Farewell*, p. 114.

5. Rachel Auerbach, *On the Fields of Treblinka*, Report of Historical Commission of Polish Jews, Warsaw, 1947.

6. *Odrodzenie*, 25 September 1946.

7. Cardinal Hlond press conference, 11 July 1946, in *New York Times*, 13 July.

8. Gross, *Fear*, pp. 218–27.

9. Cavendish-Bentinck to Foreign Office, 18 July 1946, TNA: FO 371/1027.412.

10. Teresa Toranska, *Oni: Stalin's Polish Puppets*, Collins/Harvill, 1987, p. 135.

11. Gross, *Fear*, p. 286; Prazmowska and Applebaum are enlightening on Żydokomuna.

12. Victor Sebestyen, *Twelve Days*, pp. 83–5.

## 第二十三章

1. Account of King David Hotel bombing from David Leitch's essay in Sissons and French, *Age of Austerity*, pp. 203–30; Begin, *The Revolt*, pp. 235–40; *Times* reports 23–26 July 1946; *New York Times*, 25 and 26 July 1946; Segev, *One Palestine Complete*, pp. 467–8, and Norman Rose, *A Senseless, Squalid War*, pp. 158–69.

2. Segev, *One Palestine Complete*, p. 475.

3. Bernard Montgomery, *The Memoirs of Field Marshal Montgomery of Alamein*, Collins, 1958, pp. 466–70; Barker letter in *New York Times*, 6 August 1946.

4. Crossman, *Palestine Mission*, p. 137.

5. Scores of the Barker–Katy Antonius letters are in the Israeli State Archives in Jerusalem. He wrote to her every day during the affair, and often more – they make a pathetic, rather squalid read.

6. Clifford, *Counsel to The President*; Truman's diaries, Harry S. Truman Library.

7. Ben Gurion, *Recollections*, p. 355.

8. Martin Gilbert, *Churchill and the Jews*, Henry Holt, 2007.

9. Dalton in Cabinet, TNA: CAB 128/10.321.

10. Bullock, *Ernest Bevin*, pp. 688–93.

## 第二十四章

1. Cameron, *Points of Departure*, pp. 93–5.

2. Lincoln quote, letter to Truman, 1 September 1945, WO 165.8. 1. 233, National Archives, Washington, DC; Forrestal quote, Clifford, *Counsel to the President*, p. 396; Ambrose, *Eisenhower*.

3. Yergin, *Shattered Peace*, p. 238.

4. Holloway, *Stalin and the Bomb*, p. 322.

5. Dallek, *The Lost Peace*, p. 165, and Yergin, *Shattered Peace*, p. 228.

6. Acheson, *Present at the Creation*, p. 277.

7. Ibid., p. 280.

8. Ray Monk, *Robert Oppenheimer, A Life at the Centre*, Doubleday, 2013.

9. Harris, *Attlee*, p. 383.

10. Yergin, *Shattered Peace*, p. 355; Miscamble, *From Roosevelt to Truman*, p. 244.

11. Stimson to Truman, Correspondence, 46, Truman Library.

12. Bullock, *Ernest Bevin*, p. 525.

13. Ibid., p. 530.

14. Yergin, *Shattered Peace*, p. 366.

15. Ibid., p. 368.

## 第二十五章

1. The Koestler–Sartre story is told in Beevor and Cooper, *Paris After the Liberation*, pp. 300–2, and in Celia Goodman (ed.), *Living with Koestler, Mamaine Koestler's Letters 1945–1951*, St Martin's Press, 1985.

2. George Orwell, 'Politics and the English Language', *Horizon*, March 1946.

3. Quoted in Bullock, *Ernest Bevin*, p. 535.

4. Quoted in Offner, *Another Such Victory*, p. 276.

5. On Charles de Gaulle and the rebuilding of France see Fenby, *The General*, pp. 277–340; Beevor and Cooper, *The Liberation of Paris*; Robert Aron, *L'Histoire de la Libération de La France*, Fayard, 1959; Charles de Galut, *Le Salut, 1944–1946*, Plon, 1962; André Malraux, *Antimémoires*, Gallimard, 1967; and Hitchcock, *France Restored*.

6. Kennan letter to Charles Bohlen, 20 July 1945, quoted in Isaacson and Thomas, *The Wise Men*, p. 306, and in Yergin, *Shattered Peace*, p. 288.

7. Letter to Diana Mosley, 9 August 1946, in Beevor and Cooper, *The Liberation of Paris*, p. 296, and Charlotte Mosley (ed.), *The Mitfords: Letters Between Six Sisters*, Harper Perennial, 2008.

8. Quoted in Judt, *Postwar*, p. 132.

9. Quoted in Beevor and Cooper, *The Liberation of Paris*, p. 325.

10. For the post-liberation 'purge' in France see Judt, *Postwar*, pp. 112–16, Hitchcock, *France Restored*, and Aron, *L'Histoire de la Libération de La France*, pp. 235–45.

11. Mitford to Waugh, 21 October 1946, in Charlotte Mosley (ed.), *The Letters of Nancy Mitford and Evelyn Waugh*, Penguin, London, 2010.

12. Beevor and Cooper, *The Liberation of Paris*, pp. 243–5.

13. Ambassador Caffery to the State Department, 30 September 1946, FRUS, vol. 5, p. 776.

14. Simone de Beauvoir, *Force of Circumstance* (trans. Richard Howard), Penguin, 1968, p. 455.

15. Quoted in Judt, *Postwar*, p. 184.

## 第二十六章

1. In Thomas, *Armed Truce*, p. 163.

2. Chuev, *Molotov Remembers*, p. 194.

3. Acheson, *Present at the Creation*, p. 306.

4. Ibid., p. 308.

5. Dallek, *The Lost Peace*, p. 216.

6. Acheson, *Present at the Creation*, p. 309.

7. Chuev, *Molotov Remembers*, p. 196.

8. Sudoplatov, *Special Tasks*, p. 353.

## 第二十七章

1. Khan, *The Great Partition*, pp. 114–18, and French, *Liberty or Death*, pp. 288–92.

2. Khan, *The Great Partition*, p. 120.

3. Wavell, *The Viscount's Journal*, entry 19 August 1946.

4. In French, *Liberty or Death*, p. 293.

5. *The Times*, 20 August 1946.

6. In Moon, *Divide and Quit*, p. 133.

7. In Joseph Lelyveld, *Great Soul: Mahatma Gandhi and his Struggle with India*, Knopf, 2011.

8. In Wolpert, *Gandhi's Passion*, p. 266, and Tunzelmann, *An Indian Summer*, p. 194.

9. Harris, *Attlee*, p. 345 and also a point made by Patrick French, Penderel Moon and Lord Wavell in their accounts.

10. Brown, *Nehru*, p. 396.

11. French, *Liberty or Death*, p. 397.

## 第二十八章

1. A version of Zhdanov's speech appeared in *Pravda* on 20 August 1946.
2. The 'Librarian' remark ascribed to Beria by his son Sergo in *My Father*, p. 144.
3. Alliluyeva, *Twenty Letters to a Friend*, p. 157.
4. Sebag Montefiore, *Stalin*, p. 488.
5. Ibid., p. 496.
6. Gellately, *Stalin's Curse*, p. 297.

## 第二十九章

1. Sissons and French, *Age of Austerity*, p. 119.
2. Bevin quote in Hugh Thomas, *Armed Truce*, p. 338; Ambassador MacVeagh quotes, FRUS, vol. 5, p. 674, and in Iatrides, *Ambassador MacVeagh Reports*, p. 64.
3. Iatrides, *Ambassador MacVeagh Reports*, p. 53.
4. In Melvyn Leffler and David Paynter (eds), *The Origins of the Cold War*, Routledge, 2005, p. 135.
5. Ibid., p. 136. The corruption of the Greek Government is also described well in Offner, *Another Such Victory*, and André Gerolymatos, *Red Acropolis, Black Terror: the Greek Civil War and the Origins of Soviet–American Rivalry, 1943–1949*, Basic Books, 2004.
6. Leffler and Paynter, *The Origins of the Cold War*, p. 137.
7. TNA: FO 371/634/47 and in Yergin, *Shattered Peace*, p. 334.
8. George Orwell, 'You and the Atomic bomb', *Tribune*, 19 October 1945.

## 第三十章

1. FRUS, vol. 10, p. 656 and Marshall, *Mission to China*.
2. Fenby, *The Penguin History of Modern China*, p. 384.
3. Truman letter to Chiang, 18 August 1946, FRUS, vol. 10, p. 778; 'Sand down a rat hole' comment to Clifford, in *Counsel to the President*, p. 487.
4. Dun J. Li, *Modern China: From Mandarin to Commissar*, Scribner, 1978.
5. Jung Chang and Jon Halliday, *Mao*, p. 253.

6. Fenby, *The Penguin History of Modern China*, p. 304 and Chang and Halliday, *Mao*, p. 277.

7. Fenby, *The Penguin History of Modern China*, p. 307 and Li, *Modern China*, p. 399.

8. Marshall, *Mission to China*, vol. 2, p. 498.

# 第三十一章

1. J. K. Galbraith, *A Life in Our Times: Memoirs*, André Deutsch, 1981; Colonel Charles Kades interview with Professor Jonathan Hapey, George Washington University, recorded 23 May 1989, on YouTube.

2. Charles Kades, 'The American Role in Revising Japan's Imperial Constitution', *Political Science Quarterly*, 1989, vol. 104, no. 2.

3. Courtney Whitney, *MacArthur: His Rendezvous With History*, Knopf, 1956, pp. 249–55; a Japanese account of the meeting is in Soseki Soichi, *The Birth of Japan's Postwar Constitution* (trans. Ray Moore), Westview Press, 1997.

4. Kades, 'The American Role'.

5. MacArthur, *Reminiscences*, p. 376.

6. *Jiji Shimpo*, 25 September 1946.

7. Dower, *Embracing Defeat*, pp. 410–40, provides an overview of SCAP's censorship procedures. The scholar Eizaburo Okuizumi compiled an almost complete list of the thousands of items censored by the SCAP authorities, on microfilm at the University of Maryland East Asia Collection, College Park. The short list is on pp. 41–2.

8. Harvey, *American Shogun*, p. 215.

9. Dower, *Embracing Defeat*, p. 186.

10. Army Reports to MacArthur, vol. 3, p. 290, National Archives, Washington, DC.

11. Ibid., vol. 2, p. 128.

12. Ibid., vol. 3, pp. 409–11.

13. Dower, *Embracing Defeat*, pp. 435–75, provides an excellent account of the Tokyo trials. There is a full transcript of the conclusions of the proceedings in *The Tokyo Judgment: The International Military Tribunal for the Far East*, Amsterdam University Press, 1977, available at the Library of Congress, Washington, DC.

14. Interview with General Elliott Thorpe on 29 May 1977, at MacArthur Memorial, Norfolk, Virginia, Box 6.

15. *The Tokyo Judgment*, vol. 2, p. 235.

16. Dower is excellent on the war criminals that got away; *Embracing Defeat*, pp. 520–53.

17. Ibid., pp. 540–2.

# 第三十二章

1. Christopher Isherwood, *The Lost Years 1945–51: A Memoir*, Harper Collins, 2000; Churchill's famous speech at Zurich University, 19 September 1946, taken to be for or against a united states of Europe, depending on one's attitude to the EU.

2. Isherwood, *The Lost Years*, p. 176.

3. James Lees Milne, *Diaries, 1942–1954*, John Murray, 2007.

4. Nancy Mitford to Diana Mosley, 25 January 1947, quoted in Beevor and Cooper, *Paris After the Liberation*, p. 287; Janet Flanner, *Paris Journal: 1944–1955*, Mariner Books, 1988. Selection of *New Yorker* pieces, column 29 January 1946.

5. Bill Wyman quote in Kynaston, *Austerity Britain*, p. 194.

6. Quoted in Judt, *Postwar*, p. 131.

7. Acheson, *Present at the Creation*, p. 144.

# 后记

1. Alexis de Tocqueville, *Democracy in America*, Penguin Classics, 1998, p. 266.

2. Acheson, *Present at the Creation*, p. 109.

3. Lovett quote, FRUS, 1947, vol. 5, p. 567.